介護福祉士選書 6

新版 レクリエーション援助法

編著/川廷宗之・廣池利邦・大場敏治
共著/滝口　真・諏訪茂樹・村松郁恵
　　　兼松ムツミ・遠藤清江・岩嶋由美子
　　　武石宣子

建帛社
KENPAKUSHA

はじめに

　高齢社会の進行や，労働時間の短縮の流れの中で，全体的に余暇時間が増えている現代日本においてはレクリエーション活動が一層重要になってきている。同時に，その内容においても，かつてのレクリエーション活動の多くが，集団的なレクリエーション活動であったのと比較して，個別化や多様化が進むなど，大きく変化している。

　このことは，福祉におけるレクリエーション活動においても同様であり，依然として集団的なレクリエーション活動もあるが，本書が一貫して主張してきたように，個別的なレクリエーション活動も大きな比重を占めるようになってきている。特にこの傾向は，ゴールドプランおよびその後に続いた介護保険制度の施行以後，高齢者福祉サービスが特定の人々へのサービスではなく誰もが利用するサービスとなって，大変顕著になってきている。一方，障害者福祉分野などにおいても，近年のレクリエーション活動の大変な広がりと多様化は目ざましいものがある。

　したがって，その援助法においても，生活全体の中での快適性の追求を含む，内容の個別化，多様化や高度化への対応が求められている。一方，レクリエーション援助法は，レクリエーション活動の一般化が進むにつれて，また，その援助法のさまざまな利用価値が認識されるにつれて，単に介護福祉士のみならず，対人援助にかかわる仕事をする多くの人々にとっても，必須の課題となりつつある。そのことへの配慮もあり，本書では三訂版の段階から，従来からの日本における伝統的なレクリエーション活動援助を踏まえた「福祉レクリエーション」の概念とは多少異なった側面を持つ，「アクテ

ィビティ・サービス」にも配慮してきたが，今回の改訂でその方向を一層明確にした。しかしもとよりこの2つは，人々の活性化を目指す意味で多くの共通点を持っており，双方の長所を積極的に生かしていくことが望ましい。

　本書は，1990年に初版，1993年に改訂版，1998年に三訂版，2000年に四訂版として刊行された『レクリエーション援助法』の新訂版である。が，上記に述べたような近年の傾向を踏まえて，構成や内容を見直し，執筆者も一部変わって大幅な改訂を行った。

　もとより，本書は介護福祉士養成教育における，レクリエーション援助法のテキストとして執筆編集されたものである。しかし，同時に，その上で，その他の対人援助職の人々のための，一般的なレクリエーション援助法のテキストとしての活用にも配慮している。勿論，時間的な制約や，紙面の制約もあって，そのような改訂の意図が十分生かしきれたかどうかは，心もとない点もあるが，関係される多くの皆さんに積極的に活用していただきたいと願っている。

平成 15 年 4 月

編集代表　川 廷 宗 之

● 目　　次

第1章　レクリエーション活動の意義

1　レクリエーションの基本的理解 …………………………………………1
　　1．私たちとレクリエーション …………………………………………1
　　2．レクリエーションの定義 ……………………………………………2
　　3．レクリエーションの歴史 ……………………………………………4
　　4．現代社会におけるレクリエーションの意義 ………………………6
2　福祉や介護における『レクリエーション』の考え方 …………………8
　　1．福祉レクリエーションの概念 ………………………………………9
　　2．セラピューティック・レクリエーション …………………………12
3　レクリエーションとレクリエーション・ワーク ………………………13
　　1．レクリエーション・ワークと利用者 ………………………………13
　　2．なぜレクリエーション・ワークが必要か …………………………15
　　3．レクリエーション・ワークの目的と対象 …………………………19
4　社会生活の中でのレクリエーション ……………………………………26
　　1．レクリエーション・ワークにおける集団 …………………………27
　　2．家庭でのレクリエーション …………………………………………28
　　3．地域生活の中でのレクリエーション ………………………………30
　　4．福祉等施設におけるレクリエーション ……………………………31
5　レクリエーション活動の主体 ……………………………………………33
　　1．レクリエーション・ワークにおける個人の尊重 …………………34
　　2．生活の中心要素としてのレクリエーション ………………………34
　　3．日常生活行動とレクリエーションの連携 …………………………35
　　4．メンバーの心身の状況把握の視点 …………………………………36
　　5．多面的な配慮と統合的計画・援助 …………………………………36
6　レクリエーションと法制度 ………………………………………………37
　　1．子どもの権利宣言 ……………………………………………………37
　　2．わが国の「子どもの権利」について ………………………………38
　　3．児童の権利に関する条約とレクリエーション ……………………38
　　4．8時間労働と「メーデー」 …………………………………………39
　　5．ILO第1回総会の第1号条約 ………………………………………39
　　6．人権としての余暇 ……………………………………………………40
　　7．国際レクリエーション協会の「レジャー憲章」（1970年）……40
　　8．日本国憲法の理念とレクリエーション ……………………………41

第2章　レクリエーション活動の援助者

1　レクリエーション活動の援助者 …………………………………45
　　1．レクリエーション・ワーカー …………………………………45
　　2．グループワーカー，ソーシャルワーカーとレクリエーション・ワーカー ……………………………………………………46
　　3．福祉を目的とする専門レクリエーション・ワーカーの誕生　47
　　4．関連するレクリエーション・ワーカーの資格制度 …………48
　　5．レクリエーション・ワーカーの専門性 ………………………49
2　レクリエーション・ワーカーの対人援助者としての基本事項　50
　　1．人が人を援助するということ …………………………………50
　　2．『自己覚知』の重要性 …………………………………………51
　　3．レクリエーション・ワーカーの『人間関係についての自己覚知』 ……………………………………………………………52
　　4．自己覚知と援助行動 ……………………………………………56
3　レクリエーション・ワーカーの基本的業務 ……………………57
4　レクリエーション活動とチームケア ……………………………61
　　1．レクリエーション・ワーカーの分担 …………………………61
　　2．レクリエーション援助の分担者同士の連携 …………………62
　　3．他の専門職との分担的連携 ……………………………………63
　　4．ボランティアとの連携 …………………………………………63
5　さまざまなレベルでの『統合』にかかわる技術計画の策定と実施・評価・記録 …………………………………………………65
　　1．統合への援助方法 ………………………………………………65
　　2．援助計画の立案と実施 …………………………………………68
　　3．記録と評価 ………………………………………………………71
　　4．統合のための管理運営――マネージメントと条件の整備 ……74
6　レクリエーション活動と介護福祉士 ……………………………76
　　1．介護福祉士とサービスの質 ……………………………………76
　　2．介護福祉士の業務とレクリエーション活動の理解 …………78
　　3．介護福祉士におけるレクリエーション活動援助の具体例 ……80

トピックス①「レクリエーション援助は与えるのではなく引き出す　　　　　　　　　　　――教えなくても学ぶ法則」 ……………………………89
トピックス②「感覚機能に刺激を与える」 ……………………………89
トピックス③「医療・福祉におけるレクリエーションの基本姿勢　　　　　　　　　　　――ノーマライゼーションの理解」 ………………90

第3章　レクリエーション活動援助技術 I
──援助のためのコミュニケーション──

1　メッセージを共有しようとする熱意 …………………………………91
2　コミュニケーション効果 ………………………………………………93
　　1．喜ばれる言葉と嫌われる言葉 ……………………………………93
　　2．利用者への敬意を表す敬語 ………………………………………95
3　フェイス・ツー・フェイスのコミュニケーション …………………96
　　1．言語と準言語と非言語 ……………………………………………96
　　2．準言語コミュニケーション ………………………………………97
　　3．非言語コミュニケーション ………………………………………98
4　援助のための基本的態度 ……………………………………………100
　　1．アクティブ・リスニング ………………………………………100
　　2．受　　容 …………………………………………………………101
　　3．共　　感 …………………………………………………………102
5　コミュニケーション技法 ……………………………………………104
　　1．うなずきと相づち ………………………………………………104
　　2．繰り返しの技法 …………………………………………………105
　　3．要約の技法 ………………………………………………………105
　　4．共感の技法 ………………………………………………………106
6　指示と助言と支持 ……………………………………………………108
　　1．自立度に応じた接し方 …………………………………………108
　　2．指示するときに心がけること …………………………………110
　　3．助言するときに心がけること …………………………………111
　　4．自己決定を支持するコーチング ………………………………112
トピックス④「折り紙でサンタクロース──設計図その1」………118
トピックス⑤「スワンの箸置き──設計図その2」…………………119
トピックス⑥「新聞紙で帽子そして…──設計図その3」…………120

第4章　レクリエーション活動援助技術 II
──個人・集団・地域──

1　個人へのレクリエーション支援技術 ………………………………121
　　1．利用者の理解 ……………………………………………………121
　　2．レクリエーション援助のプログラム …………………………125
2　小集団へのレクリエーション支援技術 ……………………………128
　　1．レクリエーション・ワークと小集団援助 ……………………128
　　2．レクリエーションにおける小集団の意義 ……………………130
　　3．小集団とは何か（小集団の理解）………………………………131
　　4．小集団の成長過程とその援助過程 ……………………………132

　　　　　5．小集団への援助——内容と方法・技術 …………………………136
　　3　コミュニティ・施設でのレクリエーション支援技術
　　　　　——地域への参加と地域資源の活用 …………………………………141
　　　　　1．小集団と施設・コミュニティ …………………………………141
　　　　　2．地域社会の資源活用 ……………………………………………144
　　　　　3．施設内での小集団援助 …………………………………………146
　トピックス⑦「自然環境音を聴く・描く」………………………………………148
　トピックス⑧「楽曲を聴く・描く」………………………………………………148
　トピックス⑨「歌（カノン）サンタクロース
　　　　　　　　——アレンジ法—倍加・半減—」……………………………149
　トピックス⑩「レントラーとメヌエット
　　　　　　　　——アレンジ法—ヘミオラ—」……………………………149

第5章　レクリエーション活動援助計画

　1　レクリエーション活動援助の理念と目的 ……………………………………151
　　　　　1．レクリエーション指導から活動の援助へ ……………………152
　　　　　2．介護の現場とレクリエーション援助の関係 …………………153
　　　　　3．レクリエーション活動援助の理念と目的 ……………………154
　2　利用者のニーズと援助計画の考え方 …………………………………………156
　　　　　1．利用者のニーズとは ……………………………………………157
　　　　　2．施設利用者のニーズと援助計画 ………………………………158
　　　　　3．在宅の利用者のニーズと援助計画の考え方 …………………162
　3　レクリエーション活動援助計画の実際 ………………………………………163
　　　　　1．利用者のニーズの把握を考える ………………………………164
　　　　　2．利用者のニーズに基づいた援助計画 …………………………166
　　　　　3．援助計画を書いてみる …………………………………………167
　4　心身の活性化のための援助計画 ………………………………………………168
　　　　　1．人の心を活性化させるとは ……………………………………170
　　　　　2．人の身体を活性化させるとは …………………………………173
　5　生活の活性化のための援助計画 ………………………………………………175
　　　　　1．要介護高齢者の衣食住の援助計画 ……………………………176
　　　　　2．障害者の生活を活性化させる援助計画 ………………………179
　トピックス⑪「公園マップをつくろう」…………………………………………182
　トピックス⑫「ポスターづくり」…………………………………………………183

第6章　レクリエーション活動の実践

　1　在宅福祉におけるレクリエーション実践 ……………………………………185
　　　　　1．在宅生活を生き生きさせるために ……………………………185

2．自立と判定された人々の在宅支援 ……………………………187
2　高齢者通所施設におけるレクリエーション実践 ………………188
　　1．施設の概要 …………………………………………………………188
　　2．「デイホーム　ちゃのま」の援助目標 …………………………189
　　3．レクリエーション・プログラムの展開 …………………………190
3　障害者通所施設におけるレクリエーション実践 ………………198
　　1．授産施設とレクリエーション活動 ………………………………199
　　2．デイサービスセンターとレクリエーション活動 ………………200
　　3．新しい制度とレクリエーション …………………………………203
4　高齢者入所施設におけるレクリエーション実践 ………………203
　　1．特別養護老人ホームAホームにおけるレクリエーション実践
　　　………………………………………………………………………203
　　2．特別養護老人ホームAホームの紹介 ……………………………204
　　3．特別養護老人ホームAホームにおけるレクリエーションの
　　　実際 …………………………………………………………………206
　　4．レクリエーション援助者への期待 ………………………………211
5　障害者入所施設におけるレクリエーション実践 ………………212
　　1．施設内レクリエーションの推移とその特徴 ……………………212
　　2．レクリエーション実践上の反省点をさぐるアンケートの実
　　　施結果 ………………………………………………………………215
　　3．総　　括 ……………………………………………………………222

■　索　　　引 ……………………………………………………………225

第1章 レクリエーション活動の意義

　第1章は,「レクリエーション」や「レクリエーション・ワーク」,および「福祉レクリエーション」などについての全体像を紹介する,いわば入門の章である。

　このような全体像を,歴史的背景や,現代社会での意義,レクリエーション援助のあり方,レクリエーション援助と法制度との関係,また,なにゆえ「福祉」や「介護」の中でレクリエーションが必要なのか,などを理解してほしい。

　特にこの章では,この本で学ぶ皆さんが,それぞれ生活を楽しむレクリエーションと援助として行うレクリエーション・ワークの違いや,援助していくときにおける基本的な考え方について解説している。特に福祉や介護サービスにおけるレクリエーションなどにおいて,その援助過程を通じて私たちが自分たち自身で生活を楽しむレクリエーションとは異なった,人々に貢献するレクリエーションの喜びや楽しみが大きいことをも理解されれば素晴らしいことである。

1 レクリエーションの基本的理解

1. 私たちとレクリエーション

　私たちには日常生活の中でいろいろな楽しみがあるであろう。その楽しみは大きく2つに分類できる。1つは,仕事や勉強や友だちとのやり取りの,まさに日常の中で感じとる楽しみである。例えば,幼い子の笑顔にホッとさせられたり,虹などの景色にみとれたりといった楽しみである。もう1つは楽しむことを意識して,特別に行う活動（狭い意味での『レクリエーション』）の中での楽しみである。例えば,楽しむ目的で行うスポーツや芸術活動,家族の旅行などの行事が挙げられるであろう。しかし,前者にせよ後者にせよ,昔から誰も

がこのように生活を楽しめる状態だったわけではない。特に後者の楽しみは，かつては年に何日か，一生のうちの何日かの楽しみでしかなかった。この『レクリエーション』を大多数の人々が年に何十日も楽しめるようになったのは，ごく最近のことである。

そして，この狭い意味でのレクリエーションが生活の中にしっかりと位置づいた後の近年の傾向は，そのための特別な活動や行事的な活動にとどまらず，日常的な生活や活動全体で『快』（こころよさ）を追求するという，いわば日常生活全体をレクリエーション化する方向（前者のレクリエーション）で広がってきている。

この前者と後者の違いは，レクリエーションを考える上で大切な違いである。特にレクリエーション援助を考える場合は，この両者を意識的に区別して両方とも援助していくことが必要だからである。なぜならば，前者は，楽しさを合わせて追求するとしても，必ず何らかの義務的なものや労働としての要素があるが，後者は，純粋に楽しさを追求するものであるからである。そして，それでいながら，前者の生活全体の中での楽しみ『快』の追求は，レクリエーション・ワークの大きなテーマになりつつあるからである。

そのような意味で，ここに改めて生活を楽しくする，または，特別に楽しむ『レクリエーション』を援助する活動（または仕事）も生まれてくるのである。そのために，『レクリエーション』について改めて考えてみる必要が出てきたのである。

2．レクリエーションの定義

考えるためには，まずレクリエーションを定義しておかなければならない。21世紀初頭の日本は，産業の高度に発展した経済社会となり，生産労働から離れての休日の日数も，先進諸外国と同等になってきている。このような「生産労働か

労働
　本書で使われている「労働」という言葉には，所得を得るために働くという側面だけではなく，働くこと自体の楽しさやその中での学びの要素という側面をも意味している。

ら離れたところで行う活動の中で，生活をしていくために必須の義務感をもって行う必要最小限の活動を除き，余暇を楽しむ活動全般を，本書では『レクリエーション』と定義する」ことにする。

では，レクリエーションは『遊び』や『余暇活動』と同じかというと，よく似てはいるが必ずしもそうではない。

レクリエーションという言葉の定義はいろいろとある。例えば，垣内芳子は『レクリエーションとは，生活を楽しく明るく，豊かにするための(四肢のみではない感覚を含む)一切の行為である。』とし，これを『生活の快(こころよさ)を求めること』といいかえてもいる*1。

サポラ・ミッチェルの定義では，『レクリエーションはプレイを含む広い概念で，あらゆるタイプの活動を含み，子ども及び大人の両方によって，自己表現を目的として追求される。だからコミュニティサービスのような活動も含む』とされている*2。この定義にしたがえば，ボランティア活動などもレクリエーションの一環ということになる。また，バトラーは，レクリエーションの要素を以下のように整理している*3。

①意図的に報酬を求めない。
②心身または創造の力を発揮せしめる。
③外部からの強制ではなく，内からの欲求により活動する。
④通常，余暇に経験されるが，どのようなときも，活動にかかわらず生じ得る。
⑤行う人から楽しみや満足を引き出す。
⑥個人的なものであるがゆえに多様である。

以上のように，レクリエーションとは，個人の欲求に基づき，生活を楽しむ(自己表現など)という目的で，報酬を求めずに(労働や義務としてではなく)行うあらゆる創造的な多様な活動で，大人も子どももすべての人が行う活動を指しているといえよう。

余暇
労働が所得を得るという側面とその他の側面が分かれてきたとき，所得を得る労働(生活のための生物的な活動を含む)以外の時間が生み出されてきた。

遊びとレクリエーション
『レクリエーション』は消費的あるいは消耗的なニュアンスをもつ「遊び」とは異なり，創造的活動としてとらえられている。

余暇活動とレクリエーション
『レクリエーション』は，余った時間を活用するとか労働力のリフレッシュのための活動などのニュアンスをもつ「余暇活動」とは異なり，人生の中心的な活動でもあり得る積極的な活動としてとらえられている。

*1 垣内芳子他編：『レクリエーション援助法(四訂版)』建帛社，p.5

*2 垣内：前掲書，p.5

*3 垣内：前掲書，p.5

3．レクリエーションの歴史

（1） 日本におけるレクリエーション活動の歴史

レクリエーションという言葉が日本で使われはじめたのは大正11(1922)年頃からだといわれている[*1]。この頃から，一部の人々の間でキャンプなどを含む，組織的なレクリエーション活動が楽しまれるようになってきた。この動きは「厚生」という名称で昭和の初頭にかなりの広がりをみせるのであるが，その後の戦争などへの国策の中でレクリエーションどころではなくなってしまった[*2]。

戦争が終わって戦後の混乱をぬけだしていく過程で，レクリエーションも，『レクリエーション』という名称も含めて復活し，戦後しばらくは地域でのフォークダンスなどのレクリエーション活動が生まれ，その後昭和30(1955)年代から高度経済成長と軌を一にして，職場での余暇活動としてのレクリエーション活動が振興され，他方，学校や地域でのレクリエーションも活発に行われていった。しかし，学校における充実した人生の楽しみ方を学ぶというレクリエーションの積極的な位置づけは，1958年の指導要領の改訂を機に徐々にその姿を消していった。個人個人がレクリエーション活動をそれぞれ楽しむようになったのは，1960年代後半以降のことで，若い人々を中心としてそれまでの職場レクリエーションにあきたらず，それぞれが個々に当時花形であったボウリングなどを中心にレジャーを楽しむようになった。

このような歴史的な経過があり，国民一般がレクリエーションを意識的に楽しめるようになったのは，1970年代以降のことである。

（2） 欧米諸国におけるレクリエーション活動の歴史

では，欧米諸国ではどうであったのであろうか。欧米諸国の歴史の中でレクリエーション活動として注目されるのは，19世紀の中葉にスタートしたYMCAやセツルメントの活

[*1] 垣内：前掲書，p.16

[*2] (財)日本レクリエーション協会編：『レクリエーション入門』pp.27～34. 以下，本項はこの資料を参考にした。

YMCA
キリスト教青年会。

セツルメント
貧困者の集団的居住地域に外部から入っていって，さまざまな福祉活動を行うこと。

動，アメリカにおける1885年の砂場建設運動や1906年のプレイグラウンド設置運動である。これらの一連の活動は，急速な経済の発展と並行して現れた都市のさまざまな問題に，子どもが巻き込まれるのを防ぐために，子どもたちの遊びを中心にした活動を組織的に保障したり，「子どもの安全な遊び場」をつくろうという活動であった。

　この背景には，17世紀の哲学者コメニウスの「大教授学」などによって示されたレクリエーションという概念がある。この後に続いた教育学者たちの著作などもあり，子どもたちには遊びが必要であるという概念，いいかえれば教育的レクリエーション概念が定着しつつあった。

　これらの運動は，後に「全米プレイグラウンド協会」の発足につながり，ここで現代的な意味でレクリエーションという用語が用いられるようになった。その後この協会は1930年に「全米レクリエーション協会」に発展し，世界大恐慌の対応策としてとられた「ニューディール政策」の一環として，レクリエーション環境（キャンプ場・公園など）の整備や，レクリエーション・プログラムの開発などに寄与した。

　これに類似した動きは，ほぼ同時期にドイツやフランスにもあり，それぞれ独特な旅行や休暇の確保を中心にした，レクリエーションの推進運動が展開されていた。

（3）レクリエーション以前の余暇活動など

　もとより，一般大衆にとっても，生活の中での楽しみは，それ以前にもなかったわけではない。激しく厳しい労働の中で，あるいは年にわずか何日かの「ハレ」（晴れ）の日の行事として，楽しみがないわけではなかった。

　もう1つの流れとしては，余暇を楽しめる層によって，余暇活動として考えられてもいた。余暇活動は存在していた。この歴史はギリシャ・ローマ時代にまでさかのぼることができる。

「ハレの日」と「ケの日」
　厳しい労働の日々をすごしていた一般の農民たちは，労働の日を「ケの日」とし，その中での楽しめる時（お正月等）を「ハレの日」として区別していた。

貴族階級の余暇
　生産労働に従事しない貴族階級にとっては，日々の生活の大半が余暇であったともいえる。この人たちによってさまざまなレクリエーション・プログラムが開発されたことも，大切な視点ではある。

4．現代社会におけるレクリエーションの意義

このようなレクリエーションは，現代社会においてどのような意義をもち得るのであろうか。確認しておこう。

（1） 子どもの遊びとレクリエーション

レクリエーションの原型は子どもの遊びの中にみることができる。なぜならば，子どもの遊びは利害関係をまったくともなわない，純粋な創造的活動であるからである。子どもの遊びの性質を整理してみると2つのことがいえる。1つは，子どもたちは遊びの中で，仲間からのいろいろな情報を試してみたり，再加工することによって新たな遊びを創造（再創造＝Re-Creation）していくことを学ぶ。第2は，大人が加わることのできない遊びを通じて，大人や親からの独立（再創造＝Re-Creation）を果たす。この2つはともに，ある前提を活用しつつ再創造をしていくという意味で，まさにレクリエーション（Recreation）だといえよう。

（2） 人間疎外と人間性の回復とレクリエーション

大人になると，前述のような純粋な遊びとはいかなくなる傾向が強い。例えば，ゴルフをする人の何人がプレイだけを純粋に楽しんでいるだろうか。そこにさまざまな利害がからんでいることはめずらしくない。現代社会では，仕事中にトイレに行くこともできないような作業環境はさすがに少なくなったが，労働の生産性や効率性が強く求められ，人間が労働内容や条件に振り回される現象が起こりやすい。一方，複雑に連携を求められる仕事の中では，人事管理の難しさから人間関係がこじれるなど，いずれも労働から人間としての喜びを奪ってしまう方向となっている。

しかし，それで大人も満足しているわけではない。その人なりの生きる喜びを，何かでつくり出そうとしているはずである。いいかえれば，人々は，それぞれの個性や才能を生かしつつ，何らかのかたちで人々に喜んでもらえるような貢献

をしたいと望み，それを実現しよう（自己実現）としているのである。このような創造的社会参加は，レクリエーション活動の1つの本質である。つまり，このような労働の場における人間疎外現象に対し，それを回復する手段として，レクリエーションは重要な意味をもっているのである。

しかし，このことは，労働と離れたところでレクリエーション活動を行えばよいというだけではなく，労働そのものの中で，レクリエーション的要素を生かしていく必要も示している。

（3） 日常生活とレクリエーション

その意味で，レクリエーションを特別な行事としてとらえるのではなく，日常生活そのものを楽しむという視点も非常に重要である。例えば，食卓に一輪の花を飾るとか，入浴時に香りを楽しむ「柚子湯」にするとかである。

（4） 人間の基本的欲求とレクリエーション

人間にはさまざまな基本的欲求があり，これらの欲求がそれなりに充足されないと，生存が困難になることもある。それは，生理的欲求，身体的欲求，心理的欲求，社会的欲求，文化的欲求などであるが，それらを満たすためにも，レクリエーションは重要な意味をもつのである。なぜならば，レクリエーションはこれらの欲求充足に複合的に対応しているからである。

例えば，生理的欲求としての食の欲求を考えると，単に食が満たされればよいということにはならず，おいしさや美しさ，誰と一緒に食事をするか，食事中の会話の内容など，いろいろな要素が問題になる。この欲求充足過程には，生理的欲求のみにとどまらず，さまざまな欲求を複合的に充足していることがうかがえよう。

また例えば，食材をめぐって，これはなにゆえそうなるのかと追求する知的欲求を満たすために調べたりするのは，ま

人間疎外
　一般に人間疎外とは，人間が人間らしくなくなること，自分が自分らしくなくなることを意味する。厳しい労働条件や問題のある社会的な集団の中におかれると起きやすい現象である。

人間の基本的欲求
　人間のもつ欲求についての分類枠組みにはいろいろとある。本書20頁に図示しているマズローの欲求などがよく知られている。

さに利害とは関係のない人間の純粋な文化的欲求の1つであるといえよう。これは、誰かから何かを押しつけられるように勉強させられるのとはまったく違った、学習というレクリエーションなのである。

(5) レクリエーションをめぐる新たな課題

以上のようなことをふまえて、レクリエーションの考え方には新たな課題が生まれていることを確認しておこう。それは、『労働のレクリエーション化』と『レクリエーションの労働化』ということである。

『労働のレクリエーション化』とは、労働や日常生活そのもののレクリエーション化ということである。例えば、作業中に新しいものを開発し喜びを感じるとか、独自の作業スケジュールを創造して楽しむとか、デザインを楽しむ、野菜づくりを楽しむ（販売用生産ではなく楽しみとしてつくる）など、労働や生活全体の中で能率の向上などに直接つながらない楽しさを追求することによる、労働そのもののレクリエーション化である。

逆に『レクリエーションの労働化』とは、もともとまったくの『遊び』（または、楽しみ）として行われたことが、労働化（収入をもたらす労働化を含む）していくという意味である。例えば、コンピューター・ゲームをつくって遊んでいたらそれが売れてしまって次々とつくらざるを得なくなるとか、趣味としての陶芸でつくった作品が売れてしまった、というような現象である。こういう『レクリエーションの労働化』は、レクリエーションがいろいろな意味で創造的なニュアンスをもつだけに、今後特に留意しておくことも必要である。

福祉と介護
最近は、社会的な関係の調整援助を中心とする福祉援助と、身心の障害を介助し援護する介護を区分して考える場合が多い。前者の専門職が社会福祉士、後者の専門職が介護福祉士である。

2 福祉や介護における『レクリエーション』の考え方

しかし現実には、こういった活動に接することができない

人がまだ大勢いるのである。1つは，障害などがあってそのような機会に恵まれない人々であり，もう1つは，楽しむということに抵抗感をもつ高齢者を中心とする人々である。前者の人々については，ノーマライゼーションの考え方の中で，普通の人と同じようにレクリエーション活動を楽しめるようにすべきだという考え方が広まってきた。また，後者の人々にとっては，定年などによって現役からリタイアしてからの時間が長くなるにしたがって，その生活をどう楽しく過ごすかが課題となってきている。

　近年，このような福祉や介護分野が積極的にレクリエーションを取り入れるようになっていて，一般に『福祉レクリエーション』（または，アクティビティ・サービス）と呼ばれている。したがって『福祉レクリエーション』とは，福祉や介護サービスが提供される場においてサービス利用者に提供されるレクリエーション・サービスということができる。

1. 福祉レクリエーションの概念

　このような福祉レクリエーションの考え方は，次のように整理できるであろう。第1は，幸福の追求という誰にとっても当然のことが，福祉援助なしには困難になるという社会的状況をふまえて，幸福（福祉）を追求する援助活動を総称して『福祉レクリエーション』と呼ぶ考え方である。特に，近年，誰でも障害者になる可能性がある。また，余暇の活用ができていない一見障害をもたない人々も増えてきている。そのため，このような広い意味で『福祉レクリエーション』という考え方が広がりつつある。いわば最広義の考え方である。

　第2は，福祉サービスの一部としてレクリエーションを取り入れて行われる活動を『福祉レクリエーション』と呼ぶという考え方である。福祉サービスには，経済的保障から社会的な関係調整や身体的心理的サポートまで，かなり広範囲の

サービスが含まれるが，その中で特に社会的関係の調整や身体的心理的なサポートを中心に，活用できる部分でレクリエーションを活用していこうということである。いわば広義の考え方である。

第3は，主に障害をもつ福祉対象者（クライエント）に対し，独自の援助計画やプログラム内容をもつ，対人援助領域としての考え方である。いわば介護レクリエーションとでもいうべき狭義の考え方である。このような領域が成立するのは，介護サービスにおいては，利用者に何らかのハンディキャップがあるために，日常生活のさまざまな要素を犠牲にするのが当たり前だというとらえ方をされる傾向があるからである。障害があるためいろいろな介助が必要になり，1つひとつの日常生活行動に時間が余計にかかる。そうした中での『快』（こころよさ）を求めるなど，論外と考えられがちなのである。しかし，ノーマライゼーションの考え方からいえば，ハンディキャップがあってもひとりの生活者なのであるから，『快』を求めるのは当然のことなのである。

現実にはこの3つの考え方がきちんと区別して使われているわけではない。しかし本書では，基本的に第3の狭義の考え方を前提として記述を進めることにする。なぜならば，第1の最広義の考え方であれば，第1節で整理した『レクリエーション』一般の考え方とあまり違わないからである。多少違うとすれば，一般にレクリエーションはそれぞれ個人が楽しむもので，ワーカーの助言など必要ないということに対し，この最広義の考え方はワーカーの援助を前提としているという点が多少異なっているともいえよう。なお，この場合の援助は，例えばスポーツの何かのコーチでもかまわないので，福祉レクリエーション援助とは限らない。

第2の広義の考え方も，利用者の生活のレクリエーション化という意味で重要な意味をもつが，福祉サービスの全領域

「援助」と「支援」
援助という言葉には「強い人が弱い人に」というニュアンスを含むが，支援という言葉には，対等というニュアンスが強い。

にレクリエーションを活用できるわけではなく，その意味で，本書でいう『福祉レクリエーション』の考え方とは異なっている。ただし，現状では『福祉レクリエーション』についてはこの考え方をしている人も多く，また，実践的にもそのレベルにとどまっている場合も多いので，注意深く整理していくことが必要であろう。

　本書で第3の考え方を，『福祉レクリエーション』として考えるのは，近年『福祉レクリエーション』として積み重ねられてきている実践が，一つ目に，対象を，主に障害者に限定して考えているからである。この場合の『障害者（あるいはハンディキャップをもつ人々）』には，身体障害者のみならず，精神障害者や知的障害者も含み，また高齢化による何らかの障害をもつ高齢者も対象として考えられている（この場合，障害をもたない高齢者は対象に含まれないと考える）。何らかの（社会的）ハンディキャップをもつという意味では，子どもたちも対象となり得るが，この点についてはむしろ教育的レクリエーションの範疇で実践が行われている。

　二つ目に，障害の特徴に対応させて，独自のプログラムの開発が進んでいるからである。近年，このプログラム開発はかなりの勢いで進んでいて，さまざまなプログラムが考案されている。ただし，レクリエーション・プログラムはゲームや歌や軽スポーツなどの個々のプログラムのみではないことを指摘しておくことも大切であろう。

　三つ目に，全体的な援助計画が作成されるようになってきているということである。このことが，第2の個々のプログラムのみではないということなのである。この福祉レクリエーションとしての『やすらぎ』『ふれあい』『行事文化活動』『教育・治療』などを目標とする援助計画が，他のさまざまな援助計画と並列して成立していくということは，福祉レクリエーションが独自の領域を成立させつつあることの大きな要

障害の3つの側面
　障害には，機能的側面，能力的側面，社会的側面の3つの側面があるといわれている。

素である。

　四つ目に，独自の専門的ワーカー（福祉レクリエーション・ワーカー等）の養成制度と資格制度を備えているからである。

　なお，このことは，最広義や広義の考え方を排除するわけではない。狭義の考え方の中で開発されたノウハウが，それぞれの考え方で応用されていくことは，利用者の幸福を願うレクリエーションの立場からすれば，当然のことである。

2．セラピューティック・レクリエーション

　また，福祉レクリエーションについて考えるときに，セラピューティック・レクリエーションについてもふれておくことが必要であろう。セラピューティック（治療的）・レクリエーションとは，ひと言でいえばレクリエーションを治療過程に応用するということである。

　レクリエーションを，人間の生きる本能である「快」の追求を前提として考えることは，以上述べてきた通りである。また，レクリエーションには，人間性を回復するという意味で『癒し』という側面もあり，さらに特別な楽しみであり皆で癒し合う『祭り』という側面もある。

　一方，治療過程には未来の夢に向かって努力するという側面があるが，苦しい努力を続けるという意味でそれほど楽しいものとはいい難い。まして，治癒後の展望が明らかではない場合は，治療に関する努力目標は明確ではなく，その努力に集中することが難しい場合も少なくないであろう。

　とすれば，その治療過程にレクリエーションを取り入れることは，ある種の癒しや祭りを取り入れて治療に目標や楽しさを加えるということである。その意味で，単なる治療過程（特に身体的な機能回復訓練過程などに応用されることが多い）とは区別して，セラピューティック・レクリエーションという実践が成立してきている。

いやし（癒し）
　心を癒すことを指す。最近の用語。特に音楽の分野で使われはじめて，動物や植物とのかかわりなどにも広げて使われている。

この考え方や実践は，レクリエーションの再創造としての機能や治療的効果に目をつけて，これを計画的に応用していくという独自な領域として発展しつつある。いいかえればリハビリテーションにレクリエーションの癒し効果（心理的効果）を活用し，楽しみの要素を加えていく（『遊びリテーション』と呼ぶ人もいる）というレベルを超えて，独自のプログラムと体系をもつものと考える人も増えてきているということである。

　特に福祉レクリエーションにおいては，利用者のハンディキャップを何らかの方法で克服していくことが1つの課題となるため，このセラピューティック・レクリエーションの考え方や実践が注目されている。

3 レクリエーションとレクリエーション・ワーク

1．レクリエーション・ワークと利用者

（1）　レクリエーション・ワーク

　『レクリエーション』と『レクリエーション・ワーク』はもちろん意味が違う。ひと言でいってしまえば『レクリエーション・ワーク』とは，レクリエーションを楽しみたい人の援助をすることである。個々のレクリエーション・プログラムを楽しむにしても，利用者それぞれに楽しみ方のイメージがあるので，たとえレクリエーション・ワーカーなりのイメージがあるとしても，あくまでも利用者のイメージに合わせ，それを尊重しながら援助するのがレクリエーション・ワークの基本である。

　この原則は福祉レクリエーションにおいても同じことである。しかし，福祉レクリエーションの対象者の多くが，以下に触れるさまざまな事情のために，レクリエーションの楽しみ方を知らない場合が多く，そのための福祉レクリエーショ

情報提供機能
　専門的な情報提供は１つだけの方向を示すものでは不足で，利用者の選択を可能にするような複数の要素をもつことが必要である。

ン・ワーカーの，情報提供機能は特に重視される必要がある。

　個々人にとっての『レクリエーション』の目的や内容は，その個人の考え方次第で原則的にはまったく自由である。しかし『福祉レクリエーション・ワーク』をふまえた目的や内容には，『福祉レクリエーション』の歴史的な発達をふまえた，目的や方向性がある。

　この点について，社会福祉援助技術の基本原理・原則では，第一次的原理である「人間の尊重・人間としての尊厳の重視」を挙げ，その背景思想として，①平等主義・機会均等（ノーマライゼーション等），②社会連帯（予定調和的原則），③民主社会（民主主義や人道主義の擁護）を挙げている。また，第二次的原理として「専門的援助関係における価値原理」を挙げ，①個別化の原理，②主体性尊重の原理，③変化の可能性尊重の原理を挙げている*。これらの原理・原則は，レクリエーション・ワークにおいても同様に適用されなければならない。

*『社会福祉援助技術論Ⅰ』中央法規出版，p.183などを参照。

（２）　レクリエーションを楽しむのは利用者

　レクリエーション・ワークの場面では，レクリエーションを楽しむのは，まずそのプログラムの参加者であり，ワーカーはその援助をすることが仕事（役割）である。レクリエーション・ワークにおいてもワーカーが，他の職務と同じように仕事を楽しむことは大切ではある。しかし，レクリエーション・ワークはあくまでも対人援助の仕事であって，そこでは参加者が安全にかつそのプログラムの目的を達成するように，責任をもって援助しなければならない。

利用者・参加者・レクリエーションを楽しむ人々・クライエント……
　この章の本文中ではほぼ同じ意味で使う。が，それぞれの強調点があるので注意深く読み取っていただきたい。

　レクリエーション・ワーカーとなる人は当然レクリエーションの楽しみ方も上手であろうが，それゆえにこそ，レクリエーション・ワークの場面では，自らが楽しむのではなく，参加者が主体なのだということ，参加者の目的達成を援助するのだということを忘れてはならないのである。

　さらにいえば，レクリエーションを楽しむ人も，その人な

りに「個性」をもち，その人なりに「自由」に「自己実現（表現）」を認められている存在だということである。わかりやすくするためにあえていえば，レクリエーションを楽しむ人（利用者）は，その楽しみのために，また楽しみをより大きくするために，レクリエーション・ワーカーによる援助を買っているのだともいえるのである。福祉レクリエーション・ワークの場合は，利用者にハンディがあることが多いため，特にこの点に留意する必要がある。

2．なぜレクリエーション・ワークが必要か

　では，なぜレクリエーション・ワークが必要なのであろうか。そもそもレクリエーションは誰もが楽しんでよいのであるから，それぞれが好きなように楽しめばよく，わざわざレクリエーション・ワークなどで援助してもらう必要などないのではなかろうか。

　ある意味ではその通りなのであるが，現実的にはそうではない場合が多い。その理由は以下の3つがある。

（1）歴史的理由

　人類の歴史では，現代的な意味でのレクリエーションを楽しめる（豊かな）階層の人々は貴族階級の人々などきわめて少数であった。それゆえ，現代日本ではレクリエーションの楽しみ方を知らない人はまだまだたくさんいるのである。

1）昔の暮らし

　第1節でも多少ふれたが，かつての日本では大多数の人々は，夜明けから日没まで外で働き，そして家に帰っては『夜なべ仕事』で働き続けるという時代が，つい数十年前まで続いていた。そうしないと生活が成り立たない状況で，レクリエーションどころではなかった。また，ひたすら働き続ける『勤勉』をよしとする啓蒙活動も強力に進められていたため，娯楽（レクリエーション）は罪悪であるという風潮すらあった。

2）庶民のレクリエーションとしての祭り

しかし，一般の庶民の間に娯楽がまったくなかったわけではない。それは，『勤勉』の啓蒙と矛盾しないように単に娯楽としてではなく，ほとんどが『宗教的祭祀』や『神事』や『家族・農事・儀礼』などの衣をまとっていた。つまり，神聖なる行事としての看板のもとに，実質的には『お祭り』として，ひたすら働き続けていた当時の庶民に，年にほんの数回の貴重な娯楽の機会を提供していたのである。

3）過去の影響とレクリエーション・ワーク

したがって，この『勤勉』優先の考え方は特に一部中高年層を中心に色濃く残っており，レクリエーションの楽しみ方を知らない人々もまだ多いのである。『日常生活』が苦労の連続であった人々の中には，生活を楽しむということ自体がよくわからないという人や，お祭りなどにいく以外の，例えばスポーツや旅などの楽しみ方を知らないという人もいる。

1つは，そういう人のために，また，レクリエーションの楽しみをまったく知らないわけではないが，その領域やバリエーションを広げたい人のために，レクリエーション・ワークとしての援助が必要なのである。

（2） ノーマライゼーション思想の普及

特に福祉分野では近年の社会生活上の1つの特徴は，ノーマライゼーションという考え方の普及である。この考え方からすれば，レクリエーションを楽しむにも，身体的状況や社会的・精神的・知的発達の状況などによって差別があってはならない。障害のある人もない人も，女性も男性も，老いも若き（壮年）も（この3つの対比では，昔の娯楽は全部後者が優先であった点に注目されたい），わけへだてなくそれぞれのレクリエーションを楽しめなければならないということである。

そのために，身体的な条件をはじめとするさまざまな条件の違いを調整しつつ，質を低下させない同レベルのレクリエ

『旅』の楽しみ
出張などで単に目的地を往復するだけでは『旅』とはいえない。したがって『旅』の楽しみ方を教える人が必要だったりする。この人々も一種のレクリエーション・ワーカーである。

ノーマライゼーション
障害のある人も普通の人々と同様の暮らしができるべきだという考え方。日本では国際障害者年を契機に普及した。

ーションを皆が楽しめるよう（例えば片足しかない人にスキーを楽しんでもらう），たくさんの工夫や配慮や準備を含めた援助が必要であり，そういう仕事としての福祉レクリエーション・ワークが必要なのである。

（3）『生活の快』への量的質的拡大への対応

上記の2つの意味では，レクリエーションをいわば日常生活とは違う場面で考えていけばよかったのであるが，垣内芳子の提唱した『生活の快』レクリエーション概念以後は，それだけではすまなくなってきた。この概念の特徴は，『生活における快の追求』をレクリエーションと考えるわけであるから，日常生活の援助の一部までもが，レクリエーション・ワークの対象になってきたのである。個々人の日常生活はそれぞれのさまざまな価値や体験をふまえて成り立っている。その中で快を追求するという援助には，考慮すべき要素が非常に多く，そのためにもレクリエーション・ワークという専門的援助の必要が生まれてきたのである。生活条件がよいとはいえない福祉分野では，特にこの点が強調されている。

この援助のためには，以下の2つのことを理解しておく必要があろう。

1）生活水準の向上がもたらしたもの

第1は，『生活の快』レクリエーション論の背景に，社会全体の生産技術の発展と生産力の向上があったということである。標準的レベルの日本人全体が，明日の食料の心配をしなくてよい，誰もが余暇時間をもてる，そういう生活水準を確保することができて初めて，『生活の快』論は実質的な意味をもってきたのである。例えば，福祉分野等の高齢者施設などで制服同様にトレーナーなどを着用させられている例もいまだあり，これは『生活の快』の考え方と違うという指摘がなされている。しかし，これはかつてのように選べるほどの服がない中では，制服もやむを得なかったことのなごりであり，

そういう生活習慣の中で生きてきた人々にとっては，そのほうが快適ということでもあろう。しかし，いうまでもなく，皆が豊かになり，人々が服を選んで着ることができるようになって久しい。とすれば，生活の場である施設などでも制服を不快と感じる人が増えてきて当然のことである。

特に，年金などにより働かなくても生活できる立場の高齢者の余暇がきわめて長くなってきたことは，最近の大きな歴史的傾向である。この人々は高齢になるにしたがって何らかの障害をもつことが多くなり，その意味でレクリエーション・ワークの大きな課題になっている。一方，生産技術の発展は，レクリエーションを楽しむために使える技術の範囲を（例えばスキーの板に最新の技術が応用されているように），大きく広げている。

生産技術の発展
日本におけるさまざまな工業の発展は，個々の障害者に合わせた福祉機器の開発も可能にしている。

2）施設内での生活と『生活の快』の追求

第2として，『生活の快』がレクリエーション・ワークの課題となっていった背景には，特に福祉分野の特別養護老人ホームなどのさまざまな生活施設内における『生活の快』の問題があった。見知らぬ他人との数人での相部屋生活と施設全体としての生活という，二重の集団生活を余儀なくされる入所者の『生活の快』の問題である。また，生活自体の問題として，先に触れた着衣を選んだりお化粧をしたりといった身だしなみレベルで個々人の選択が認められないとか，それ以前の最も基本的な生活である食事（高齢者や障害者にとっては，食事の質や量はその人の生命に影響しかねないため，食べたいと思うものを食べられないような事態は非常に大きな問題なのである）や入浴といった基本的な生活行動での楽しみについても，ほとんど選択の余地がない場合が多い。さらに，個別的なレクリエーション活動を楽しむための用具に至ってはもち込みのスペースもないなど，在宅生活に比べて著しくそのレクリエーション環境は劣っているといえよう。

この種の施設では，長い間，生活施設というよりもとりあえずの収容施設という理解が強かった傾向もあり，レクリエーションに関しても，個人の選択の余地がほとんどない状況でプログラムへの参加を求められる場合も少なくなかった。これでは，レクリエーション・ワークが個々人の『生活の快』を阻害しているという，困った現象が生み出されていることになる。この状況に対して，近年施設全体を対象としたものよりも，個人のレクリエーション・ニーズを優先したレクリエーション・ワークが必要であることが強く叫ばれるようになった。

　残念ながら，施設全体を対象としたレクリエーション・ワークのために，個々人のレクリエーション・ニーズ（快）への対応がなされないというこの問題は，いまだに解決していないことが多い。その意味で，施設内レクリエーションにおいては，「レクリエーションは『個人』の『生活の快』追求が基礎である」ことを主張し続ける必要があるのである。

生活施設
　利用者が入所し，そこで暮らしている施設であり，法律用語では入所施設ということが多い。そこで「生活」しているという意味で，ここでは生活施設としている。

3．レクリエーション・ワークの目的と対象

（1） 自己実現に向けて

　心理学者であるマズローは，図1-1のように人間の欲求を，生存－安全－所属－尊厳－自己実現の5つの段階に分けて説明している。レクリエーション・ワークの目的が『生活の快』の追求を援助することであれば，それは人間の基本的欲求の実現を援助するということになろうから，その意味で，レクリエーション・ワークの最終目的の1つは『自己実現』になると理解できる。

　このマズローのいう『自己実現』は，2つの要素が前提となって成立する概念である。その1つは，人間の小集団への『所属』欲求や，小集団内部において一定の役割を担い地位を占めることで『尊厳』をもつ，つまり良好な人間関係が成立

マズロー
Abraham Harold Maslow（1908～1970）
　アメリカの心理学者で人間主義心理学を提唱した。

```
        自己実現 ──▶
          尊厳 ──▶
          所属 ──▶
          安全 ──▶
          生存 ──▶
```

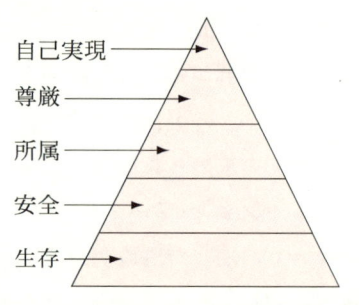

図1-1　マズローの欲求の5段階説

していることである。その意味から、レクリエーション・ワークとして良好な人間関係の創造・維持が1つの焦点となる。

　もう1つは、個人の自己「表現」欲求が満たされるような特定の活動があることである。その意味から、レクリエーション・ワークとしてその特定の活動に対応する個別のプログラムの提供が焦点となる。

　したがって、マズローのいう人間の欲求の最高価値とされている『自己実現』を、レクリエーション・ワークの重要な目的として考えるならば、その援助の焦点の1つは、小集団内部で良好な人間関係を創造し維持することへの援助であり、もう1つは、その個人の自己表現欲求実現のための適切なプログラムの提供である。

価値の実現
本書14頁の「社会福祉援助技術の基本原理・原則」の項を参照。

（2）　対人援助における価値の実現に向けて

　レクリエーション・ワークの目的としてもう1つ考えておかなければならないことは、どんなレクリエーションでもすべてが援助の対象になるわけではないということである。レクリエーションの楽しみ方は、人それぞれ異なっておりまったく自由である。しかし、レクリエーション・ワークの対象となると、何でもよいというわけにはいかない。この点については先にふれたが、ここでは2つの側面から価値の確認が必要であることを指摘しておく。1つは、援助対象となる個人にとっての価値であり、もう1つは利用者とワーカーが所

1）援助対象者の成長・発達とレクリエーション

対人援助として考えるならば、その援助対象者の成長に役立つ援助が必要であり、それはレクリエーション・ワークにおいても同様である。例えば、自棄的行為や、どこまでいってもその人だけの世界にこもってしまう*ようなプログラムは、レクリエーション・ワークにおいては援助対象とはならない。むしろ、社会的な意味での自己開発を目指すような援助が、中心的なテーマとなる。

ただし、援助対象者の成長については2つの留意点がある。第1は、社会的な意味での自己開発は、個々人の個性の発展を前提とすることである。いいかえれば、社会的自己開発とは、集団への適応ではなく、個人の個性の自由な表現がその集団を発展的に変革していくことに寄与するということである。そのためには、レクリエーション・ワークでは常にそれを楽しむ人の主体性を生かす配慮が求められる。

第2に、レクリエーション・ワークの対象とはならない広義のレクリエーションも絶対に否定されてはならず、個人のレクリエーションとして尊重されるべきだということである。レクリエーションは、個人の自由が基本的前提である。広い意味でさまざまなレクリエーションがあるのは当然であり、レクリエーションを楽しむ人の『自由』が否定されてはならない。それらをレクリエーション・ワークとして取り上げなくても、個人のレクリエーションを否定しているのではないという点を、ワーカーは十分に利用者に伝えておく必要があろう。

2）民主的社会創造としてのレクリエーション

自由の尊重を基本にした自立した人間同士の相互作用が社会を発展に導くという民主社会理念は、レクリエーション・ワークにおいても大切にされる。人間同士の相互作用は、強

*例えば、使うあてもない空き箱を大量にため込むことは、個人のレクリエーションとしては認められても、福祉レクリエーション・ワークの対象にはならない。

いものが弱いものを圧倒したり排除したりという動物的初歩的レベルから，多数決や妥協などの段階を経て，両者の長所を生かしつつより高次元の内容に統合的に発展させ，新しいものを生み出すという方向に変化しつつある。したがって，レクリエーション・ワークにおいても，それぞれの個性の自由な表現を大切にし，それを社会的な発展に統合していくという『民主的社会創造』を前提とした援助が求められているのである。

したがってレクリエーション・ワークでは，他人を傷つけたり困らせたりするような内容を含んだり，アンフェア（不正）や虚偽などの一般的な社会正義に反する内容は，民主的社会創造に逆行するものとして，もちろん援助対象としない。むしろこれらの行為は，この部分に限っては，たとえ個人的レクリエーションとしてでも糾弾されるのである。

（3） レクリエーション・ニーズの充足に向けて
1）ニーズの発生原因

レクリエーションへのニーズは，その発生原因からみると2つの側面がある。1つは，生活水準が向上したことにより，生活の快としてニーズが強まっていることである。もう1つは，昔に比べて短時間に集約された労働内容がいっそうハードになっているため，いろいろな意味で労働を原因とする障害を抱える人も増えており，その面からの心身のリフレッシュなどへのニーズが増えているということである。

この背景には，現代社会の分業の徹底が人間にさまざまな歪みを引き起こしているという側面があることも，認識しておきたい。1つの典型としてかつての社会における農業労働を考えてみると，生産力は低いがゆっくりしたペースであり（それゆえ非常に長時間の過重な労働であったが），その労働が人間の五感や身体的知的心理的なすべての能力を活用する場面をもっていたことが思い起こされる。つまり，その人に合わ

せたペースゆえに植物の成長を喜ぶゆとりがあり，その人のすべての能力を活用するがゆえに，人間の活動としてバランスがとれていたともいえる。しかし産業革命以降の労働では，機械の活用などによるスピードアップで『ゆとり』はなくなり，徹底した分業化によってこのバランスは大きく崩れている。この『ゆとり』とバランスの回復がレクリエーションへの1つのニーズとなっているのである。この回復作用は『癒し』といういい方でも取り上げられているが，レクリエーション・ワークを行う際に考慮すべき重要な視点の1つであろう。

産業革命
18世紀末から19世紀初頭にイギリスから世界に波汲した，蒸気機関など新たな機械の発明をきっかけとする物の生産の仕方の大変革をいう。その前後で人々の働き方が非常に大きく変化し，社会のさまざまな変化の原因となった。

2）ニーズの内容

さてこれらのレクリエーションに対するニーズは，その現れ方からみると，身体的ニーズ，心理的ニーズ，社会的ニーズの3つとして受け止めることができる。

身体的ニーズとは，身体を動かすことへのニーズであり，運動量の圧倒的に不足している障害者や現代人には，非常に多いニーズである。内容的にも，身体の部位による特徴や，強さや長さや，巧緻性などのさまざまなバリエーションがある。このような用意があれば，身体の強弱や障害の有無にかかわらず，どのようなニーズに対しても対応が可能である。

心理的ニーズとは，『自己実現』や『快』追求の側面が最も強調されるニーズである。『自己実現』や『快』のバラエティに富む内容を考えれば，このニーズの多様性が理解されよう。そして，このニーズが，『自己実現』と呼ばれる，社会の中での自己存在感の確認という欲求をふまえていることを考えると，人間の『愛』に対する欲求についても，心理的ニーズとして考えておく必要がある。

社会的ニーズには，地域社会や職場や家族などの社会的関係の中で，ひとりの人間として認められたいという人間関係ニーズと，そこでの役割行動上の分担をもっているという役

割ニーズとの2つがある。この社会的ニーズは成長の中で後天的に身についていく傾向があるため，年齢が高くなるほど，身体的・心理的ニーズよりも強くなる傾向がある。したがって，高齢者の場合，その社会的経験に基づく特有のニーズが出やすいため，特に注目する必要がある。

　レクリエーション・ワークの目的の1つは，こうしたさまざまなレクリエーションへのニーズに対応することである。

3）ニーズが明確にならない場合——動機づけの必要性

　特に高齢障害者などを中心に，その成育歴の中でレクリエーションが非常に少なかったり，楽しむことを悪と考え，レクリエーションを誤解している場合などは，レクリエーションへのニーズが表現されない場合がある。また，要介護者を抱えている家族などは，自分（たち）だけ楽しむことには抵抗があり，いい出せない場合もある。このようにニーズが明確にならない場合は，レクリエーション・ワークの援助の一環としても，ニーズを引き出していくことが大切である。

　そのためには，2つのことを行う必要がある。1つは，誰でもどんな（コンディションが悪い）ときでも，レクリエーションを楽しんでよいのだということを伝え，レクリエーションを楽しむことへの抵抗をはずすことである。また，介護する人（家族など）がレクリエーションを楽しむことで，介護によい影響が出て，長い目でみれば介護される人にも喜んでもらえるといった，動機づけをする必要もあろう。2つは，楽しみたい内容（プログラム）についての情報（メニュー）を，その人に合わせて的確に提供することである。そのプログラムに参加し楽しむことで，レクリエーションを楽しむことへの自信を取り戻させ，楽しむことへの動機を強化していくという援助の観点も大切である。

4）利用者のワーカビリティの確認

　なお，ニーズの充足をレクリエーション・ワークの目的と

ニーズ

　ニーズにはいくつかの分類方法があるが，その1つとして，次の4つの分類がある。①本人が意識して表現している欲求，②本人が無意識にもっている欲求，③専門家が見た場合，本人がもっているであろうと考えられる欲求，④他と比較した場合に考えられる欲求。

考えるならば，同時に，利用者のワーカビリティへの配慮を指摘しておく必要があろう。『ワーカビリティ』とは，「サービスを利用して，問題解決に取り組んでいく利用者の力」*とされており，その内容としては，問題解決意欲を左右する『動機づけ』，知的・身体的・情緒的の3つの側面を包含する『能力』，環境条件とサービス条件を含む『機会』の3つの要素が含まれている。この3つの要素に配慮することはレクリエーション・ワークの目的の実現のためにたいへん重要である。

*小松源助：「直接援助技術の性格と内容」『社会福祉援助技術各論I』中央法規出版，p.20(1992.3.10)

（4） レクリエーション・ワークの目的の変化

レクリエーションの目的は，3つの点で近年大きく変化しつつある。その第1は，生活行動のリフレッシュのためのレクリエーションから，自己実現としてのレクリエーションそのものを目的とするようになったことである。第2は，施設や学校などでの組織的レクリエーションから，家族や個人などでの私的レクリエーションへの変化である。第3は，大規模集団でのレクリエーションから小集団でのそれへ，集団のレクリエーションから個人のそれへという，活動単位の変化である。

以下，第3の集団の問題は第4章第2節で扱うこととし，第1と第2の課題について整理しておこう。

1）リフレッシュから自己実現へ

レクリエーションには，前節で触れているように，肉体的・精神的にリフレッシュするというイメージがある。一般のレクリエーションでも，リフレッシュの内容は，かつては長時間の分業化された肉体労働の中で疲弊した身体をリフレッシュし，心身のバランスを取り戻そうというニュアンスがあった。しかし，労働条件などが変化し肉体労働よりも頭脳労働の領域が増大してくると，疲れは肉体よりも精神的なものとなり，リフレッシュの内容も精神的なものが中心となるように変化してきている。この傾向はレクリエーションでも同様

肉体労働，頭脳労働
主に体を動かして働くことで社会に寄与する労働を肉体労働，主に新たなことを考えだすことで社会に寄与する労働を頭脳労働という。

であり，最近のレクリエーションでは，『気晴らし』や『癒し』という言葉が使われるが，これも心理的な課題が増えてきていることと無関係ではない。

このようなリフレッシュは，日常生活問題をあとから解決するという消極的な側面をもつが，これに対し最近の『自己実現』を目指すという考え方は，将来の目標を設定するという積極的側面が強調される言葉である。これはリフレッシュの内容が，肉体的な面から精神的な面に変化してきたこととも無関係ではない。また福祉におけるレクリエーション領域では，特に『生活の快』レクリエーション論による個別性重視の考え方から，リフレッシュから自己実現へという方向に大きく変化しつつあるといえよう。

2）組織的レクリエーションから，私的レクリエーションへ

こうした傾向は，レクリエーションの場や進め方などにも大きく影響してきた。肉体的なリフレッシュを目的とする場合であれ，心理的リフレッシュを目的とする場合であれ，自己実現を目指すレクリエーションとなると，個別性が非常に強くなるために，施設などにおける組織的レクリエーションではなく，個別的（私的・在宅を含む）レクリエーションが必要になった。特に，自己実現を目指す場合は単に個別的というだけでなく，プライバシーの確保という意味も含めて，私的レクリエーションとして対応せざるを得なくなってきている。

4 社会生活の中でのレクリエーション

本章第3節の3で述べたように，マズローのいう『自己実現』は，人間関係と活動内容の2つの要素が前提となって成立している。この『自己実現』をレクリエーション・ワークの目的の1つとして考えるなら，その援助の第1の焦点は，

自己実現
自己実現は，個人の自己表現欲求が満たされると同時に，その表現が周囲の人々によって賞賛されて受けとめられることによって実現する。

小集団内部で良好な人間関係を創造し維持していくことへの援助である。もう1つの焦点は，その個人の自己表現欲求の援助のための適切なプログラムの提供である。

　もちろん，レクリエーションと小集団（スモール・グループ）における人間関係やプログラムとの関係は，この自己実現という概念だけを媒介にして成り立っているわけではない。以下このことをふまえつつ，ここでは前者の集団との関係を，生活の場という視点から，地域生活の中でのレクリエーションと，福祉施設におけるレクリエーションを中心に考えてみよう。

1．レクリエーション・ワークにおける集団

　日本でのレクリエーション・ワークにおける集団の扱い方は大きく変化してきた。かつては，集団でのレクリエーションしか想定されていなかったが，最近は個人で楽しむことをレクリエーション・ワークの対象として取り上げるようになった。また，集団規模も小さくなり，かつての集団レクリエーションは数百人を想定している場合も少なくなかったが，現在ではせいぜい数十人で考えていることが多く，100人を超えることは少なくなった。

（1）　個人としてのレクリエーション・ニーズ

　小集団化だけではなく個人単位で考えるようになったのも大きな変化である。このことは，『生活の快』レクリエーション論が1つのきっかけであった。『生活の快』論で目指す『快』は，衣食住など生活全体にわたるので，かなり個人的な感覚の領域である。この『快』をレクリエーション・ニーズとして認めるということは，個人のニーズを直接レクリエーション・ワークの対象としてとらえることになる。別な角度からは，社会状況の変化の中で個人的価値である『自己実現』がレクリエーションの目的として考えられるようになってき

たことも、この傾向に拍車をかけている。いずれにせよこの結果、レクリエーション・ワークのプログラムは、集団だけではなく、個人に焦点をおいてつくられるように変化してきている。

（2） 大規模集団から小集団へ

この集団から個人へという変化は、必然的にニーズのとらえ方やアセスメントの方法をも変化させていくことになる。それまでの日本における集団的レクリエーションの場合は、個別ニーズにこだわらなかったため、個人的なアセスメントはそれほどていねいには行われてこなかった。したがって、このような個人的ニーズに対応するレクリエーション・ワークのためには、個々人の多様なニーズの把握方法から開発する必要があった。そして、きめ細かい個人的ニーズの把握は、集団的レクリエーション・ワークにもさまざまな意味で応用され、レクリエーション・ワークの内容自体が大きく変化していくのである。

その変化の1つは、小集団重視という方向で現れ、レクリエーション・ワークの対象集団は、非常に小さくなり、提供されるプログラムとしても大集団で一斉に行うようなゲームや〇〇大会のようなものは減った。しかし、もちろん集団的レクリエーションの意義がなくなったわけではない。むしろ、集団が小さくなる傾向の中で、レクリエーション・ワークにおける小集団の意義（みんなで一緒に何かすることの快適さと創造や発見の喜びなど）が、きちんと生かされるようになってきたといえよう。

2．家庭でのレクリエーション

レクリエーションが、どういう集団で展開されるかを考えるならば、家庭（個人またはプライベートな）、隣近所の人々、友だち同士の任意の小集団、職場や学校や活動時間帯だけ通

大規模集団
全員がいっせいに同じことをするという大規模集団と、小集団が多く集合した大規模集団がある。近年はレクリエーション・ワークでは前者の大規模集団はほとんどみられなくなったが、後者の大規模集団の援助はあり得る。

園する施設，そこで生活している施設，という5つのパターンがある。

　特に在宅福祉活動において課題となる家庭でのレクリエーションを考えるとき，家庭には，ひとり暮らしなど限りなく個人に近い状態から3世代家族まで，いろいろな集団があり，そのプログラムも非常に多様である。しかし，一般に福祉におけるレクリエーションとして問題になる在宅福祉活動の場合は，ひとり暮らしもしくは，2人での生活の家庭が多い。その場合のレクリエーションはそれぞれに異なった援助が必要になる。

　ひとり暮らしの場合は，その人の個別援助を考えればよいのであるが，レクリエーションの重要な要素である人間関係の楽しみに欠ける場合もある。この点をどう補うか，または要望によって補わずに個別の楽しみを追求するか，レクリエーション・ワーカーは考えなければならない。例えば，子どもや孫などの親族が訪問してくることも，この場合はレクリエーションになり得るので，そのための調整を行うこともレクリエーション援助の1つとなる。

　特に福祉レクリエーション援助としては，多くの場合，障害をもつ人への援助であるから，その人に応じた安全性の配慮などが重要な課題になってくる。が，基本的には，レクリエーションの内容については，その人から要望をていねいに聞き取った上で，レクリエーション計画を作成し，それに基づくプログラムを実行することになる。その内容は，外出や旅行，生活の中での部屋の模様替えや，ボランティア活動，その他の趣味活動，本人の学習など多岐にわたるプログラムが考えられる。このような要望に対し，ホームヘルパーにレクリエーション活動の援助をも依頼することもあるが，レクリエーション活動の内容によっては，ホームヘルパーが対応できない場合が多い。そのような場合，その内容に関連した

ひとり暮らし
　近年の日本では，高齢者に限らず，ひとり暮らしの人々が急激に増加する傾向がある。

ホームヘルパー
　在宅福祉部門で，主に高齢の障害者宅を訪問し，家事や行動の介助や援助を行う人をいう。1級，2級，3級の資格制度がある。

才能をもつボランティアとのコーディネイトも，レクリエーション・ワーカーにとっては重要な役割となる。このようなボランティア活動であれば，近所の子どもたちでも十分可能な場合もあり，そのことで人間関係を広げるというレクリエーションのもう１つの目的も達成できるのである。

　２人暮らしは多くの場合，どちらかが要介護者でもうひとりが介護者であるというケースが多い。したがって，要介護者はひとり暮らしの場合と同様であるが，このような場合介護者のレクリエーションにも配慮が必要である。このために，一時的に要介護者をショートステイ施設で介護するなどは，広義のレクリエーション援助となる。

　また，３世代家族を含む在宅福祉活動では，２つの点を配慮する必要がある。１つは，家族構成員１人ひとりの『快』の援助である。もう１つは，要介護者を含む家庭全体でのレクリエーション支援という観点から考えていくということである。これは，現代の家族では家族員が共通の時間をもつことが少なくなる傾向があるため，家族構成員同士が助け合うことが困難となり，介護などの負担が主婦ひとりに集中するなどの問題も出てきているので，そういう観点からのレクリエーション援助である。

3．地域生活の中でのレクリエーション

　地域生活におけるレクリエーションには２つの領域がある。第１は，隣近所や地域の人々の中でのレクリエーション活動であり，第２は，友だち同士の任意の小集団の中でのレクリエーション活動である。

（１）　隣近所や地域の人々とのレクリエーション活動

　隣近所の交際は家族単位が一般的なので，特にひとり暮らしの場合などは，その交際の枠からはずれてしまうことが多い。そのため，福祉的立場からは，地域社会の行事などの中

での福祉利用者の位置づけが問題となる。多くの場合，枠外になってしまわないまでも，地域の人々がその利用者を援助するというかたちでのレクリエーションが想定されるが，これだけを長続きさせるのは困難である。

　この場合はむしろ，レクリエーション・ワーカーは，援助利用者がその地域社会にどのような貢献ができるかという，援助利用者としての，地域貢献活動をレクリエーション活動として考えることが大切であろう。例えば障害者は障害があるからといっても，まったく何もできないわけではない。少なくとも何らかの活動は可能な場合が多く，近隣の人々の要望とうまくかみ合えば，近所の子どもの学習を手伝うなど，できることはあるはずである。そのようなコーディネイトも，その障害者の限界や才能をその子どもたちに知らせることを含めて，レクリエーション・ワーカーの重要な仕事である。

（2）　友だち同士の任意の小集団の集団とプログラム

　この場合は，2つの類型がある。1つは，気の合う仲間たちが何かをするという類型，もう1つは興味・関心が一致している人々同士で共通するプログラムに取り組むという類型である。この2つが混在している場合も多いが，いずれにせよ，このような任意の仲間たちと共通の課題についての活動を行うということは，レクリエーションの原点といえる。前者の場合は潜在化してしまうため，レクリエーション・ワークの対象とならない場合も多い。が，後者の場合は，対象者のレクリエーション活動の内容をテーマにして，仲間を募り，共通の活動にしていくということも，レクリエーション・ワーカーの仕事の1つである。

4．福祉等施設におけるレクリエーション

　福祉施設におけるレクリエーションは，通所施設と生活施設の場合で異なった要素がある。

通所施設
毎日または週や月に何回か通う施設。デイサービス施設といういい方もする。

（1） 通所施設でのレクリエーション活動

　この場合の特徴は，比較的共通点の多い人々の集団であること，生活時間のパターンが共通であるため活動時間が定期的にとりやすいこと，などが挙げられる。しかし，同時にレクリエーションの内容が他の目的に従属してしまったり，施設の行事的性格になりやすかったり，また参加についての任意性が崩れてしまったりという問題も起きやすい。健康管理上の必要性からくる健康体操など一種の施設内レクリエーション活動と，この場のつながりをきっかけとして任意のプログラムや集団活動を行うというレクリエーション活動に，明確に区別していくことが課題となる。

　この後者のレクリエーション活動を基本にすえ，利用者が個別的に望むレクリエーションの内容に即した活動を実現する方向で援助していけば，このような通所施設でのレクリエーション活動の援助は，かなり有効な成果を期待できるであろう。

（2） 生活施設でのレクリエーション活動

　生活施設（収容施設）での，好むと好まざるとにかかわらず家族以外の他人と一緒に24時間の共同生活が続くというのは，普通の人は病気で入院するとき以外はあまり経験しない現象である。ここでのレクリエーション・ワークは，通所施設や在宅の場合とは異なって，施設の主催するレクリエーション活動自体が，利用者を拘束してしまう可能性が強く，参加の任意性が崩れやすいという特徴がある。したがって，この種の施設ではことさらに，レクリエーション援助の個別性や参加しない権利を明確にすることが求められよう。したがって，施設内でのレクリエーション・プログラムについては，できるだけ複数のプログラムを用意し，参加しないことも含めてのメニューとして提示する情報提供と，その内容について質問することができ，その上で選択が全面的に尊重される

ことが重要であり，その意思表示の方法についても工夫が求められる。

また，特に高齢者施設では，レクリエーションを高齢者の一部の人々が体験してきていないという歴史的経過をふまえることも大切である。その意味で，レクリエーション活動は，社会生活の中で身につける文化的な要素がとても強い活動であるといえる。したがって，レクリエーション・ワークでは個々の利用者の生育歴の中で身につけてきた習慣や価値観を尊重して，さまざまなプログラムを提供していかないと，その利用者の自己実現を支援することにならない。

そのような観点から例示してみるならば，
①毎日の整容（お化粧），食事，入浴など
②料理，あと片づけ，掃除，繕い物などの『家事』
③花壇の手入れ，樹木の剪定などの『庭仕事』
④犬，猫，鳥（ニワトリ），兎などの世話という仕事
⑤手紙を書いたり，個人的な回顧の執筆
⑥茶のみ話などの交際
⑦手芸や散歩などの趣味活動
⑧買い物や喫茶店への外出
⑨囲碁や将棋などのゲーム
⑩余興をともなったりする，特別な（記念）行事
などといった生活全体の中でのレクリエーションの内容を，援助の対象として取り上げていくことも大切である。

> **買い物**
> 特に性によって希望が最も大きく異なるレクリエーション・プログラムであり，女性が好む。

5 レクリエーション活動の主体

レクリエーションを進めるときに配慮すべきことの最も重要な課題の1つは，レクリエーション活動の主体は利用者自身であるということである。したがって，提供されるプログラムのメニューは，利用者の要望に合わせなくてはならない

し，その特質に則す必要がある。まず，この点を確認した上で，利用者の生活の快の観点を中心に，生活とレクリエーションとの関連を4つの点から整理しておこう。

1. レクリエーション・ワークにおける個人の尊重

利用者とレクリエーションの関係で考えることの第1の点は，あくまでも個人の尊重が基本ということである。在宅サービスの場合は個人単位または家族単位なので，この点はそれほど問題にはならないが，施設では，特にこの個人単位の援助については細かくていねいな配慮が必要である。

例えば，『レクリエーション・プログラムへの参加のレベル（頻度）を決める利用者の意思は尊重されなければならない』のだから，施設などでのレクリエーション・プログラム提供に対しても利用者には参加しない権利がある。とすれば，参加する人々への空間や資源の提供と同時に，参加しない人のための空間や資源も用意される必要があるといった点である。施設の方針としてレクリエーション・プログラムを行うのだから，参加しないのは自由だが，そういう人の面倒まではみられないというのでは，レクリエーション・ワークは不十分なのである。

また，集団でのレクリエーション・プログラムの内容は，参加者個々にとってそれぞれ意味のある結果につながるような内容であることが望ましい。単なる参加者ではなく，自分の存在価値を確認でき，そのことが自分も社会生活に貢献できると感じられるようなものでありたい。

2. 生活の中心要素としてのレクリエーション

第2の点は，レクリエーションが『生活の快』を含むと考えるようになったことによって，これが生活の中で最も大切な要素になりつつあることを認識しておくことである。生産

力が発達したことで皆が豊かになり，生活を楽しむ余暇と経済的余裕をもてるようになってきたこと，生産活動には直接参加しない（すべてが余暇時間という恵まれた人々）高齢者が増えたことなどは，この要素にいっそう大きな意味をもたせつつある。特に，施設等での生活者にとっては，生活は基本的にはレクリエーション中心，ないしはそれしかなくなるのである。そのような意味では「レクリエーションの生活化」ともいえよう。したがって，レクリエーション援助は，高齢者や施設生活者などにとっては，まさに生活の中の第一義的事項であり，その援助は他の何よりも優先的に扱われる必要があるといえるのである。

したがってレクリエーション・ワーカーは，そのような認識を前提に，高齢者や施設生活者がレクリエーションを楽しめる物理的空間的な適正条件の確保やそれを許容する人間的社会的環境の整備，それらを『やすらぎ』や『快適性』につなげる援助に配慮する必要がある。社交空間・学習空間・芸術空間・創作空間といういい方があるが，まさにそれらの空間をどう創出するか，そのための（施設などの）運営管理へのかかわりも求められているといえよう。

3．日常生活行動とレクリエーションの連携

第3の点は，『生活の快』の具体的展開として，日常の生活行動（起床から整容，食事，お茶，日課，入浴，着替え，就寝等）と，レクリエーションのプログラムとの連携である。特別な行事やプログラムは，利用者の生活のペースの許容範囲でないと，快に結びつかないことも多い。

日常の生活行動については，それぞれの利用者が一定のスケジュールやリズムをもっているであろうから，それを尊重することはもちろんであり，施設や機関のレクリエーション・プログラムは，それに対応した展開をしていくことも重

要である。なぜなら，多くの場合，高齢者や障害者は，一般成人よりはさまざまなことへの対応がゆっくりであることが多く，生活の快を目指すレクリエーションのプログラムはそのペースに合わせて提供する必要があるからである。

4．メンバーの心身の状況把握の視点

第4の点は，心身の状況把握の視点とは，その人の心理的・身体的活動の可能性をどう把握するかということである。いいかえれば，心理的・身体的な意味で，今何ができて何ができないのか，将来何ができるようになる可能性があるのか，といった視点である。特に，高齢者や障害者に関しては，積極的発展（時には消極的後退を遅らせる）の方向で将来への可能性をふまえておくことは大切である。この観点からは，例えば『外出』というプログラムを考えると，誰と何人で連れ立ってどこに行って何をするかは，現在の状況と同時に，積極的発展の展望に対応したメニューが用意される必要がある。

5．多面的な配慮と統合的計画・援助

第5の点は，援助過程での利用者のニーズや提供できる資源の状況をふまえて，具体的な援助計画や援助の実行段階で，さまざまな要素を包括的・統合的に組み込んでいくことの大切さである。特に福祉分野におけるレクリエーションの領域では，いろいろな援助スタッフとの連携も非常に重要である。

レクリエーション援助を行うには，利用者のもっている個別的な生活文化の背景，天候や季節，活動場所の条件，経済的条件，そして，個人・小集団・施設全体，また1日・週間・月間・年間の流れ，さらに常勤者・非常勤者・ボランティアなどの援助者等々，非常に多くの要素がある。さらにその組み合わせいかんでは，新たな要素も創出される。このような要素全体への気配りが不十分では，安全への配慮をしていて

も事故の発生につながることもある。それぞれ配慮事項のチェックリストを作成しておくなどしてミスのない援助につとめなければならない。

しかし，実際の計画立案や援助の実行過程では，1つひとつの配慮事項にバラバラに対応するわけではなく，1つの援助にさまざまな配慮を包括し統合して計画し，援助（表現）していく必要がある。したがって，この包括や統合の方法がきちんと組み立てられていないと，レクリエーション援助が『楽しさ』や『快』を引き出せなくなってしまうおそれがある（配慮が必要だからと，それを1つひとつ長々と説明したのでは，楽しみが半減してしまう）。

したがって，この包括や統合の仕方を，ワーカーは特に検討し準備し練習しておく必要がある。

6 レクリエーションと法制度

ここで法制度を取り上げたのは，日本国憲法に"国民は個人として尊重され，自由と幸福の追求権"や"健康で文化的生活の権利を有する"などの記述をみるからである。これはまさに生活の快論（レクリエーション論）に通じる概念としてとらえることができる。またここに至る道程に余暇の獲得，ILO成立や人間形成上最も大切な時期の"子どもの遊びの効果"と"子どもの権利"など今日的状況の中でレクリエーションにかかわりの深い法制度を念頭において，人間にとってレクリエーションの意味するものとその重要性を確かめるためである。

1．子どもの権利宣言

産業革命以降，欧米における労働運動，教育運動や遊び場要求などの中に，人間形成上最も大切な子ども時代の遊びと

成長を願った問題提起がなされるようになった。この動きの1つがロバート・オーエンの性格形成学説であり，児童労働保護立法の前提になったといわれている。また，第一次世界大戦後，平和と子どもの権利についての要求が，1924年の児童権利に関するジュネーブ宣言，第二次世界大戦後の国連の児童の権利宣言（1959年）となっている。

2．わが国の「子どもの権利」について

宗教家で社会運動の指導者として有名な賀川豊彦は，1924年にスラム街において，子どもは下記のような権利のあることを講演した。すなわち，子どもには「食べる」「遊ぶ」「寝る」「叱られる」「親に夫婦喧嘩はやめてと願う」「親に深酒はやめてと願う」権利があることを強調した。この6つの権利は，当時のスラム街の子どもたちの痛みと切実な訴えを代弁したものといえる。しかし，経済不況と富国強兵の社会状況の中では芽生えることは難しく，それは第二次世界大戦後の日本国憲法や教育基本法，児童福祉法などによって芽生えたといえる。

3．児童の権利に関する条約とレクリエーション

子どもの成長発達の願いが実り，1989年11月20日，国連による「子どもの権利条約」が制定された。この条約は，かつての宣言にとどまらず条約であるため，各国政府はその条約内容を尊重する責任があり，一定の拘束力をもっている。その意味で過去の人権，権利とは異なる特徴をもっている。

このように子どもの権利や条約などに述べられている生きる子どもの権利としてのレクリエーション，文化的生活，芸術活動などへの参加は，健全なひとりの社会人として成長するためには欠くことのできない最も大切な体験なのであるが，激変する今日的社会状況の中では置きざりに，または忘

ロバート・オーエン
Owen Robert
(1771〜1858)
イギリス社会運動の父。産業革命の波に乗って紡績業で成功。子どもの性格訓練のため幼児学校を設立，愛と自然を結合した教育を行った。

国連の児童の権利宣言（1959年）
第7条「児童は遊戯及びレクリエーションのための十分な機会を与えられる権利を有する。その遊戯及びレクリエーションは，教育と同じような目的に向けられなければならない。社会及び公の機関はこの権利の享有を促進するために努力しなければならない。」

子どもの権利条約
第31条1「締約国は，子どもが，休息しかつ余暇をもつ権利，その年齢にふさわしい遊び及びレクリエーション的活動を行う権利，並びに文化的生活及び芸術に自由に参加する権利を認める」
2「締約国は，子どもが文化的及び芸術的生活に十分に参加する権利を尊重しかつ促進し，並びに文化的，芸術的，レクリエーション及び余暇的活動のための適当かつ平等な機会の提供を奨励する」

れ去られている傾向にあるといえよう。
　子ども時代の遊び集団における人間形成の不十分さが種々の事件を生み，また社会人としての人間関係にも深い影を落としていると思われる多くの資料をみることができる。

4．8時間労働と「メーデー」

　余暇は，もともと王侯貴族や市民権をもった富裕階級のものであって，一般市民のものになるまでには，多くの人々のたゆまぬ努力と献身的働きによって獲得された歴史がある。この働きがILOや国連，その他の宣言または条約などに具現化された。そして多くの国々では，この条約や宣言の思想をもとに法制化が進み，今日的な形態の余暇が着実に市民のものへと広がっている。

　資本主義の初期段階では，余暇どころか生命を維持することさえ難しいような長時間労働*であった。このような長時間労働に対して1886（明治19）年5月，アメリカのシカゴでは20万人を超える労働者たちが「8時間労働，8時間休息，8時間教育」をスローガンに，長時間労働に反対して立ち上がった。この労働者たちに対しては強い弾圧があり，多くの労働者が殺害され，投獄され，首謀者は死刑となった。5月1日の「メーデー」は，この8時間労働運動を指導した人々の働きを記念して1889年に制定された国際的な祭典である。

*19世紀初期のイギリスの炭坑では，1日16時間の長時間労働が行われていた。

5．ILO第1回総会の第1号条約

　メーデーが制定されてから30年後の1919年，ILO第1回総会は，第1号条約として工場における8時間労働を採択した。このことによって，各国の目標は徐々にではあるが余暇時間の確保の方向へと広がりはじめた。

ILO（国際労働機関）
　第二次世界大戦後，日本以外の先進国は競うようにして，労働時間短縮に力を入れはじめた。

6. 人権としての余暇

1919年のILOの8時間労働制採択以降，人間生活の質的充実の根源となる「人権」としての余暇の確保が課題となり，1948年世界人権宣言の第24条となっている。また，第27条には，文化生活や芸術鑑賞，科学の進歩などの恩恵と，その保障の権利があること，また時間の許す限り，その国の文化水準にふさわしい余暇生活をもつことが人権であるとされている。

世界人権宣言第24条（1948年）
「すべての人は，労働時間の合理的な制限及び定期的な有給休暇を含む休息及び余暇をもつ権利を有する」

7. 国際レクリエーション協会の「レジャー憲章」（1970年）

戦後，アメリカ文化として流入したレクリエーションの影響は，従来の日本型「見せる」「聞かせる」から一変して，皆で行うゲーム，ダンス，歌という参加型へと日本全体が変化の方向をたどった。この目新しい価値観と内容のレクリエーションを，企業は従業員の厚生と労働組合対策に，教育界や公共団体は青少年教育に活用した。このときの主たる参加者は若い企業戦士であり，青少年であって，心身の不自由な障害者や高齢者は常に忘れられた存在であったといえよう。

このような状況下で種々の課題と疑問が噴き出ようとしている1970年，国際レクリエーション協会は「レジャー憲章」を制定した。この中で「人はすべてレジャーに対する権利を有する」と宣言している。このレジャー憲章をレクリエーションの視点から5項目にまとめることができる。

①余暇は生活のゆとりであり，それ自体が目的であることを重視する。②年齢，教育程度や心身の障害などに関係なく誰でも自由，平等に行うことができること。③レクリエーション活動は人間の基本的欲求をもとにし，これを満たすものとして行われること。④自由で創造的自己表現や人間性の回復を目指して行われること。⑤レクリエーションは他からの

強制，指導ではなく，参加者の主体的選択によって行われるものであること。

8．日本国憲法の理念とレクリエーション

戦後に制定された日本国憲法は，敗戦によって日本全土が焦土と化した中での生活を余儀なくされている国民にとっては光であり，希望であった。この憲法第25条の特徴は，①すべての国民に国家の慈悲やお恵みでなく「人間としての生存権」が保障されたこと，②その生存は，人間らしい健康で文化的な生活であるということ，③これらを具現化するための国の責任を明らかにしたことである。

（1） 最低限度の生活について

人間らしい最低限度の生活と謳われているが，最低限度の理解や基準は，その時代や経済的，社会的背景によって異なり，ましてや終戦直後の日本は食料不足で飢えに苦しんでいる時代で，最低生存権の確保さえ困難な状況であった。したがって，余暇やレクリエーションなど文化的精神面を問う余裕のない生活状況であったといえよう。

終戦後の混乱から少し立ち直った昭和32年に，憲法第25条の解釈をめぐって裁判が起こされ，「文化的最低限度の生活」保障をめぐって10年にわたる大論争が展開された。この論争内容と結論は，当時の社会と行政に「人間性と生活の質」を問うもので，種々の課題を提示したことで高く評価されてよいものである。

（2） 幸福追求とその生活保障原則とレクリエーション

憲法第13条には，①個人の幸福追求の権利（自由権）だけでなく，幸福追求と生活の「快」の保障を国の努力配慮義務とした社会権が含まれている。したがって，健康で文化的な最低限度の生活をより豊かに創造していくことを保障したものと解釈されている。つまり，国民の生活は，経済生活のみ

日本国憲法
第13条「すべての国民は，個人として尊重される。生命，自由及び幸福の追求に対する国民の権利については，公共の福祉に反しない限り，立法その他の国政の上で，最大の尊重を必要とする」
第25条「すべての国民は，健康で文化的な最低限度の生活を営む権利を有する。
②国は，すべての生活部面について，社会福祉・社会保障及び公衆衛生の向上及び増進に努めなければならない」

自由権
自由権には，主に人身の自由，思想・良心の自由，学問の自由，信教の自由，集会・結社・言論・出版の自由などが含まれており，しかも，それは，人間が生まれながらにして，自然法により，当然享有するものと解される。したがって，その意味では，基本的人権の原型といえよう。

ならず，余裕としての文化的生活，いわゆる生きがいとしてのレクリエーションなど日常生活の快は，国政の上からも保障されているということができる。

（3） 社会福祉関係法令とレクリエーション

1986年に「長寿社会対策大綱」が閣議決定された。この大綱を達成するための方策としての「健康・福祉システム」「学習・社会参加」などは，レクリエーションなどの導入が期待される内容になっている。

（4）「社会福祉士及び介護福祉士法」の制定

1987年5月，上記が法制化された。これにともなって介護福祉士養成校の設立が全国に急速な広がりをみせた。この養成校のカリキュラムに「レクリエーション指導法」が指定科目として設定された。このことによって，この科目担当者および関係者はレクリエーションの本質，さらに福祉サービス利用者（特に寝たきりの人々）に対する処遇のあり方が根本的に問われることになった。

従来の集団的援助中心だけでは福祉施設や在宅で通用しないのではないかという問いである。

（5） 介護福祉士教育課程の見直し

介護福祉士養成校発足後10年目頃から教育課程の全面的見直しが行われていたが，2000（平成12）年4月介護福祉士養成校のカリキュラムの全面的改正が行われた。

従来の「レクリエーション指導法」が「レクリエーション活動援助法」となった。

この改正の背景になるものは下記のように整理することができよう。

①レクリエーションは本来的に他からの強制や指導によるものでなく主体的行為である。したがって，レクリエーションの本来的意味から表現すれば「指導」ではなく「援助」が適切である。

②要介護者の豊かな知識，経験，その他を考えるとき「指導」という表現は不適切である。

③要介護者の豊かで充実した生活のためのレクリエーションになるには，当人の主体的ニーズに応えるものでなければならない。この意味からすれば指導ではなく援助である。

④2000年度から導入された介護保険制度により福祉サービス利用者自らがそのサービスを選択することが基本になったことなどを考慮するとき，介護福祉士の役割として期待される援助の1つであることは当然のことである。

【第1章　参考文献】
- 日本レクリエーション協会編：『レクリエーション入門』日本レクリエーション協会（1993）
- 日本レクリエーション協会編：『福祉レクリエーションの援助』日本レクリエーション協会（1994）
- 垣内芳子他編：『レクリエーション援助法（四訂版）』建帛社（2000）
- 日本レクリエーション協会編：『福祉レクリエーション』ぎょうせい（1989）
- 日本レクリエーション協会編：『福祉レクリエーションの展開』中央法規出版（1995）
- 大場敏治：『地域における青年教育』所沢市青少年問題協議会（1987）
- 花村春樹他監修：『大学生と市民のための社会福祉講座』中央法規出版（1990）
- 一番ケ瀬康子他編：『子どもの権利条約と児童福祉』ミネルヴァ書房（1992）
- 社会福祉士養成講座編集委員会編：『レクリエーション指導法』中央法規出版（1993）
- 本名靖：『介護福祉とは』アクティビティー・サービス研究協議会「おしらせ」（1997.3）
- 日本レクリエーション協会編：『福祉レクリエーションの援助』中央法規出版（1997）

第2章
レクリエーション活動の援助者

　この章では，レクリエーション活動の援助者としてのレクリエーション・ワーカーについて，その業務内容や基本的配慮事項，チームの中での役割，支援技術の統合的な活用などについて整理しておく。
　もとよりレクリエーション活動の主体は利用者であるが，レクリエーション・ワークを考える場合は，レクリエーション・ワーカーの存在を前提としており，そのレクリエーション・ワークの水準は，レクリエーション・ワーカーの力量に大きく左右される。そして，レクリエーション・ワーカーとしての援助は，利用者の笑顔や才能に支えられる素晴らしい仕事である。その素晴らしさを味わうには，どのようにすればよいのであろうか。この章を学習することで，その方法を理解してもらいたいと思う。

1 レクリエーション活動の援助者

1．レクリエーション・ワーカー

　レクリエーションを援助する人，つまり『レクリエーション・ワーカー』とは，最広義または広義の理解としては，手段としてレクリエーション技術を活用する人々を含め，対人援助サービスとして，レクリエーション・ワーク*の技術を応用的に活用する人すべてを指す。例えば，PT(理学療法士)，OT(作業療法士)，ST(言語療法士)，MT(音楽療法士)，介護福祉士，ソーシャルワーカー，社会福祉士(生活指導員)，グループワーカーなどで，援助の職務の中でレクリエーション技術を活用して，レクリエーション援助活動を行う人である。最広義の場合は，特段の専門的資格をもたない人がボランテ

*特に福祉領域においてレクリエーション・ワーカーが個々人の人生の活性化や，気分の落ち込み防止を目的とした積極的援助を担当していくことは，この領域のサービスが未開拓であるだけに今後，特に生活施設などにおいて，とても重要な意義をもってくるであろう。

ィア活動として、レクリエーション活動の援助を行う場合にも、レクリエーション・ワーカーという場合もある。

狭義では、レクリエーションに関する専門的資格(福祉レクリエーション・ワーカー等)をもって、その業務(レクリエーション・ワーク)に従事している人だけを指す。従来はこのような職務についてはあまり一般的ではなかった。しかし、第1章にふれたように、レクリエーション活動が生活の一部として重要な要素を占めるようになるにしたがって、レクリエーション・ワークが『余暇生活開発士』などの専門的な資格や職業として少しずつ認知されてきている。そして、そのための養成や研修の制度なども整備されはじめてきている。

しかし、一般的にはこの両者の中間的な意味で、他の活動にレクリエーションの技術を活用する人を除き、その人の仕事や活動の中で、レクリエーションそのものを目的とする活動に従事する人を、資格にかかわらずレクリエーション・ワーカーと呼ぶ場合も多い。

> **レクリエーション・ワーカー**
> 本文のほかにも、フォークダンスなどの種目ごとの指導者を含めていう場合もある。

2. グループワーカー、ソーシャルワーカーとレクリエーション・ワーカー

対人援助の1つの中心である福祉領域でレクリエーション・ワークを考えるときには、グループ・ワークやソーシャル・ワークとレクリエーション・ワークの関係を整理しておくことも大切である。

グループ・ワークとレクリエーション・ワークとは、その発祥段階で未分化な活動だったこともあり、非常に密接なつながりがあった。近年それぞれの領域における知識や技術の専門的な発展をふまえて、別々の領域として発展をとげている。が、相変わらず、グループワーカーがレクリエーション・ワークの技術を活用することは日常茶飯的に行われており、レクリエーション・ワーカーもグループのほうが楽しみを広

> **ソーシャル・ワーク**
> ケース・ワークやグループ・ワークなどのように、援助の技術で枠を決めないで、解決すべき課題に対応して柔軟に総合的に技術を活用していこうという考え方から、近年では統合された技術である「ソーシャル・ワーク」として活用されるようになってきた。

げられることが多いせいもあり，グループ・ワークの技術や考え方を大いに活用している。

　こうした経緯から，グループ・レクリエーション・ワーカーなどとして，この両者を統合するような動きもある。それはともかく，このような経過をふまえ，グループ・ワーク領域の発展から学ぶことはレクリエーション・ワーカーにとっても大切なことである。

　しかし，近年特に個別的なレクリエーション援助の必要性が強くなってきており，また，特に福祉等の領域での重要性が高まるなかでレクリエーション援助に関する研究も進み，独自の領域を確立しつつある。

　そのような流れの中で特に，近年の日本においては，介護福祉士養成教育の中にレクリエーション・ワークが位置づけられたことにより，ソーシャル・ワークというよりは，ケア・ワークとして明確な位置づけのもとに扱われるようになってきた。そのことにより，レクリエーション・ワークは，ソーシャル・ワークと同様に広義の Q.O.L.やウェルビーイング（Well-being）の追求の1つの技術として明確に位置づけられた。

3．福祉を目的とする専門レクリエーション・ワーカーの誕生

　第1章でふれたように，日本においては，1950年代頃から，児童,障害者,高齢者にもレクリエーションの権利があることが主張され，一部ではその先駆的実践も展開されるようになり,その研修や研究も進められるようになった。このような動きは戦前からの伝統を引き継ぐキャンプなどを中心とした児童領域を皮切りに，1950年代後半からの老人クラブ，次いで養護老人ホームなどでの実践が始まり，1970年代に入って障害者のスポーツやダンスが積極的に展開されるようになる。

このような背景のもとで，それまで中心であった企業レクリエーションや教育レクリエーションに対して，障害者や高齢者や児童などの福祉サービスの利用者を中心にレクリエーション援助を行う人々への資格制度を創設する要望が，このような研修への参加者や研究者を中心に高まっていった。このようにして誕生したのが，主に福祉関係領域でのレクリエーションを専門的に援助する役割をもつ『福祉レクリエーション・ワーカー』である。したがって，資格をもつ狭義の意味での福祉レクリエーション・ワーカーは，障害者・高齢者（や児童）の特質を理解し，その特性に対応したレクリエーション活動の提供について，専門的な知識や技術を備えているといえよう。この専門的な知識や技術を認定し，いっそうの向上を積極的に図っていこうとする目的で，1995年には，日本レクリエーション協会によって『福祉レクリエーション・ワーカー』の認定制度ができ，その養成制度や試験制度なども整備された。

一方，欧米諸国における福祉領域におけるレクリエーションがアクティビティ・サービスとして行われていることを知った人々によって，1996年には，垣内理論に基づく福祉レクリエーション研究協議会が，アクティビティ・サービス研究協議会（現在NPO法人アクティビティ・サービス協議会）として改組されている。この協議会も，アクティビティ・ワーカーの資格認定を行っている。

4．関連するレクリエーション・ワーカーの資格制度

なおレクリエーション・ワーカーの資格制度は，福祉レクリエーション・ワーカー資格が認定される以前から主に日本レクリエーション協会によってつくられていた。現在，日本レクリエーション協会は，次の6種類を認定している。

日本レクリエーション協会
6種類を認定。

- レクリエーション・インストラクター（旧・2級）
- レクリエーション・コーディネイター（旧・1級）
- 余暇生活開発士
- 余暇生活相談員
- 福祉レクリエーション・ワーカー
- グループレクリエーション・ワーカー

　しかし，レクリエーション援助は，資格を一度取れば専門的に行えるというものではない。継続的な研修活動がぜひ必要である。その意味で，福祉分野におけるレクリエーション・ワークの実践家によるさまざまなネットワークや，日本レジャー・レクリエーション学会などに加入して研修・研究を続けるのも，専門的能力を維持し高めるのには有効であろう。

　このような方法で自己研鑽を続けると同時に，将来的な展望としては単なる『資格認定』だけではなく，自立的な『専門職制度』を目指したレクリエーション・ワーカー同士の組織的なまとまりをもち，人々の暮らしの中でのレクリエーションの活用や発展に寄与していけるような展開も必要であろう。

日本レジャー・レクリエーション学会
　レジャー・レクリエーションの発展と実践に寄与する科学的研究を行うことを目的として，1971年に創立された学会。

5．レクリエーション・ワーカーの専門性

　レクリエーション・ワーカーが，より充実した『生活の快』としての援助を実現するためには，専門性を高めていくことが必要である。一般に専門性の成立は専門職制度の確立を前提にしているが，実際問題としては，他の人が容易に行えないようなことができる人を，専門家や専門職とみなすことが多い。そういう見方からすれば，レクリエーション援助の知識や技術は，誰でも簡単に身につけられ実践できるものではないので，比較的専門家（職）とみなされやすい。

　レクリエーションがあらゆる人々にとってこれだけ大きい意味をもつ今日，専門性志向の問題は，ワーカー本人にとって専門家としてみなされるかどうかということよりも，専門

家とみなされることによって利用者のニーズにより適切に対応できる条件が整うかどうかのほうが問題である。

　そのためには，よくいわれる専門職としての5つの条件である①体系的理論，②専門的権威，③社会的承認，④倫理綱領，⑤専門的文化，を成立させていくことが求められよう。これらのうち①，③，⑤の条件について，レクリエーション・ワークに関する研究は，関連文献の急速な増大にみるように進んできた。それに基づく養成教育は，介護福祉士養成制度の中に組み込まれたり，レクリエーション・ワーカーの資格制度に対応する養成機関が増大するなどの傾向にみられるように近年急速に発展してきている。今後の課題として，②の専門的権威の社会的認知をどう進めるかということであるが，そのためには，④の倫理綱領の整備が急がれよう。

　また，レクリエーション・ワークの内容向上のために専門性を高めていくためには，経験豊富でかつ有効な援助を展開しているベテランレクリエーション・ワーカーによるスーパービジョンの充実も大切な課題であろう。スーパーバイザーがなかなかいなくてそのような条件が整わないとしても，比較的行いやすい，仲間内での検討会などによるピア・スーパービジョンなどの方法の活用もあり得るので，レクリエーション・ワーカーは自分の実践を積極的に報告し，助言を得るようにすることが望ましい。

2　レクリエーション・ワーカーの対人援助者としての基本事項

1. 人が人を援助するということ

　レクリエーション・ワーカーも，援助する対象であるレクリエーションを楽しむ人々（利用者）も，人格的には両方とも対等な普通の人間である。したがって当然援助する側（ワーカー側）にも，普通の人間としてのいろいろな背景があるし，感

情も気分もあり，このことはレクリエーション・ワークを考える上で無視できないことである。しかし，レクリエーション・ワークの場面では，第1章でふれたように，あくまでも利用者中心で考える必要がある。とすれば，レクリエーション・ワーカーは自分の情緒や感情や意見などをどのように扱えばよいのだろうか。

　このことは，対人援助を行う専門職に共通することで，レクリエーション・ワークに限ったことではないが，『人が人を援助する』ことの難しさの1つは実はここにある。つまり，『援助する人（ワーカー）』は援助するという行為のときには，自分の身体や感情を，『援助という行為のための道具』として使うのである。いいかえれば，『援助』場面では，『援助者』は『自分の感情や意見（情報や考え方）』を直接表現するのではなく，『利用者にとって必要な感情や情報や考え方』を表現するのである。さらにいえばワーカーはその利用者への援助以外のことで嫌なことがあっても，その感情は伏せて，利用者にとって必要な感情（多くの場合は暖かい共感の気持ち）を表現しなければならない。ある意味で一種の演技をするともいえよう。

　『人が人を援助する』というのはこのようなことなのであるが，特にレクリエーション・ワークにおいては，『生活の快』の追求が目的となるだけに，利用者にとって好ましいワーカーの表現は，レクリエーションのスタートラインであり非常に重要である。

2．『自己覚知』の重要性

　では，援助のためにレクリエーション・ワーカーが自己を制御（コントロール）するには，どのようにしたらよいのであろうか。そこで浮かび上がってくるのが，『自己覚知』である。
　もともと『自己覚知』という言葉は，自分自身の身体的・

精神的・情緒的・知的状況を自覚するという意味である。しかし，このような状況を自覚するということは，周囲との『関係』において必要になったり自覚できたりするので，その意味では『関係』の状況を自覚するともいえよう。

とすれば『人を援助する人（対人援助ワーカー）』がまず行わなければならない自己覚知は，人と人との関係（人間関係）を自分がどう理解しているのかということである。対人援助ワーカー（レクリエーション・ワーカーを含む）としての，人間関係の仕方については，一定の枠組みが想定されている。以下，その点について整理しておこう。

3．レクリエーション・ワーカーの『人間関係についての自己覚知』

（1） レクリエーション・ワーカーの専門的援助関係

専門的援助関係
特定の情報や技術に基づく，援助する人と援助される人との関係をいう。

レクリエーション・ワーカーの人間関係のあり方は，レクリエーション援助という特定のテーマにおいて，『援助をする（専門的な情報や技術をもっている）』人と，『援助される（その専門的な情報や技術を活用する）』人という，一種の役割分担の関係（専門的援助関係）が基本であり，レクリエーション・ワーカーが，そのように理解していればよいのである。しかし，多くの場合は支配－被支配的な関係になるなど，そうなっていないのではなかろうか。このことはしばしばレクリエーション・ワークの援助の円滑かつ有効な展開の障害になっていく。

このような場合は，レクリエーション・ワーカー自身が，人間関係についてどのように理解しどのように行動するかを，まず明確に自己覚知することが必要である。そしてその自己覚知をふまえて，レクリエーション・ワーク場面では，自己の人間関係の理解や行動を求められている専門的行動に修正していけばよいのである。

（2） 私たちが身につけやすい人間関係観

　レクリエーション・ワーカーとして援助行動をするに先立って『自己覚知』をしてみると，一般的な人間関係ではなく『専門的援助関係』として人間関係を把握していない場合が多い。では，どういう関係として理解しているのであろうか。そしてそれはなぜであろうか。この点について整理した図が，図2-1の『人間関係の構造と援助関係』の図である。

　この図では，私たちが普通もっている人間関係観を『私物的人間関係』とし，専門的援助関係の人間関係観を『社会的人間関係』として説明している。

　私物的人間関係というのは，人間が人間を所有するという人間関係である。この人間関係は，特に医者・教員・福祉職員・介護職員などの，患者・学生・クライエント・利用者な

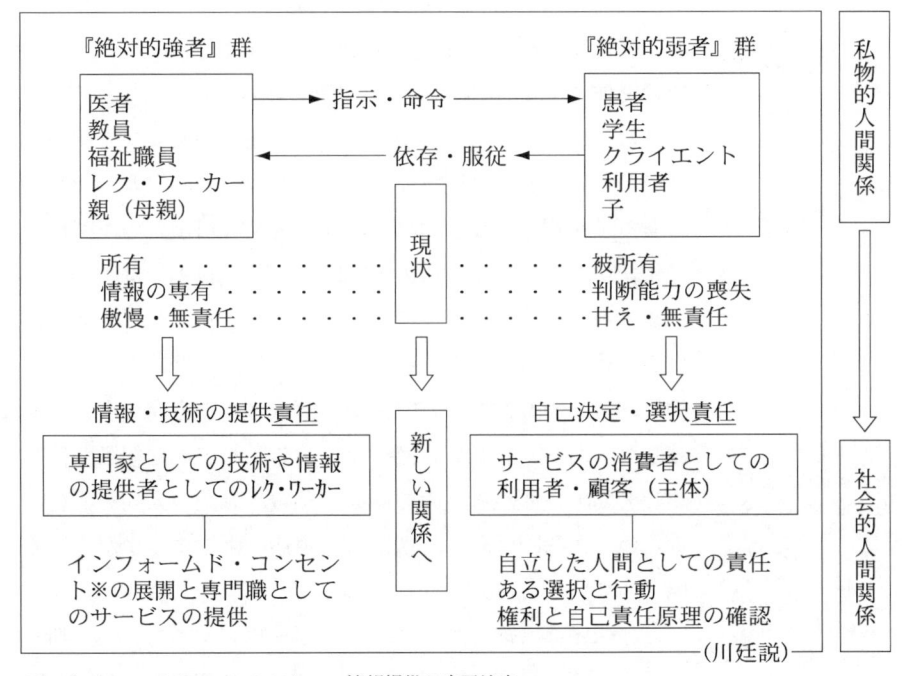

```
┌─────────────────────────────────────────────┐  ┐
│ 『絶対的強者』群              『絶対的弱者』群 │  │
│ ┌──────────┐  →指示・命令→  ┌──────────┐   │  │ 私
│ │ 医者     │                │ 患者     │   │  │ 物
│ │ 教員     │                │ 学生     │   │  │ 的
│ │ 福祉職員 │  ←依存・服従←  │ クライエント│ │ 人
│ │ レク・ワーカー│            │ 利用者   │   │  │ 間
│ │ 親（母親）│               │ 子       │   │  │ 関
│ └──────────┘               └──────────┘   │  │ 係
│  所有 ・・・・・ 現状 ・・・・・ 被所有        │  │
│  情報の専有 ・・・・・・・・・・ 判断能力の喪失│  │
│  傲慢・無責任 ・・・・・・・・・ 甘え・無責任  │  │
│     ⇩             ⇩             ⇩          │  │
│  情報・技術の提供責任        自己決定・選択責任│ │
│ ┌──────────────┐  新しい  ┌──────────────┐│  │
│ │ 専門家としての技術や情報│関係へ│サービスの消費者としての││ 
│ │ の提供者としてのレク・ワーカー│ │利用者・顧客（主体）  ││ 社
│ └──────────────┘        └──────────────┘│  │ 会
│  インフォームド・コンセン        自立した人間としての責任│ 的
│  ト※の展開と専門職とし          ある選択と行動         │ 人
│  てのサービスの提供              権利と自己責任原理の確認│ 間
│                                         (川廷説)      │ 関
└─────────────────────────────────────────────┘  係
```

※　インフォームド・コンセント——情報提供と自己決定

図2-1　人間関係の構造と援助関係——『私物的人間関係から社会的人間関係へ』

どに対する関係によくみられる。前者は後者を支配でき，あるいは後者の命を左右することもでき得るという意味で，ここでは前者を『絶対的強者』群，後者を『絶対的弱者』群と呼んでいる。レクリエーション・ワーカーもある意味でこの絶対的強者であり，レクリエーション活動を行う利用者もこの絶対的弱者になぞらえることができる。なお，時にはこれがまったく逆転して，利用者が強者で援助者が弱者の立場になっている場合もある。しかし，いずれにせよ，このような絶対的強者が絶対的弱者をあたかも自分の所有物のように扱う人間関係は，そもそもどうして生じたのであろうか。

　いくつかの理由があるが，その最も重要な１つは，日本でもつい数十年前まで続いていた古い親子関係のあり方である。当時の親子関係は，親が子を育てることで老後への投資をし，その投資分は子が成人して後，親を扶養するかたちで返す構造になっていた[*1]。その意味からは，子は親にとって一種の財産（人格的関係ではなく『物的資産』）であった。このなごりは，今でも子どもが事故で死んだ場合の賠償金を親が受け取るという形態に現れている。したがって，財産・所有物である子を親がどう扱おうと，親の完全な自由という時代が長く続いたのである。この人間関係観は，日本では戦後の憲法や各種の人権宣言の普及によって考え方が，そして老後の生活保障を年金で支える制度を充実させたことによって現実的に，子も親も物的所有関係から解放される方向に大きく変わりつつある。しかし，何百年も積み重ねてきた親子関係観がそう簡単に変わるものではないから，人間が人間を所有するという人間関係観は，私たちの生活の中にまだまだ色濃く根づいているといえよう。

　この関係は，絶対的強者側が情報を専有する[*2]ことで判断や指示・命令についての責任追及を免れる構造になっており，また，絶対的弱者側もすべては強者が決めたこととして責任

[*1] このような構造は，当時法律的な裏付けもあって「家」制度と呼ばれた。

[*2] 強者側の失敗や責任を追及するためには，その失敗などについての事実を証明する情報が必要である。その情報を強者が独占していれば，弱者は失敗の事実の証明ができないため責任の追及は事実上非常に困難である。

を負わない（結果的には，弱者側が被害を被るというかたちで一方的に責任を負わされる，たいへん不公平な関係が内包されているのだが）という，一見して両者ともに責任を追及されない便利な構造になっているため，誰もこの構造を変えようとはしなかったのである。

（3） 社会的人間関係観への転換

しかし，この人間が人間を所有するという構造は，絶対的強者は絶対的弱者に何をしてもよいということになるから，例えば第二次世界大戦中の医者たちによる生体実験という悲惨な事件が引き起こされるなど，幾多の不幸な問題を生み出してきた。その結果，この関係を情報や技術（サービス）の提供者とその消費者という関係に作り直そうという考え方が，ドイツの医者たちを中心に生まれてきた。この考え方が，後に『インフォームド・コンセント』という言葉としてまとめられたのである。これは，医者・教員・福祉職員・介護職員などは専門的な情報や技術を提供する人々であり，患者・学生・クライエント・利用者などは，自らの責任において選択・意思決定をすることを前提に，その情報や技術の提供を受けるという考え方である。

（4） インフォームド・コンセントの普及

インフォームド・コンセントの考え方では，前者は専門家としての（選択を前提とした複数の）情報や技術の提供に責任を負い，後者は自ら選択した結果について責任を負うという，双方がそれぞれに限定された範囲で責任を負い合う対等の構造になっている。このためインフォームド・コンセントは，責任が明確になるためもあり，なかなか普及しなかったが，人権意識の高まりや，さまざまな社会的現象，特に経済のグローバリゼーション（地球単位の一元化）が進むなかで，強者が弱者を支配する不公平な経済構造への問題意識が高まるなかで，完全な状態ではないにしても近年急速な広がりをみせ

インフォームド・コンセント
　専門的な援助関係における情報提供と自己決定を指している。日本医師会は医者による「説明」と患者の「同意」としているが，複数の情報提供を提供されないと選択可能性がなく，結局「同意」せざるを得ないので，インフォームド・コンセントの本来の意味を伝えているとはいいがたい。

グローバリゼーション
　社会的なさまざまな現象が，国境を越えて地球規模で展開するということ。経済的なルールも地球規模で統一される方向にあり，そのなかで従来のような強者の一方的支配の考え方が否定されていっている。弱者を含めた個々の人間の自由の尊重が経済成長にも大きく寄与し得るというこの経済的な「関係」の理解の仕方が，人間「関係」の理解の仕方にも色濃い影響を与えている。

ている。

　対人援助においてもこのインフォームド・コンセントの考え方は，施設サービスから在宅サービスへの転換などを通して徐々に普及してきた。が，特にレクリエーション・ワークにおいては，自分自身での選択を前提とするインフォームド・コンセントの考え方は，『生活の快』が自己選択の充実感でもあるのだから，日常的なレクリエーション・ワークの場面で尊重されるべき，重要な関係のあり方であるといえよう。

4．自己覚知と援助行動

　以上のような人間関係観は，かなり一般的ではあるが，1つの例示であり，誰もが上記のような関係観に拘束されているわけではない。しかし，自分の人間関係観がどうなのかを自己覚知したとき，それが専門的援助関係観とずれているならば，レクリエーション・ワークとして行動するときには，自分の人間関係観を意識的に変更しつつ，外に現れる援助行動をも自覚的に修正していくことが必要である。ただし，それはワーカーの私的日常的行為とは別の問題であることも確認しておく必要があろう。

　その意味では，レクリエーション・ワーカーにも適用される，対人援助ワーカーとしての専門的行動と私人として非専門的行動の違いについて，『対人援助ワーカーのかかわり方』として表2－1に示しておいた。この表にみるように，専門的な援助関係では，関係のあり方を日常的私的な関係のあり方とは変えることが求められている。

　したがって，対人援助ワーカーとしてのレクリエーション・ワーカーは，当然のことながら，援助関係の場面では，自分の意識を自覚的に変化させるとともに，行動を利用者のニーズに対応させていけるように，日常的に自分の感情や意識をコントロールすることや，表現技法などの修得や訓練を

表 2-1　対人援助ワーカーのかかわり方

専門的　（公的かかわり）	非専門的　（個人的かかわり）
1. 知識，洞察，基本原理，理論および構造を強調する。	1. 感情と気持ち（具体的，実際的）を強調する。
2. 系統的（システマティック）	2. 経験，常識的な直観，習慣が中心
3.「客観的」距離を保ち見通しを立て，自己覚知を重視し，「感情転移」をコントロールする。	3.「主観的」親近感をもち，自ら参加する。
4. 感情移入統御された温かさ	4.〔相手と〕同一視する。
5. 一定の基準に基づいて行う。	5. そのときに応じて自発的に自分のパーソナリティーを表現する。
6.「アウトサイダー」志向	6.「インサイダー」志向。自らをそのグループの中の者とみなす。
7. 理論的方向性をもった実践（praxis）	7. 経験に即した実践（practice）
8. 慎重な時間制限。系統的な評価。治療を重視	8. ゆっくりで時間は問題にしない。インフォーマルだが直接に責任が問われる。世話（ケア）を重視

出典）ガートナー，A．リースマン，F 著　久保紘章訳：『セルフ・ヘルプ・グループの理論と実際』川島書店，p.129（1985）に著者が補加筆

怠らないようにする必要がある。

3 レクリエーション・ワーカーの基本的業務

　レクリエーション・ワーカーが，援助として行う業務内容は，『人や小集団の援助』『プログラム内容に関する援助』『計画や評価』『条件整備』など，いろいろな分け方があるが，実際の援助業務に即して少し細かく分けて整理すると，以下の11項目に整理することができよう。

1）相互関係をつくる

　ワーカーは利用者との間に，レクリエーション・プログラムを媒介にした，良好で意識的な暖かい人間（の相互）関係をつくる。そのためには，利用者の適切な理解の方法や，相互関係のもち方についての技術を修得しておくことが基本的に

は必要である。

2）ニーズを把握する

利用者の身体的・心理的状況や，その成育歴からくる文化的背景やワーカービリティに配慮しつつ，日常的な付き合いや観察の中から，彼らの興味・関心を理解する。ニーズを把握するためには，まず第1段階として，その利用者にとっての『生活の快』が何かを理解することである。さらに第2段階では，レクリエーション・プログラムへの参加意志の有無，第3段階は，参加したいプログラムの内容を聞き出す，あるいは察知することである。

3）情報を提供する

施設内外のレクリエーション活動のさまざまなメニューや進め方や条件などについての情報や，隣接地域の活動情報など関連する情報を提供することである。援助は基本的には相談者への対応としての情報提供であるが，もう少し積極的にその提供内容の魅力などを伝えて奨励することを含む援助である。

4）活動を奨励する

利用者のレクリエーションを楽しむことへのさまざまな心理的身体的環境的障壁を取り除き，自分も楽しんでよいのだという安心感を引き出し，かつ自分も楽しめるという自信をもたせる援助を行う。レクリエーション活動を行うことで，生活圏をいっそう拡大していけるような援助である。特に障害者などが社会で自立していけるように，その活躍の様子をいろいろな方法で一般の社会に紹介するなどして自信をもたせるよう働きかけ，間接的な奨励を行う自立促進サービスとしての援助を含む。

5）『自己実現』を援助する

利用者が，レクリエーションを楽しむことで，身体的，心理的，社会的な成長発達が促され，かつその発達を自覚し，

自信をもって参加できるようにサポートし，さらに，他の人から喜ばれる体験をもつことにより，自分の社会的存在意義が確認できるような援助をする。

6）プログラムを提供する

利用者のさまざまな個別的ニーズに対応していくため，レクリエーション・プログラムに関する深い造詣をもち，個々の利用者に応じた複数の情報提供を行う。そして利用者がその中から選択したらその楽しみ方を伝えていくことである。この中には，スポーツなどの実際の活動を直接体験させ，楽しさや充実感を実感させたり，アドバイスしたりするインストラクター・サービスや，プログラムを明示して参加者を募って行うレクリエーション援助や，〇〇大会などのイベントを開催することで，いっそうの活動の発展を図るべく行われる援助なども含む。

7）利用者相互を結びつけ小集団を援助する

利用者相互を結びつけ，プログラム・テーマなどを中心とする小集団活動の創設や継続への援助を行い，小集団での創造的発展的な人間関係を楽しめるよう，仲介・調整したりトラブルを引き取ったりしつつその相互作用の活発な展開を援助する。また，小集団の活動計画の作成や予算の立案，資金調達の方法，役割分担の仕方など，運営上のノウハウを提供するマネジメント・サービスとしての援助なども含む。

また，レクリエーション活動の魅力を理解した人が，新しい仲間を連れてくるなど，小集団のリーダーあるいは核メンバーとして育っていけるように奨励し，研修などのチャンスを紹介していくリーダーシップ・サービスとしての援助も含まれる。

8）援助計画を立てる

個々の利用者や小集団や施設・機関などのレクリエーション援助計画を，実現過程でのさまざまな要素や評価の枠組み

社会的存在意義
その利用者が存在していることが，周りの人々や社会にとって意義があること。利用者が自分の社会的存在意義を感じていない場合は，特にこの点に留意する必要がある。

リーダーシップ
一般にリーダーとは，グループの活動に大きい影響力をもつ中心的メンバーをいう。そのリーダーがもっている態度や行動様式をリーダーシップという。

などの専門的な配慮を前提に，日課や週間・月間・年間の計画として立案し，実施する。

9）記録し評価する

個々の利用者や小集団や施設・機関の全体について，レクリエーションの活動状況を記録し，それが適切に援助され，展開しているかについて評価し，改善すべき点があればそのための手立てを講じる。

10）条件を整備する

利用者がレクリエーションを楽しむための，職員や関係者の意識，備品や設備，時間の調整や援助組織の整備などの条件を整える。このことは，対象者に，さまざまなレクリエーション活動に対応するために，その施設がどういう設備や機能をもち，どういう援助が可能なのかの情報提供と，活用の援助を含んでいる（含む，コーディネイト・アドミニストレーション）。

11）所属施設や機関の目的を達成する

レクリエーション・ワーカーは個人として活動することは少なく，ほとんどは関係機関や団体や社会福祉施設などに所属し，そこにおける業務の一環としてレクリエーション・ワークを行う。

したがって，そのレクリエーション・ワークは，その施設や機関の設置目的を十全に実現することが求められる。この点についての今後の課題として，在宅福祉サービスの普及にともなう在宅福祉機関でも，在宅における個別援助という目的に十分配慮した援助が必要になろう。

4 レクリエーション活動とチームケア

1．レクリエーション・ワーカーの分担

　レクリエーション援助を行うには，援助担当者間で役割分担をすることが多い。その主な分担は，

　①全体進行や調整担当の中心的ワーカー
　②個別のプログラムの援助担当ワーカー
　③小集団の活動援助の担当ワーカー
　④個別ケース援助の担当ワーカー

の４つに分けることができよう。

　中心的ワーカーは，通常その施設などでレクリエーション担当者として，関係者の調整をしつつ全体的な企画進行を行う。プログラム担当ワーカーとは，ゲームの専門家とか，折紙の専門家，園芸の専門家など，もっぱらプログラムごとに分けられた専門的領域を中心に援助するスペシャリスト的ワーカーを指している。小集団担当ワーカーは，レクリエーション・プログラムの進行の中で編成された小グループや，あらかじめ担当として決めておいた（援助を必要とする）何人かずつの援助を担当する。個別ケース担当ワーカーはプログラム（や日常生活）の中で，１人ひとりの『生活の快』の追求を個別に援助していく。

　レクリエーション援助を行うには，このような分担が必要であるが，一方で分担者同士の連携が非常に重要なことは当然である。この連携には，上記の４つの分担者同士の連携と，それぞれの分担者が本来の職務としている職種間の連携，分担者が常勤者・非常勤者・ボランティアという要素での連携という，３つの側面を考えておく必要がある。

> **中心的ワーカー**（特に専門的な）
> 　中心的ワーカーは，種目スペシャリストとしての能力をもっていることも望ましいが，「レクリエーション・ワーカー」や「余暇開発士」や「旅行プロデューサー」などの領域的スペシャリストであることもたいへん望ましいであろう。

2．レクリエーション援助の分担者同士の連携

　この連携で最も多い連携は，中心的ワーカーとプログラム担当ワーカーの連携である。プログラム担当ワーカーとしてのスペシャリストには2種類ある。1つは，工作やゲーム，キャンプ，料理，お茶，軽スポーツなどの種目スペシャリスト，もう1つは『レクリエーション・ワーカー』や『余暇開発士』や『旅行プロデューサー』などの領域スペシャリストである。

　レクリエーション・ワーカーは，前節のレクリエーション・ワーカーの職務全体に精通していることを求められるが，同時に，その中のいくつかについてスペシャリストとしての能力をもっていることが望ましい。また，ボランティアで協力してくれるスペシャリストを知っていて，協力を求めることにも有能であることが望ましい。

　ただし，このようなスペシャリスト・ワーカーに協力を依頼する場合には，あくまでもレクリエーションを楽しむ人々の必要に応じて，一緒に楽しんでもらう仲間として活動してもらうようにお願いすることが望ましい。指導するとか手伝ってあげるという意識で取り組まれることは，双方の働きかけ合いの中で，楽しい活動が生まれていくことを期待するレクリエーション援助には，不向きであるといえる。例えば，老人ホームのお爺さんと地域の小学生が，友だちとして手紙を交換するといった例もあるが，その場合どちらも友だちだと思っているからこそ，レクリエーションになり得るのである。

　中心的ワーカーとプログラム担当ワーカー対，小集団援助担当ワーカーと個別援助担当ワーカーとの連携においては，情報交換が最も重要になる。前者は後者に，プログラムの意図や流れをていねいに伝えておくことが大切であるし，後者は前者に担当するグループやケースの状況をしっかり伝えて

おく必要がある。

3．他の専門職との分担的連携

　職種間の連携とは，広い意味でのレクリエーション・ワーカーを含めて，小集団援助担当ワーカーや個別援助担当ワーカー的な役割をとることが多い医者，看護師，介護職員（介護福祉士），社会福祉士，事務職員などのさまざまな職種との連携である。

　個々の利用者が快適な生活を送れるようなレクリエーション・ワークを行うには，その利用者の身体的側面，心理的側面，身辺生活的（衣食住）側面，職業的側面，社会生活的（友人との交際等）側面など，さまざまな側面からの援助にかかわる職種の人々の連携が欠かせない。そのために，レクリエーション・ワーカーは，それぞれの援助にかかわる職種は何か，その職種の専門家は何をするのかを知っている必要がある。それは例えば，医者，PT，OT，ST，MT，看護師，薬剤師などの医療関係者や，カウンセラーなどの心理関係者や，介護福祉士，ソーシャルワーカー，グループワーカーなどの社会福祉関係者などについてである。これらの人々には，利用者についての情報提供とともに，時には個別・小集団援助の分担なども，お願いしていくことが必要になろう。

4．ボランティアとの連携

　ボランティアとの連携は，レクリエーション活動を進めるために，2つの点から重要な意義をもつ。1つは，レクリエーション活動そのものがもっている特質と，ボランティア活動の特質に共通性が多いからである。2つは，今後の福祉サービスの仕事の展開を考えるとき，人口構成の変化などから，ボランティア的にかかわってくる人々が非常に多くなることが想定されるからである。

ボランティア
　人や社会のために，自発的に貢献することであり，報酬を求めない無償の行為をいう。本来は町や国を守るために銃をもって戦った「義勇兵」という意味である。

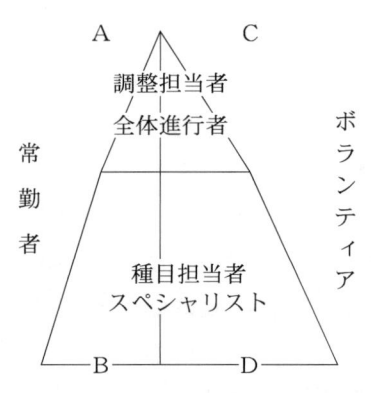

```
            A     C
         調整担当者
    常    全体進行者    ボ
    勤                  ラ
    者                  ン
                        テ
         種目担当者      ィ
         スペシャリスト   ア
        B─────D
```

図2-2　レクリエーション・ワーカーの連携と分担

　したがって，今後のレクリエーション・ワークでは，ボランティアが重要な役割を果たすことが多くなるであろう。そのため，有給・常勤のレクリエーション・ワーカーは，ボランティアとの連携がその重要な職務の１つになり，ボランティア・コーディネイターの役割も果たすことが求められるようになろう。このときに気をつけなければならないのは，有給の常勤者であるコーディネイターは，ボランティアに対し指示・命令系統のような言動を厳に慎む必要があるということである。なぜならば，この提携はあくまでも任意の連携であり，また，ボランティアはサービスを有給で提供する人でもないからである。また，日頃の活動において錬磨された高度な技能と知識を備えたボランティアも少なくなく，有給・常勤者はプロで，ボランティアはアマチュアなどという誤った理解をしてはならない。

　図2-2は，レクリエーション・ワーカー相互の連携と分担を図解したものであるが，この図にみるように，全体の進行や調整の担当者が常勤者とは限らない。ボランティアには多くの場合，プログラム担当者や小集団や個別援助担当の役割をお願いすることが多いが，全体調整担当者（C）であってもまったくさしつかえない。前項でふれたようにレクリエーシ

ョンとボランティアの性格的類似性からいってそのほうがよい場合もある。状況いかんでは，常勤職員がスペシャリストや小集団や個別援助の担当（B）をしたほうがよい場合も少なくない。現在は，全体進行や調整は時間がかかったりさまざまな情報の把握を要求される役割であるために，常勤者が担当してしまう場合が多いが，状況に即して柔軟に対処する必要があろう。実力のあるボランティアがいたら積極的に中心的ワーカーをお願いして，常勤者はその立場ゆえに可能な，困難な援助や先駆的開拓的な援助を行うべきである。

5 さまざまなレベルでの『統合』にかかわる技術計画の策定と実施・評価・記録

1．統合への援助方法

（1）『統合』の必要性と目的

　人間がレクリエーション活動を楽しむとき，そこにはさまざまな要素が統合されて表現されている。その要素と統合の仕方をワーカーは細かく段階を追って理解していなければならない。なぜならこの要素と統合方法が人によって異なるからであり，利用者の統合に関する傾向を把握していないと適切な援助が行いにくいからである。

　統合を考えるとき，レクリエーション・ワークを行う上で特に重要な統合を整理してみると，
　①人間の精神的な活動と身体的な活動の統合
　②利用者の活動と援助活動の統合
　③さまざまな生活の要素の統合
　④援助のいろいろな要素の統合
　⑤目的に向けての統合（ウェルビーイングに向けての）
　⑥援助のための諸技術や諸資源の統合
　⑦福祉レクリエーション援助とケア・マネジメントの統合
などが考えられる。

このような要素を統合していくことによって、単純なプログラムにいろいろな応用的要素を加えることになり、より利用者に適切な親しみやすいプログラムに変化していくことが、統合の1つの目的である。第2の目的は、全体的な目配りをする統合を行うことによって、一部の要素へのこだわりを減らしバランスのよい取り組みに変化させることである。

(2) 『統合』への方法

これらの統合への方法は、それぞれの統合の性格や種類によってその要素や統合方法が異なるため、また統合に至るまでの思考過程では多岐にわたる要素が影響するため、包括的に整理することは難しい。しかし、一般的にはいくつかの段階と方法がある。

統合への方法の第1は、レクリエーション・プログラムと利用者に関係する要素をできるだけ細かく分析し、とりあえず援助過程で常にそれを意識し応用することである。

第2は、それらの要素を分類整理することである。その場合に、一定の枠組みを想定して分類整理する方法もあるし、要素から要素へ連想的に並べるという方法で整理する方法もある。いずれにせよ、分類できない要素を捨ててしまわないことが重要である。図解する場合には、図2-3にみるようにいくつかの要素を抜き出して、縦軸と横軸におきなおし、そこに要素を記入してみるという方法もあろう。

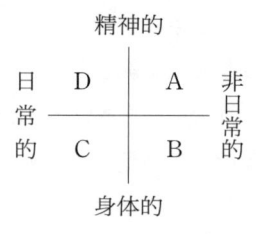

```
              精神的
         D  │  A
    日常的 ──┼── 非日常的
         C  │  B
              身体的
```

図2-3　要素の図解

なお，この図の場合には原点からの距離で要素の重みを表すこともできる点も使いやすい理由である。

第3は，第2の分類整理をふまえてプログラムという具体的な形に表現する統合である。その統合には2つの種類がある。1つは異質な要素を含む統合である。例えば身体的条件と精神的条件に関するそれぞれの要素の統合であり，最初に行う要素（内容）と最後に行う要素などの時間的なずれをともなう要素の総合である。これは，それぞれの要素を順番に取り入れていけばよいのだから，複雑にはなるがそう難しいことではない。もう1つは，同質の要素の統合である。例えば，身体的要素の中で，疲れたくない要素（歩きたくない）といろいろ経験したい（歩かざるを得ない）要素を統合する場合などである。この場合は，2つの要素を妥協させるか，目的や諸条件を配慮してどちらかの要素を切り捨ててしまうか，まったく異質の要素（例えば車を使う）をもってきて両方の要素を生かすか（代わりに費用がかかるという要素がある点に注意）などの統合を考えることが必要になる。この場合，単に2つの要素の統合とは考えないで，多面的な要素に配慮しつつ総合的な統合を考える応用力や創造力が求められる。

(3) アセスメントとニーズ把握

このような統合への要素の整理は，普通は準備のアセスメントとして行われる。レクリエーション援助を行う際のアセスメントとしては，その利用者自体や利用者を取り巻く環境条件などについて行うことが必要になる。

そのアセスメントの結果を整理統合しながら，具体的なニーズとしてまとめる。その場合のニーズ把握には2つの意味がある。

第1は，レクリエーションへの参加意志があるかないかのニーズ把握である（参加意志がないときは，それならば何をしたいのかについてのニーズ把握と，その援助が必要である）。

第2は、どんなプログラムに参加したいのかについてのニーズ把握である。この際には、ニーズを提供可能なプログラム素材や、社会資源と結びつけて把握することが、その後の展開をスムースにするために有効である。

（4） 統合を前提とするプログラムの提供

このような統合されたニーズへのプログラム提供を行うレクリエーション・ワーカーには、3つの役割がある。

第1は、プログラムの種類を数多く頭に入れて、ニーズに対応して適切に提供することである。

第2は、プログラムを、統合されたニーズに対応して変形していく役割である。どういうプログラムであれ、そのプログラムの名前、内容、進め方、継続時間、難易度、ルール（安全確保に関係するルールは除く）などは、固定的なものとして考える必要はない。レクリエーションの基本はあくまでも『レクリエーションを楽しむ人（利用者）の快』なのであるから、プログラムの名前などは、その利用者が楽しめる名前に変えてしまってまったくさしつかえない。

第3は、このように、利用者に合わせて変形したプログラムを、利用者にわかりやすく紹介してあげることである。なお、できるだけ複数紹介し、どれかを選んでもらった後に、プログラムの展開に入ることが望ましい。

2．援助計画の立案と実施

プログラムへの統合は、援助計画として示される。そこで、以下、統合をふまえた援助計画について整理しておこう。

（1） 単位ごとの援助計画，時間単位の援助計画

レクリエーション・ワーカーにとって最も業務量の多い役割は、この援助計画の立案である。

援助計画は、利用者個々人について、それぞれの小集団について、施設単位や大きなまとまりの集団単位で、時には地

プログラム分析の枠組み
武田は、規定性・コントロール・運動・能力・相互作用・報酬の6項目の次元で分析する方法を紹介している。
武田：前掲書，p.176

認知症の障害高齢者へのプログラム提供
単純な繰り返しを中心としたプログラムが利用者の快を呼びさます。例えば、人によっては、ビニールボールをテーブルの上でころがし合うだけでも、十分レクリエーションになり得る。

域の人々を巻き込む広がりをもった単位で，計画がつくられていく必要がある。そしてもちろん，この4つの計画は，時に重なり合ったり，バラバラであったりする。つまり利用者Aさん個人の援助計画には，Aさんの希望を反映して，この4つの計画が組み合わせられているということである。

　さらに，その計画は，1日・週間・月間・年間のレクリエーション援助計画として，利用者個人単位で，それぞれの小集団単位で，施設や地域などの単位で，それぞれにつくられている必要がある。

（2）　援助計画の内容

　計画の内容は，当然のことながら，個人や集団の単位によって異なる。が，重要な点は3つある。1つは，日課の援助計画が『生活の快』の基本であり，援助計画の最も基本であるということである。第2は，計画はできるだけ複数の計画を用意する必要があるということである。利用者のそのときの状態や気象条件やスタッフの条件など，その場その時の状況に対応するためには，複数の計画を描いておくことは重要である。第3は，計画は計画であるから，変更はしばしばあるということである。レクリエーションを楽しむには，あまり固定的に決めつける援助計画は利用者の快を生み出さないことが多い。また，先の4つの単位の計画が絡み合っているのだから，さまざまな相互調整が常に必要であり，状況に柔軟に対応して変更する必要がある。

（3）　計画立案時の終了時までの見通し

　計画を立てるときには，その実行結果をどう評価するかまで見通した立案が望ましい。そのためには，計画の立案過程，実行過程，評価過程で行う内容（終了後，評価の対象項目となる）をあらかじめ想定しておく必要がある。それは，例示すれば以下の通りである。

〔計画立案過程〕

・利用者や活用可能な資源についての情報収集・あらゆる過程での情報提供依頼・アセスメント（レクリエーション援助を行う諸条件について集められた情報の点検と活用方法の整理）・利用者のアセスメント（利用予定者を含む）・プログラムの企画立案・事前の準備・関係者への協力依頼や打ち合わせや情報提供

利用者のアセスメント
　生活歴・職業歴・家族歴・趣味歴・文化的背景・人生観，等

〔実行過程〕

・直前の計画確認とチェック・計画実行（進行・進行補助・プログラム援助・集団や個別援助）・必要な記録

〔評価過程〕

・記録の取りまとめ・後かたづけ・関係者への感謝や御礼・今後の展開に必要な事項の確認

　計画段階では，以上のような事項について，特に実行過程の部分は時間の経過に即して表にまとめておくと，関係者間の協力を得られやすいし，また，計画実行途中での変更なども行いやすいし，記録も取りやすく，次回の参考としても役立てやすい。

（4）　立案時の配慮事項

　福祉レクリエーション援助計画を作成するときには，以下のような点について配慮すると，『生活の快』の実現を比較的容易に図ることができよう。

　①どのプログラムも，利用者，家族，援助に加わるスタッフ（ボランティアを含む）が関心をもてる内容で，参加できる人全員がかかわりをもつ内容でなければならない。レクリエーション全体進行担当のワーカーは，自らすべてのプログラムの進行者となるよりも，参加者それぞれが相互に援助活動を行うように促すような計画を立てる必要がある。

　②にぎやかで楽しい，静かで落ちついたなどの，好みの相違に配慮したプログラムが必要である。その人に適したプロ

グラムを見出すには，個別のアセスメントが重要な判断材料になるので，その人の援助関係者からの情報収集が重要である。特に，高齢者の場合，長年の好みを反映し，個別のアセスメントに基づいたものであることが必要である。

③特に高齢者へのレクリエーション援助に関しては，その人の個人的なお祝いの日（誕生日・○○記念日等）を加えることや，思索や回顧の時間を提供することは，たいへん有効である。また，すべてのプログラムが利用者の自尊心や尊厳を強調するものであるように配慮すべきである。この配慮に適切なプログラムを提供すべきであり，どんな場合も，むやみに子ども扱いしてはならない。

④関係する職員についても，日常的にレクリエーション・プログラムの援助に参加し，積極的な雰囲気づくりに努めるよう，奨励することが望ましい。また，日頃から，入所者に特別な障害や健康状態に変化があった場合の対応など，レクリエーション援助に関する役割分担を共通に確認しておくことも大切である。

3．記録と評価
（1）評　　価

レクリエーション・ワークとしての援助活動は，以下の四者からの評価を受ける必要がある。それは，①利用者，②管理者（機関），③専門職集団，④一般市民もしくは監督機関である。いずれも，利用者へのレクリエーション・ワークとしての援助内容や水準を向上させるためであるが，利用者は直接自分が受けた援助を評価して以後の改善を求め，管理者は評価に基づいてワーカーに対して援助内容や方法に関する改善の指示を出し，専門職集団は実践を評価して専門職集団全体のノウハウを蓄積し，市民は自らが欲する援助を引き出し，監督機関はそれを保障するという目標がある。

もちろん，ワーカーは自分の実践について自己評価を行うのは当然であり基本である。しかし，その評価が客観的にみて妥当であるかどうかは，上記の四者などの評価で裏づけられる必要がある。どちらの評価が正しいかどうかは別にして，ワーカーとしては四者の評価を謙虚に受け止める必要がある。特に，今後はアカウンタビリティの重要性が強まり，市民からの評価が重要になってくるであろう。

　評価の方法については，基本的には記録に基づいて行うのであるが，そのときに，評価対象・評価の尺度・評価の手順があらかじめ明確になっていることが大切であり，それが記録に生かされる必要がある。また，その評価は，何のために（評価目的），何に使うために（評価結果の使い方），どういう立場から（評価の立場）行われるのかも明確になっている必要がある。

（2）記録の内容

正確な記録
　記録に必要なことは解釈ではなく事実である。利用者を理解するために必要な事実を簡潔に記録することが望ましい。細かければよいということではない。

　以上のような評価を導き出すために最も重要なのは，正確な記録である。記録の内容は以下の4つの目的をもっている。

　第1の目的は，個々の利用者のレクリエーション活動中の行動を包括的に把握することであり，それを通して，その利用者の興味関心や，身体の状態や，生活上の技能や，対人関係や，行動や態度などについての模倣行動が，どう変化していっているかを把握することである。また，小集団への援助についても，個人の場合と同様，集団としての変化を把握することである。

　第2の目的は，レクリエーション援助の内容を1日の流れにそって把握するとともに，全体のさまざまな活動への参加状況を含め，1週間，1か月，1年などの一定期間の流れにそって把握することである。

　第3の目的は，教育や研究に必要な上記の第1や第2の目的のある部分について，単に事実経過だけではなく，特に原

因や結果の考察を含めて詳細に把握することである[*1]。

第4の目的は，レクリエーション援助の成果を，市民や監督機関にわかりやすく整理して提示することである。そのためには，個別の記録というよりは，それら全体を取りまとめた記録をどう作成するかが課題となる[*2]。

（3） 記録のポイント

利用者への援助技術を向上させるためには，以下のような点についての観察を中心に記録することが望ましい。

① プログラム進行時の参加者の発言・行動・態度など
〔プログラム参加中の役割分担等を含めて，その内容，強さ，回数や頻度など〕

② それぞれの役割のワーカーの具体的援助行動とそれに対する利用者の反応
〔応答・表情・行動・態度など〕

③ 参加している他のメンバーとの相互作用の状況およびその変化の過程
〔自分からの働きかけの状態・表情・アイコンタクト・会話の頻度・コミュニケーションの状態など〕

④ 素材として活用した『道具－物』や『状況－時間－場所の条件等』についての反応
〔生活行動（お茶の時間・食事・団欒・散歩等）における状態など〕

（4） 記録の方法

記録の方法としては，3つある。1つは，事実の経過を観察に即して記述していく方法。第2は，記入すべき項目とだいたいの分量を明示した様式を決めておいて，それに叙述で記入していく方法。第3は，記入すべき項目について，指標化された数値や，あらかじめ示されている選択項目に印をつける方法で記入していく方法。この3つにはそれぞれ長所・短所があるが，変化を明らかにすることを目的とする記録の

[*1] 記録は専門職としてのレクリエーション・ワーカー集団の力量の向上に資するために，内部の職務研究などの基礎資料となったり，ワーカーの教育や訓練資料として，またさまざまな事例研究資料として役立てられる場合もある。

[*2] 記録は，その機関や施設が対外的に報告したり，また，予算請求の根拠となる場合もあろう。

場合は，特に第2，第3の方法を工夫していく必要がある。

それぞれの記録の目的を勘案して，記録の様式を作成することは，レクリエーション・ワーカーの重要な役割の1つである。

なお，看護領域では記録方法としてSOAPと呼ばれる枠組みを採用していることが多い。レクリエーション援助においても，わかりやすくかつ有効であろう。SOAPは記録すべき項目の頭文字を並べたものであるが，その内容は以下の通りである。

S：Subjective（自覚的症状・主観的データ）
　　利用者が求めていたり表現している内容などを記入する。
O：Objective（他覚的所見・客観的データ）
　　ワーカーの観察や数値指標などを記入する。
A：Assessment（感想・評価・判断）
　　SとOからワーカーがどう判断したかを記入する。
P：Plan（方針・計画）
　　Aに対してワーカーがどのような計画を立て，どういう行動をとったかを記入する。

記録をするポイントや方法はいろいろとあるが，最も多く行われる記述式の記録の場合は，このSOAPを意識した記録方法は役立つであろう。

4．統合のための管理運営──マネージメントと条件の整備

レクリエーション・ワークを統合的に円滑に展開するためには，直接的な援助活動を推進し支えるいくつかの条件の整備が必要である。

第1は，専門職（専門に担当する人を含む）などの人員配置や役割分担の明確化などを中心とするレクリエーション推進

組織の整備である。特に，職員や関係者のレクリエーションについての理解の促進や，それぞれのレクリエーションに関する役割分担や連携の仕組みを日頃から明確にしておくことは大切である。

　第2は，施設や機関の運営上，日々の日課の中での適切な時間の確保や，レクリエーションの適正条件の確保と，機関運営の中での位置づけの明確化である。また，レクリエーションを楽しむ当事者集団の援助や，レクリエーションに関係する近隣地域社会とのかかわりの仕組みをつくっておくことなども，レクリエーションのための人間的社会的環境整備としては大切な課題である。

　第3は，レクリエーション活動の場の確保や，備品や設備の整備である。場は定例的かつ固定的に安全に使用できる条件が必要である。また，備品や設備も，そこにただあるというだけではなく，常に活用できる状態であることが大切である。また，安全に使用できる状態であることは当然である。レクリエーションのための特別な施設があれば望ましいが，それは無理でも，社交空間・学習空間・創作（芸術）空間などが想定されて，準備されていることは，福祉レクリエーションを推進する上で重要である。

　第4は，これらの整備を推進する予算の確保である。近年のレクリエーションは，いろいろな道具を使ったり，遠距離の移動をともなう活動が増えたりしているので，それなりの費用が必要である。機関や施設でレクリエーション・ワークを行うには，そのための適正な予算が必要になる。

　第5は，適正な評価システムを整えることである。個々の利用者や小集団や施設・機関の全体のレクリエーションが適切に援助され展開しているかについて評価し，改善すべき点があれば改善のための方策を講じなければならない。そのためには客観的でかつ実効性をともなう評価ができるシステム

を整備することが大切である。レクリエーション・ワークも他の援助と同じように評価し、その結果を必ず利用者にフィードバックしていかないと、信頼を得ることは難しいであろう。

さまざまなレクリエーション・ワークの基礎技術は、以上のような管理運営の中でこそ生かされ、またそれが評価されることでより充実したものへの発展していけるのである。

6 レクリエーション活動と介護福祉士

1．介護福祉士とサービスの質

介護老人福祉施設などの社会福祉施設および介護療養型医療施設などの老人病院を主な職域とする介護福祉士の業務は、生活者である福祉サービス利用者の生活全体をサポートする立場にある。その意味において、介護福祉士の担う役割はきわめて大きく、その責任は社会的に重要視されてきている。

すなわち、介護福祉士の能力の質が福祉医療機関のサービスの質に反映され、福祉サービス利用者の生活を大きく左右する立場に位置することを自己覚知する必要があろう。

サービスの質と利用者の満足度および労働力と援助者の満足度の関係は、図2-4に試考として示すことができよう。

示された図は、サービスの質が高まると利用者の満足度も高められる。それにともない、自ずと援助者の労働力も高まることを示している。これらはお互いに相関関係にあることがわかる。図で示されるように、サービスは〈A〉→〈B〉→〈C〉→〈D〉へと高次にレベルアップされることが求められる。しかし、援助者の労働力が高まると同時に疲労感が蓄積され、援助者の満足度は〈Bケース〉のように、他の領域（軸）の向上に反して、マイナスの傾向に陥る場合がある。

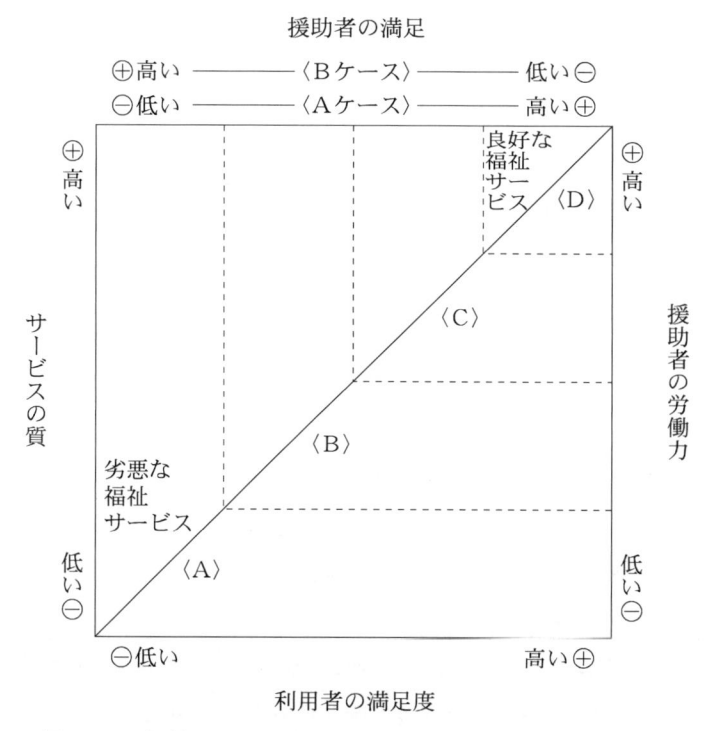

図2-4　福祉サービスにおける労働力と利用者満足度および援助者満足度の関係

（滝口作成）

　介護福祉士に求められる倫理観や価値観の柱となるものは，「肉体的疲労感をいかに精神的満足感に転化できるか」という大きな課題である。すなわち，〈Aケース〉で示されるように，利用者の笑顔や生活への意欲，生の価値への畏敬という利用者の満足度を肯定的に受け止める援助者の姿勢が必要になる。そのためには，利用者の力を援助者の力に転化できる能力が求められよう。すなわち，「介護はそれを受ける人だけがありがたく思うものではなく，介護を通して自らが人間的成長のチャンスをいただいている」ことに感謝の念をもつことが重要であり，そのような援助の視点が介護福祉士にはよりいっそう求められてこよう。

2．介護福祉士の業務とレクリエーション活動の理解

　介護福祉士とは，介護福祉士の登録を受け，「介護福祉士の名称を用いて，専門的知識及び技術をもつて，身体上又は精神上の障害があることにより日常生活を営むのに支障がある者につき入浴，排せつ，食事その他の介護を行い，並びにその者及びその介護者に対して介護に関する指導を行うこと（以下「介護等」という。）を業とする者をいう」（社会福祉士及び介護福祉士法第2条第2項）と法的に示されている。

　近年，社会福祉領域におけるレクリエーション活動援助の対象は，福祉サービス利用者の生活全般への支援とされている。このことは，以下に整理できよう。

　①基礎生活……食事，排泄，睡眠，入浴などの生理的かつ生活に必要不可欠となる基礎的な生活領域
　②社会生活……教育，通学，仕事，通勤，自治会活動など地域や社会との関係性を築く社会的役割領域
　③余暇生活……趣味などの興味や関心事などの諸活動。動的・静的な余暇活動を示す領域

　この意味において，介護福祉士の働きは，先に確認した定義に示されている，①基礎生活レベルにとどまらず，より高次の可能性を求める，②社会生活レベル，③余暇生活レベルにも援助の視点を向けていくことが求められる。

　人間は集団，地域など社会との関係性において命が育まれるものである。レクリエーションの本来の意味は，人間の生活を守るというよりは，「人間の生活を育む」という，より積極的な意味をもつ。つまり介護福祉士は，レクリエーション活動を通して，利用者の生活を積極的に育むことが期待されている。一般に3大介護として示される食事・入浴・排泄業務を指示通りの受身的にとらえるのではなく，積極的かつ能動的視点より基礎生活を以下のようにデザインする試みが介

護福祉士には求められる。

（1） 基礎生活へのレクリエーション的アプローチ

①食事……テーブルクロスや季節の花を飾ったテーブルでの食事のあり方
②入浴……利用者の好みの入浴剤や檜(ひのき)の浴槽およびBGMの整備などのバリエーションのあり方
③排泄……他の利用者へのにおい防止策や排泄の音が聞こえないような環境整備と個別支援のあり方

以上，現在の福祉医療機関での介護のあり方に少しの配慮やサービスの質的向上をねらいとした視点を含めて，利用者の生活視点からみた介護のあり方を検討することが必要である。

上記の①～③はレクリエーション活動援助における介護福祉士の3大介護の質向上への一例であるが，そのほかにも「社会生活」「余暇生活」において以下のような具体的サービスの提供が考えられる。

（2） 社会生活へのレクリエーション的アプローチ

職歴として中学校の国語の教師をしていたAさん（男性・86歳）については，現役当時使用していた教科書や教師時代のアルバムなどを参考にしながら，過去の思い出を回想してもらう。そのレクリエーション活動を通して，介護福祉士が漢字や漢文および短歌などを教えてもらう時間を意図的に用意する。Aさんは職歴の「教える」という教師の仕事を振りかえり確認し，過去の元気な職業人であった青春時代への心のキャッチボールを通して精神的な自立心の向上を導き出すヒントを得る。このことを介護福祉士は計画的に支援していくことが必要となる。

（3） 余暇生活へのレクリエーション的アプローチ

過去に裁縫を趣味にしていたBさん（女性・79歳）に対して，ご自身の洋服や職員の制服など，ほころびの箇所を示し

て，Bさん本人や家族の同意を得て，そのほころびの修繕として裁縫をしていただく。このような機会を意図的に何度も用意し，次第に針や糸の扱いに慣れ生活の中での定着化を図る。ついで，介護福祉士はパッチワークやランチョンマットの製作を援助計画の中に取り入れていく。数か月後，施設利用者数人がお菓子をもち寄り，Bさん製作のランチョンマットでコーヒーブレークの時間をつくり，Bさん手づくりのパッチワークの発表会を行う。さらに，担当の介護福祉士は利用者数名のアセスメントを行ったところ，多くの女性利用者が過去に裁縫の経験があることがわかり，施設内でパッチワーククラブを結成し，その講師にBさんを招くなど，個々人の経験を活用して，多くのレクリエーション活動支援が展開できるきっかけづくりを行っていく。このように，介護福祉士は生活者の可能性を見出し，その能力を生活上で開花させる工夫が求められる。

3．介護福祉士におけるレクリエーション活動援助の具体例

　ここでは，実際の痴呆性老人専用デイサービスセンターの実際から，介護福祉士がかかわるレクリエーション活動の①アセスメント，②援助計画策定，③援助実践，④評価の視点について，より詳しく学習を進める。

【事例　M.Sさん】

（1）　アセスメントから援助計画および実践まで

　M.Sさん，86歳の女性（アセスメント表2-2参照）。大分県三光村で生まれ22歳で結婚。夫は病弱にて早く亡くなり女手ひとつで農業を営み行商をしながら5人の子どもを育てる。本業の合い間には海に出かけ，かきやもずくをとり食事時間も寸暇を惜しんで働いたと本人や家族から聴取している。1997年3月より痴呆型デイサービス（当時：E型）を利用

6. レクリエーション活動と介護福祉士

表2-2 個別援助簡易アセスメントシート

氏名	M.S様（女性 86歳）		記入年月日	○年8月15日		特記すべき疾病・障害の程度				初回利用年月日	○年3月5日	利用回数（週）
長谷川式簡易知能評価スケール 4点			職員名	熊井カホル・滝口真		①平成○年 脳梗塞後遺症（多発性脳血栓）						時間延長とホリディサービス（7日）
N式精神機能検査 34点						②上質性不整脈、心肥大 ③左斜視						

	A D L								レク関連情報			
	移動	排泄	食事	更衣	入浴	視力	聴力	会話	麻痺	情緒・落着き	人間交流	集団活動	個人活動	余暇歴
	一部自立	一部自立	△	△	△ 一部自立	△ 一部自立	○ 一部自立	△ 一部自立	無し	無し	△	△	有	裁縫
														仕事歴
											家族構成	経済状況	住宅状況	農業
											息子夫婦と本人の年金	半農半漁	自家	

レクリエーションにとって必要な情報：昔の歌を歌う／家族・親族の援助／息子夫婦

	基礎生活	開始前	睡眠は1日3〜6時間にて不眠、昼寝はされない。食事時間はおらみのため短く、満腹感がない。視力低下にて隣席下にて手を出し食べていないと訴える。排泄は日中は介助にてトイレ使用するが夜間は失禁がみられ幾分かの手上げムツをされている。
		実施後	睡眠は時々良眠されるようになったが不眠が続いている。食事はおかずに1〜2品除けておき食事状況を見ながら出していたが幾分かの上がるようになった。失禁は時々定時及び随時の誘導と本人が気をつけており日中は殆ど軽減している。
	社会生活	開始前	夫婦で農業を営み48歳で主人と死別、一人で生計を立てられた。息子夫婦と同居であり嫁には大変厳しく当たられていた。夫婦で海苔を取ったりして生きしたことがあるが目が悪くできない。他の方々と協調性がなく非難したり部屋から追い出そうとされる。
		実施後	簡単で容易なことにより作りを主にティータイム後の食器洗いや洗濯物たたみ、園芸活動、部屋の片付け等掃除を職員と一緒に行い安定した時間が長く保てるようになった。また海で一緒に習っていた話題を呼び回想の過程で輝いていた時を共感できる職員や家族や知人と出逢えられる程、信頼感ができた。
	余暇生活	開始前	倫理行動団体で習った数々や流行歌、唱歌を暗記されており詩も読むように朗読されている。裁縫を習ったことがあまりが好きではなく目が見えないが、財布や荷物をいつも気にされ本人に預けると今度はダンスや戸棚などの便所にもこもり隠そうとされる。
		実施後	午前中は集団でレクリエーションに参加されこの時間中になると笑顔が多く見られ、気持ちがしない時や食器洗い、食器干し等シニューマンで本人に話しかけ働きかけると自発的に現在は洗濯物に食器洗い、「海の風景写真」の本などを話題に入って回想法を取り入れる。

備考
・他者との関わり 仕事が生き甲斐のため、くつろいでいる人に対して批判的であるが優しい面もある。財布や通帳を取られて不安感が強い。
・情緒 協調性がなく自己主張が強い。
・集団生活
・個人活動 自立援助に向けて、園芸作り、合奏等の種々のプログラムに積極的に参加される。

現在利用している福祉サービス及び社会資源：（時間延長とホリディサービス）
デイサービスセンターE型 ナイトステイ

大分県中津市介護保険総合ケアセンター「いずみの園」ケア研究会作成シート（記録者：熊井カホル、滝口真）

する。

　M.Sさんは現在，息子夫婦と同居であるが徘徊（自主行動）がひどくなり車の往来が多く危険なために，時間延長やホリデイサービスなども利用され毎日通所されている。さて，認知症の高齢者の特徴として妄想がしばしば起こりやすいといわれる。なかでも日常使用している品物や大切にしている品物を置き忘れたりしまい込んだりすると，人に盗まれた，誰かが嫌がらせをして隠したなどと疑い，自分が物忘れをしている自覚がないために身近な人を疑い責めるという盗難妄想がよくみられる。

　本事例のM.Sさんも布袋に財布や通帳を持ち歩いており，バッグの中身を確認しては棚や押し入れ，便所に隠そうとして，サービス利用中に何十回となくそれらの行為を繰り返していた。事務所で布袋を預かって様子を観察するが，不安感は増強し何も手につかないために，肌身離さず持てるよう首から袋をさげても同じことであった。

　これらの対策として，①一番信頼されている息子さんに「金品や通帳を預けている」とM.Sさんに対する職員の言葉かけを統一した。②主として，生活リハビリに取り組みながら園芸，こよりづくりやレクリエーションを通じ仲間意識を高めた。①，②よりM.Sさんの攻撃的言動を少なくし安定した時間がより多くもてるようにすることを目標に取り組んだ。さらに個別援助については「主婦と農業をされていた経験から，洗濯物たたみ，食器洗い，園芸やこよりづくり，レクリエーションを通じて仲間意識を高め，生活の中の役割がもてるようになる。またこれらの生活経験の回復から攻撃的な言動を少なくし，安定した時間がより多くなる」ことを本人の援助計画目標として実践に取り組んだ（表2-3）。

　M.Sさんは何よりも仕事感覚で生きている人だけに洗濯物たたみ，掃除，ティータイム後の食器洗いなどを職員と一

6．レクリエーション活動と介護福祉士

表2-3　個別援助計画・評価シート

利用者氏名　M.S様（女性 86歳）	記入年月日　○年8月15日	記入者：熊井 カホル・滝口 真

援助目標　M.S様は、主婦と農業をされていた経験から洗濯物たたみ、食器洗い、園芸やこより作り、レクリエーションを通じて仲間意識を高め生活の中での役割がもてるようになる。またこれからの生活経験の回復をなくし安定した言動が多くもてるようになる。

目標達成の為の段階的援助項目	援助	援助の内容	評価
	サービス場面	援助に際しての関わり方や留意点（開始前）	実施後
洗濯物（タオル）たたみ、干し、食器洗い、掃除などを継続する。	1対1	時間延長利用のため、普通利用の方が来園しない暇さえ間や不安症状の時さらに話題を提供しながら行う。また、感謝の言葉をねぎらいの言葉を口にする。集中できるように環境を整える。	タオルたたみ等の簡単な仕事を意識的に少しずつお願いし、現在は食器洗い、掃除、料理等も生き生きと自発的に行っている。知的作業活動や趣味的活動等のようなグループ活動は好まれず昔からされていた家事の作業が一番やりがいがある様子である。
園芸活動（野菜、稲、花）の水やりをしながら職員との関わりなど臨機応変な援助を行う。野菜作りは昔を思い出しながら追肥や消毒を職員や利用者に教えてもらう職員の傍でホースを持って水やりをお願いする。	1対1 グループ	精神的状態を見ながら個別の関わり、または、集団との関わりなど臨機応変な援助を行う。野菜作りは昔を思い出しながら追肥や消毒を職員や利用者に教えてもらう職員の傍でホースを持って水やりをお願いする。	春に植えた野菜が実をつけ毎日キュウリ、プチトマト、ナス、ピーマン等花の水やりをされ収穫した。また稲刈りも終わり、もみを干したり天候の様子を見て取り込み農業一筋に職業人生を生きてきただけに充実されている。
こより作りを楽しむ	1対1	こより作りに集中できるように他の利用者と離れた場所を確保する（事務所内、談話室テーブル）。孤立しないように職員が側にいる。	昼食後のリラックスした時間や不安感が強い時は、事務所内でマンツーマンで対応した。話を傾聴し手を動かされ表情も柔和になった。
ゲームや歌の活動に毎回参加してもらい仲間意識を高める。	グループ	体操、ボール投げ、歌、合奏等を楽しみながら行えるように得意な曲を取り入れる。	主体性・自主性が高まるよう好きなダンスを取り入れて生になってもらい、グループと協調して時間をとられている。誕生会でも堂々と皆の前で歌い積極性が高まってきた。

大分県中津市介護保険総合ケアセンター「いずみの園」ケア研究会作成シート（記録者：熊井カホル、滝口真）

緒に行った。また園芸活動では夏野菜や稲をベランダのプランターに植え毎日の水やり，追肥，草取り，土壌づくりを手伝ってもらった。現在までの生活歴で行ってきたことを援助サービスとして提供することにより，生活の中で熱中する機会がもてたことで，M.Sさんの生きがいとなり，表情も明るく会話も多く聞かれた。金品への執着も軽減され，午前中のレクリエーションを通じて他の方と交流が図れるようになった。

（2） 評価と課題

デイサービス利用者は，職員と過ごす時間が入所型施設に比して短く，利用者を理解するには家族および近親者との連携がきわめて重要である。デイサービス利用日以外の日はどのような生活状態であるのか。また夜間，早朝の様子など，利用者の24時間の生活リズムを援助者側が把握しておく必要がある。さらに，より的確なサービスを提供する意味でも利用者の生活歴をより深く知る必要があるといえる。

対象者M.Sさんに対する援助として過去の生活歴や職業歴，余暇歴，興味や関心がある事柄を分析し目標を設定した。この際，短期・中期・かつ具体的な援助目標を設定し，何よりもレクリエーション・テーマである人間の「自由と自主性」を重んじ，援助者側からの一方的な援助は行わないようにした。そのためにも，自らが自発的にかかわっていきたいと思うような「動機づけ」や「環境整備」を行った。

過去に農業をされていたM.Sさんに対しては土づくりから苗植え，追肥や草取り，添木など全面的にかかわってもらった。これは，現在までの生活歴と現在執着している行動を見つけ出し結びつけたものである。これらの個別レクリエーション活動援助の結果，現在の生活上の役割を発揮し，M.Sさんは，収穫した作物を料理し，主体的に援助サービスにかかわることができた。当センターでは事務所とフロアーがカ

ウンターで仕切られており，その両面に対面式ミニキッチンを設置している。このキッチンでM.Sさんは主婦の経験から料理にいそしみ，野菜の皮をむいたり切ったりすることで昔を思い出し，輝いていた主婦の時代を回想されていると推察できる。また夕刻はフロアーの窓から見えるところに干してある洗濯物を取り込み，帰りの掃除や片づけなども自発的にされるようになった。これにより，他者への関心，他者からの関心を受け入れるなど，心理面への広がりが現れてきたと推察できる。実際に承認欲求を高める個別援助を継続することにより，表2-4，および図2-5に示されるような心身的変化が現れたことからも，生活歴と現在活動中である生活要素をリンクする援助は，レクリエーション・サービス実施上意義あることといえる。

　これまでの生活歴と現在の執着する行動を観察，理解し，自発的によみがえらせることを個別援助の一方法として取り入れた。これにより，M.Sさんにとっての生活役割は対人交流の機会となり，他の人の役に立っているというニーズを実生活で得ることができた。加えて，自信と生活リズムを再学習（体験の回復）していくという行動が現れてきた。援助者が利用者に対して，生活上の役割を通じて誠実な感謝や敬意を示すことにより，日頃はケアをする立場である介護職とケアをされる立場である利用者の垣根をとり除き，ケア本来の「互いに支え合う関係」へと一歩近づくことができた。認知症（重度知的後退）高齢者にも当然他の人をケアするニーズがあり，そのニーズを満たす援助の解決を本事例で確認できたといえよう。

　これらの調査結果をふまえながら，今後介護福祉士に求められる要件としては，①個人の生活歴をアセスメントする，②レクリエーションの目的を明らかにする，③レクリエーション計画を綿密に作成する，④社会資源をサービスに取り入

表2-4　個別援助実施による M.S さんの変化

	個別援助実施前	個別援助実施後
表情	物事に集中できず財布や荷物のことを気にされ表情が険しい。	人のために役立つことをしているという充実感や手慣れた仕事で満足感がうかがえ、いつも険しい顔から笑い顔がよくみられるようになった。
意欲	目が悪くてできないとさまざまな事柄に消極的である。	洗濯物や掃除，食器洗い，テーブル拭き等は自主的にされ，園芸では稲を育て収穫し天気のよい日はもみを干し日常生活への意欲向上がうかがえる。
態度	落着きがなくウロウロと動かれタンスや他の方のロッカーを開ける。	暇な時間は動かれることはあるが何かに熱中される時間も長くなり不安感は軽減されるととともに落ち着きが出てきた。
他者とのかかわり	レクリエーション以外は協調性がみられない。昼食後は特に他の利用者に対して「帰りなさい」と追い出そうとされる。	レクリエーションでは中心的存在となり非常に協調性がみられた。昼食後は特定の人と会話がみられるようになった。
食欲	食欲旺盛で食べ方が速いため食事がすぐ終わり食べていないと訴える。	少しずつ食事を出すことにより味わって食されるようになった。量的には変化なし。
情緒	いつも気持ちにゆとりがなく不安定で金品，荷物のことが頭から離れない。不安定である。	荷物や財布のことについての訴えが軽減した。不安感がみられるときは「こよりづくり」を行っており，次第に表情が穏やかになった。情緒的にも安定の様子である。
睡眠	毎日不眠が続き1日3～4時間と短い。	夕刻に早く就寝され，早朝から起床され不眠は続いているが週に1回はよく寝たと報告がある。今後の課題として取り組んでいきたい。

大分県中津市介護保険総合ケアセンター「いずみの園」ケア研究会作成シート

（記録者：熊井カホル，滝口真）

M.Sさん	表情	意欲	態度	他者とのかかわり	食欲	情緒	睡眠
援助開始前	1	1	1	1	5	1	1
援助実施後	4	4	3	3	5	3	2

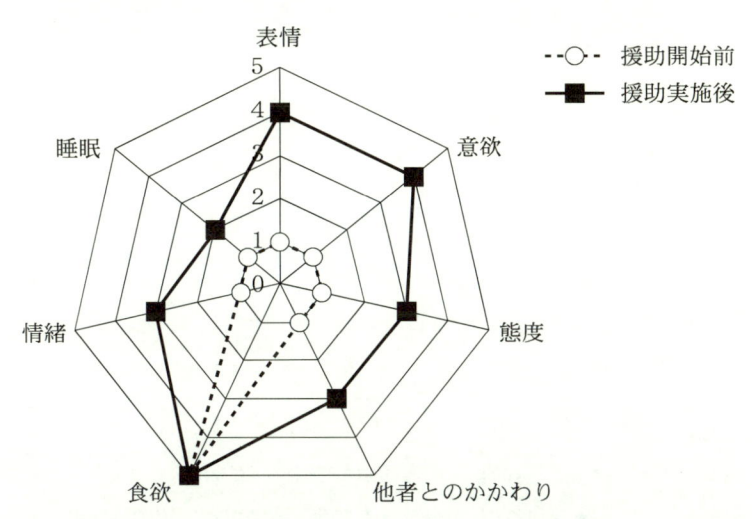

図 2-5　個別援助による M.S さんの生活変化

大分県中津市介護保険総合ケアセンター「いずみの園」ケア研究会作成シート

(記録者：熊井カホル, 滝口真)

れる, ⑤個人の承認欲求を高める, ⑥自己の存在感を回復する, などのレクリエーション活動援助のあり方がよりいっそう求められてこよう。

<付　記>

　本節の研究の一部は, 1998 年度日本福祉文化学会全国大会にて発表したものを一部修正・加筆したものである。本研究は, 大分県中津市介護保険総合ケアセンター「いずみの園」ケア研究会における研究活動の一環であり, 熊井カホル氏との共同研究である。研究会へのご協力をいただいている多田一三総合施設長並びに冨永健司施設長に感謝申し上げる。なお, 本研究は平成 9 年度日本私学振興財団, 平成 10 年度永原学園特色ある研究基金, および第 32 回 (平成 13 年度) 三菱財団社会福祉事業並びに研究助成の交付を受けたものであり, 各団体の研究助成に対し厚く御礼申し上げる。

【第2章　参考文献】

- 千葉和夫編：『レクリエーション援助』メヂカルフレンド社（1997）
- 福祉士養成講座編集委員会編：『レクリエーション指導法』中央法規出版（1997）
- 北島英治他編：『社会福祉援助技術論（上）』ミネルヴァ書房（2002）
- 滝口真：『社会福祉原論』牛津信忠他編「社会福祉のヒューマンパワー　～職能と専門倫理～」黎明書房，p. 181（2001）
- 滝口真：『福祉レクリエーション総論』（財）日本レクリエーション協会編「福祉レクリエーション援助の全体像」中央法規出版，p. 125（2000）
- 滝口真：『実践レクリエーションの魅力』「お化粧療法を企画した大学の高齢者デイサービスと地域の連携」，ふれあいケア，全国社会福祉協議会，pp. 76～78（2001）
- 長谷川和夫・五島シヅ：痴呆性老人のケアと対策』中央法規出版，p. 118（1992）
- 伊東安男：『新高齢者ソーシャルワークのすすめ方』硯川眞旬編，川島書店，p 85（1996）
- 滝口真：『社会福祉方法論の新展開』澤田健次郎編著「障害高齢者の余暇自立に関する個別援助技術の実際～福祉レクリエーション援助の視点より～」中央法規出版，p. 92（1998）
- 野村豊子：『介護福祉のための事例研究テキスト'96』中央法規出版，pp. 74～75（1996）

トピックス①　「レクリエーション援助は与えるのではなく引き出す──教えなくても学ぶ法則」

　従来の教育観では，教授活動イコール学習，いいかえると，教えれば学び，学べばそのまま発達につながると考えられてきた。

　それは，学び手にとって興味のある，そして関心のある課題が提示されたとき，学び手は主体的に学びたいと，より強く発するのであると心理学者波多野誼余夫は指摘している。

　レクリエーション実践をする際においても，ここに述べた法則は適応するであろう。レクリエーション援助者が選択・配列し，トップ-ダウン的に与えることを中心に展開するのではなく，対象者のニーズを汲み取り，内に秘めているものをボトム-アップ的に巧みに引き出す工夫こそ必要になろう。「与えるのではなく引き出す」このことは，レクリエーション援助者として，常に心に留めておかなくてはならない重要なポイントである。

トピックス②　「感覚機能に刺激を与える」

　感覚機能を高めるには，意識や意志とは無関係に起こる生理的な現象＜反射行動＞ではなく，身体全体の筋肉と神経組織を同時に要求する，つまり刺激を五感で受け，その刺激に対する適切な働きが神経組織を通過し，感覚機能に作用して起こる現象＜反応行動＞が重要となる。

　この反応行動がより鋭敏に遂行するには，楽しさ，そして喜びの中での能動的反応行動が意味をもつことになる。まさにレクリエーション実践そのものである。やすらぎの感覚の中に「人間らしく生きる」この喜びを，レクリエーション実践によって得られるということである。

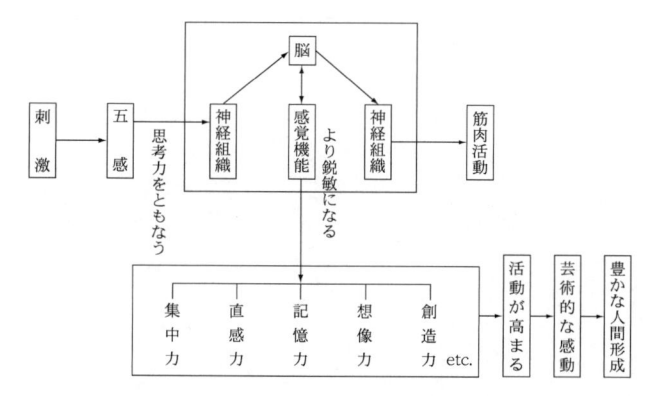

刺激 → 五感 → 神経組織 → 脳 → 感覚機能（より鋭敏になる） → 神経組織 → 筋肉活動

思考力をともなう → 集中力・直感力・記憶力・想像力・創造力 etc. → 活動が高まる → 芸術的な感動 → 豊かな人間形成

　ここで述べた「感覚機能に刺激を与える」という行動推移を重視した活動は，知識・技術に偏することなく，人間らしさを培うすぐれた方法である。セラピューティック・レクリエーション実践の際においても，この行動推移の理解は参考となるであろう。

トピックス③　「医療・福祉におけるレクリエーションの基本姿勢——ノーマライゼーションの理解」

　今日, 障害をもった人々が, 一般の人々と同様な生活基盤に立つことが保障され, 守られるようになってきた。そして, 人間らしい生活を営むために欠かせない「権利」としての, レクリエーションの位置づけについても問われている。この「権利」を考える際, 次に述べる「ノーマライゼーション」の理解は必要不可欠である。

　障害者に, 障害のない人々と同じ生活条件をつくり出すことを「ノーマライゼーション」という。たとえその障害が, どれほど重いものであっても, 他の人々とまったく平等であり, 法的にも同様の権利をもつ者だということである。障害をノーマルにするのではなく, 彼らの生活条件をノーマルにすることである。このことは, 特に正しく理解する必要があろう。ノーマルな生活条件とは, その国の人々が, 生活している通常の生活条件を意味している。

第3章
レクリエーション活動援助技術Ⅰ
―― 援助のためのコミュニケーション ――

　利用者とのコミュニケーションなくして，レクリエーション援助は成立しないであろう。利用者とのコミュニケーションのあり方が，レクリエーション援助の成果を左右するといっても，けっして過言ではない。
　本章では，まず，コミュニケーションとは何かを理解したうえで，コミュニケーションの効果について，言語・準言語・非言語の3つのレベルで理解していく。また，利用者とのコミュニケーションで欠かせない基本的な態度を学び，さらにレクリエーション活動を援助する際に必要となるコミュニケーション技法についても，理解していくこととなる。
　学習効果を高めるための演習もいくつか紹介するので，身近な学習仲間と一緒に取り組んでみよう。

1 メッセージを共有しようとする熱意

　レクリエーション活動を援助する上で大切なのが，利用者とのコミュニケーションである。利用者とのコミュニケーションのあり方が，レクリエーション活動の成果を左右するといっても，決して過言ではない。
　私たちは日常会話の中で，英語のコミュニケーション（communication）という言葉を日本語に訳さずに，そのまま使っている。そこで，この英語の根本的な意味を理解するために語源をたどってみると，ラテン語で「共有する」を意味するコムニカーレ（communicare）や，さらには「共有の」を意味するコムーニス（communis）へとたどり着く。つまり，「共有」が元の意味なのであり，私たちが日常会話の中で使って

いるコミュニケーションという言葉の意味も,「メッセージを共有すること」だといえよう。

　いったはずのことが伝わっていなかったり,いってもいないことが伝わっていたりと,私たちはたびたび,メッセージの共有に苦労する。ましてや,相手が高齢の利用者や障害のある利用者ともなれば,メッセージの共有がさらに困難になることもめずらしくない。ちなみに,母音(ア,イ,ウ,エ,オ)だけで発話された次の1)都道府県名,2)月日,3)趣味を,読者はどれぐらい理解できるであろうか。

　1)ウウオアエン,2)アンアウオウア,3)アアオエ

構音障害
言語障害の1つであり,言葉を構成する音の省略,置き換え,ひずみなどを特徴とする。脳性麻痺や脳梗塞などの利用者にみられる。

　これは,言語障害の1つである構音障害の発話を真似したものである。構音障害の人の言葉は,一度聞いただけで考え込んでいても,なかなか理解できない。「もう一度お願いします」「もう一度お願いします」と,何度も繰り返し聞き直しながら感覚的に理解するほうが,メッセージを共有する近道だといえる。

　構音障害の人に限らず,利用者とのコミュニケーションでは,メッセージを共有しようとする熱意が,まず何よりも大切となる。演習1「ア行トーク」と演習2「サイレント・トーク」は,熱意を高めるためのコミュニケーション・トレーニングである。身近な人と2人一組となり,ぜひとも試していただきたい。

　先の問題の正解は,1)福岡県,2)3月8日,3)カラオケ,である。

演習1：ア行トーク

①各自が,1)最近行った(行ってみたい)都道府県名,2)生まれた月日,3)趣味,をひらがなで書いてください。

②ひらがなで書いた1)〜3)を,カタカナでア行(ア,イ,ウ,エ,オ)に置き換えてください。「ん」は「ン」のままです。

③2人一組となり,AさんとBさんを決めてください。

④AさんはBさんに対して,都道府県名をア行で伝えます。Bさんが理解したところ

で，Aさんは生まれた月日をア行で伝えます。Bさんが理解したところで，Aさんは趣味をア行で伝えます。

⑤2分が経過したところで中断します。AさんとBさんは役割を交代して，もう一度④に取り組みます。

1）都道府県名＿＿＿＿＿＿＿＿＿＿　例：みやぎけん
　　（ア行）＿＿＿＿＿＿＿＿＿＿＿＿＿＿イアイエン
2）生　月　日＿＿＿＿＿＿＿＿＿＿　例：くがつむいか
　　（ア行）＿＿＿＿＿＿＿＿＿＿＿＿＿ウアウウイア
3）趣　　　味＿＿＿＿＿＿＿＿＿＿　例：どくしょ
　　（ア行）＿＿＿＿＿＿＿＿＿＿＿＿＿＿＿オウィォ

演習2：サイレント・トーク

①各自が昨日飲食した物をすべて，リストアップしてください。
②2人一組となり，AさんとBさんを決めてください。
③Aさんはリストの最初のものを，声を出さずに口の動きだけでBさんに伝えます。Bさんが理解したところで，次のものを口の動きだけで伝えます。どうしても伝わらないものは後回しにして，次のものに進んでください。
④2分が経過したところで中断します。AさんとBさんは役割を交代して，もう一度③に取り組みます。

1）朝食：＿＿＿＿＿＿＿＿＿＿　2）昼食：＿＿＿＿＿＿＿＿＿＿
3）夕食：＿＿＿＿＿＿＿＿＿＿　4）間食：＿＿＿＿＿＿＿＿＿＿

2 コミュニケーション効果

1．喜ばれる言葉と嫌われる言葉

　コミュニケーションは，メッセージを共有するだけで終わるわけではない。例えば，誰かに口汚い言葉でののしられると，多くの人は不快感を抱き，相手から遠ざかろうとするであろう。メッセージは人の認知，感情，思考，行動などに，さまざまな影響を及ぼすのであり，その影響のことをコミュニケーション効果という。

　レクリエーション援助では，さまざまな活動を通して，利用者が抱く不快な感情を緩和し，快の感情を抱いてもらおう

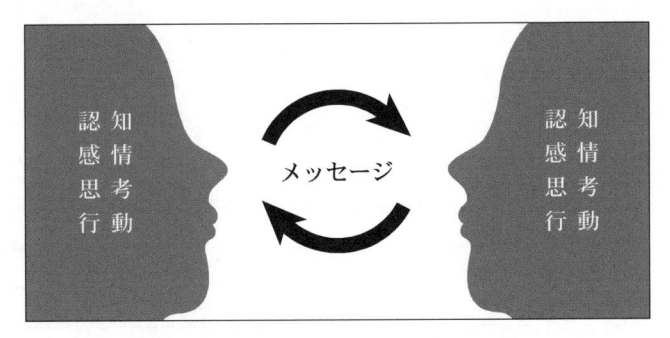

図3-1　メッセージの影響

とする。そのために，利用者に及ぼす言葉の影響力を，援助者は十分に理解しておく必要がある。

筆者らが特別養護老人ホームで行った面接調査では，いくつもの言葉を利用者に示して，その言葉でスタッフから声をかけられたとして，嬉しいか否かを尋ねてみた。そして，利用者からの回答を集計してみると，利用者に喜ばれる言葉と嫌われる言葉の特徴が明確になった（諏訪1992）。

利用者に喜ばれる言葉の特徴として，①最初に挙げられるのは利用者本位の言葉であり，「何かご用はないですか」「用事があったらナースコール鳴らしてね」など，利用者の利益を優先する言葉に，多くの利用者が「嬉しい」と応えている。②また，利用者本位になれば自然に出てくる「よく眠れましたか」「枕はこれでいいですか」など，ちょっとした気づかいや心くばりの言葉も喜ばれる。③最後に，利用者を肯定的に評価する誉め言葉も喜ばれるのであり，例えば「とても素敵ですよ」という言葉に多くの利用者が嬉しいと応えている。

逆に，利用者に嫌われる言葉の特徴として，①最初に挙げられるのは援助者本位の言葉であり，「はやく食べてよ」「勝手に動き回らず，おとなしくしててよ」など，援助者の利益を優先する言葉に，多くの利用者が「嬉しくない」と応えている。②また，援助者の利益を優先すると，利用者に指図す

る言葉が多くなるが，例えば「今度はこっち向くのよ」という指示的・命令的な言葉に，多くの利用者が「嬉しくない」と応えている。③最後に，「臭いわね」とか「ああ重いわね」といった否定的な言葉も，当然のように利用者に嫌われる。

なお，「がんばってね」という励ましの言葉にも，大半の利用者が「嬉しい」と応えている。ただし，この言葉は利用者によって毒にも薬にもなることを覚えておく必要がある。特に，ひどくふさぎ込んでいる利用者や，うつ病の利用者には，励ましの言葉は禁物であり，場合によっては自殺の引き金になることさえある。

2．利用者への敬意を表す敬語

次に，敬語が利用者に及ぼす影響についても，ここで考えてみよう。介護保険制度がスタートして以来，援助者の間でもサービス業としての自覚が高まり，利用者に対する敬語の使用に関心が寄せられている。

敬語とは，もとは自分よりも身分の高い人への言葉づかいとして，古くから日本人が日常的に使い分けてきたものである。今日では身分の上下に関係なく，相手への敬意を表す言葉として敬語が使われており，それは，①尊敬語，②謙譲語，③丁寧語，④美化語などに分類される。

①尊敬語とは，相手を高めて表現することで，相手への敬意を表す言葉である。相手の行為を「なさる」「おっしゃる」「いらっしゃる」などと表現したり，相手に関する事柄に「お」（お名前，お宅）や「ご」（ご両親，ご親切）をつけたり，相手の名前に「様」をつけたりするのが，その例である。

②謙譲語とは，自分を低めて表現することで，相手への敬意を表す言葉である。自分の行為を「いたす」「もうす」「まいる」などと表現したり，自分に関する事柄に「拙」（拙作）や「弊」（弊社）をつけたりするのが，その例である。

③丁寧語とは，ていねいな言葉づかいをすることで，相手への敬意を表す言葉である。「～です」「～ます」「～でございます」などと表現するのが，その例である。

④その他に，「お茶」「ご飯」などと，言葉を美しく表現することで，相手への敬意を表す美化語がある。

援助者から敬意を表されて，不愉快な思いをする利用者は少ないであろう。利用者に敬語を使う意義として，まず，利用者満足を高めることが挙げられる。また，援助者が利用者を子ども扱いする傾向が，これまでにもたびたびみられた。そのようなパターナリズムへの反省から，契約に基づく大人と大人の関係を，敬語の使用によって明確にするねらいもある。

なお，よそよそしくなるという理由から，敬語の使用に反対する意見もある。しかし，敬語を使うべきか否かという，二者択一式の議論を繰り返しても，結論は出ないであろう。敬語がマイナスの影響を及ぼす利用者には，敬語を差し控えればよいのである。

また，どれだけうまく敬語を使いこなしたとしても，援助者本位であったり，指示的・命令的であったり，利用者に対して否定的であったりすれば，慇懃無礼になってしまう。敬語を使うにしても，先にも述べたような利用者本位の言葉，気づかいや心くばりの言葉，肯定的な誉め言葉などを，忘れてはならない。

利用者満足
　サービスの利用を通して利用者が抱く満足のこと。ビジネスの領域で使われている顧客満足という言葉から派生したと考えられる。

パターナリズム
　援助者がまるで親のように振る舞い，利用者を子ども扱いすること。

3 フェイス・ツー・フェイスのコミュニケーション

1. 言語と準言語と非言語

レクリエーション援助では，利用者と同じ時間と場所を共有しながら，フェイス・ツー・フェイスでかかわることが多い。フェイス・ツー・フェイスのコミュニケーションでは，

手紙や電話やパソコンを介さずに，利用者と直接に言葉を交わすことになるが，そればかりではなく，言葉以外のさまざまな側面も同時に交わすことになる。

援助者の言葉が利用者に及ぼす影響について，これまでに述べてきたが，メッセージを表すのは言葉だけではない。言葉を発話する際の語調や表情などもメッセージを伝えるのであり，言葉だけにとらわれていると，メッセージがうまく伝わらないことになる。

例えば，利用者に喜ばれる言葉として，先に紹介した「素敵ですよ」という言葉を，語尾を延ばして笑顔でいえば，さらに肯定的なメッセージが伝わるであろう。それに対して，語尾を強めて強面でいえば，言葉とは裏腹に怒りが伝わってしまうのである。

```
言　語：すてきですよ　　　言　語：すてきですよ
準言語：・・・・・—　　　 準言語：・・・・・●
非言語：(＾｡＾)　　　　　　非言語：(￣へ￣)
```

　　　　図3-2　2通りの「すてきですよ」

フェイス・ツー・フェイスのコミュニケーションでは，言語・準言語・非言語という3つのレベルで，メッセージがやり取りされる。言葉は言語であるが，言葉を発話する際の声の強弱，長短，抑揚，そして発話のスピードなどは，準言語と呼ばれる。また，表情，目線・視線，姿勢・動作，装いなどは，非言語と総称されている。

2．準言語コミュニケーション

　言葉を発話する際に，抑揚もつけずに単調に話してしまうと，まるで原稿を棒読みしているようになり，うまく気持ちが伝わらない。かといって，言葉の語頭や語尾を不自然に強

めると，怒りや苛立ちなどのマイナスのメッセージを伝えてしまう。適切な抑揚をつけながら，語尾を延ばして発話することにより，優しさや楽しさなどのプラスのメッセージが伝わりやすくなる。

　また，多くの言葉を矢継ぎ早に発話すると，せっかちで性急な態度になってしまう。特に高齢の利用者や障害のある利用者を対象にする場合には，早口にならないように注意する必要があり，ゆっくりと間をおきながら話すことで，余裕のある落ち着いた態度を示したい。

　発話する際の声の大きさも，レクリエーションでは重要となる。小声だと利用者にメッセージが届きにくく，レクリエーション援助もうまくいかない。したがって，利用者との物理的距離が遠くなるほど，あるいは利用者の人数が多くなるほど，援助者は大きな声を出すことになる。ただし，必要以上に大きな声を出すと，利用者を驚かせることになり，威勢のよさは伝わっても優しさが伝わりにくくなる。また，難聴の利用者には大きめの声で話さなければならないが，利用者の耳元に近づいて話せば，通常の声の大きさでも伝わりやすくなる。

3．非言語コミュニケーション

（1）表　　情

　顔に現れる表情は，非言語コミュニケーションの代表である。いつもニコニコと笑顔を絶やさない援助者は，利用者にも喜ばれる。喜びや楽しさなどの快の感情を生み出そうとするレクリエーションでは，笑顔が援助者に求められる表情の基調だといえよう。

　ただし，笑顔を慎むべき場面もあることを，知っておく必要がある。例えば，利用者が悲しんだり苦しんだりしているときに，援助者が笑顔で接すると，冷淡に思われることがあ

る。また，利用者が怒っているときに笑顔で臨むと，さらに怒りを招くことにもなりかねない。

（2） 目線と視線

一方の目線とは，目の高さのことであり，日本人は伝統的に目の高さで，相手との上下関係を表してきた。利用者よりも高い目線で接すると，威圧的で横柄な態度に受け取られかねない。車いす上やベッド上の利用者には，同じ高さの目線になるように，しゃがんだりして接する必要があり，利用者が子どもの場合にも同様のことがいえる。

他方の視線とは，目の方向のことであり，日本人は視線についても特に敏感である。ラテン系やアラブ系が視線を合わす文化であるのに対して，日本は視線をそらす文化の典型だといわれている。視線を合わせたままでは威圧的となり，ストレスを感じる利用者も少なくない。だからといって，一度も視線を合わせないのも，利用者の存在を無視しているようで失礼である。視線を合わしたりそらしたりと，適切なアイコンタクトを取りながら話すのが最も自然であり，緊張せずにコミュニケーションを楽しむことにつながる。

（3） 動作と姿勢

動きのある身体反応を動作というが，例えば小刻みに足を揺すれば，イライラした気持ちを伝えてしまう。欲求不満時に現れる無意味な反応の繰り返しを固着反応といい，いわゆる貧乏揺すりはその典型である。ノック式のペンをカチカチと鳴らし続けたり，意味もなくライターをつけたり消したりするのも，同様の反応として説明できる。

姿勢は動きのない身体反応であるが，例えば利用者の前での腕組みや，ポケットに手を入れたままの姿勢は，防衛姿勢として説明される。みぞおちの前で組んだ腕は，ちょうどクルマのバンパーと同じ役割を果たしており，不安を感じて自分を守ろうとしているときに，しばしば現れる姿勢である。

また，宣誓するときに手の平を見せるが，それは「嘘偽りはありません。私の心の中を見てください」という意思表示である。そうすると，何かの理由で心の中を見せたくないときに，ついついポケットに手を入れたりして，自分の手の平を隠そうとする姿勢が現れる。

援助者が心を閉ざして防衛的にかかわれば，利用者も心を閉ざしてしまう。利用者の前では心をオープンにして，リラックスしながらレクリエーションを援助したい。

4 援助のための基本的態度

1．アクティブ・リスニング

援助者が利用者に送るメッセージについて，言語，準言語，非言語という3つのレベルに分けて，これまでに述べてきた。ここからは，利用者が送るメッセージを，援助者がどのように受け取ればよいのかを，考えていきたい。

まずは，次のような利用者に対して，どのような言葉を返せばよいのかを考えて，具体的な話し言葉（セリフ）を〔　〕の中に書いてみよう。

【ケースA】

もの静かな初老のAさんは，演芸会で陽気に騒ぐあなたに対して，「若い人はいいね。いつも元気で」と荒々しい語気でいいました。

〔　　　　　　　　　　　　　　　　　　　　　　〕

メッセージの受け取り方として，「聞く」と「聴く」という2通りの方法がある。「聞く」は言葉を額面通りに受け取ることであり，それに対して「聴く」は，言葉の奥にある気持ちにまで耳を傾けることである。

「若い人はいいね。いつも元気で」というAさんの言葉を額

面通りに聞けば，「若い人を羨ましがっている」と受け取ることができる。そして，「Ａさんもまだお若いじゃないですか」とか「私はもう若くないですよ」などと，声をかけてしまいがちなのである。

ところが，Ａさんは「若い人はいいね。……」と荒々しい語気でいったのである。羨ましがっているのであれば，荒々しくはいわない。言葉の奥にあるＡさんの気持ちは怒りであり，その気持ちに言葉を返すとすれば，「さわがしかったですか」とか「申し訳ありませんでした」というのが，ふさわしいのである。

言葉の奥にある利用者の気持ちにまで耳を傾けて聴くことを，アクティブ・リスニングという。つまり，利用者の言葉を受動的に受け取るのではなく，能動的・積極的に受け取ろうとするのである。利用者の言葉を受け取るときには，アクティブ・リスニングに心がけながら，コミュニケーションを深めていきたい。

2．受　　容

それでは，次のような利用者に対しては，どのような言葉を返せばよいのであろうか。具体的な話し言葉（セリフ）を考えて，〔　〕の中に書いてみよう。

【ケースＢ】

軽い認知症症状のあるＢさんは，回想法の会場から抜け出してきて，「夫に連絡してほしい」とあなたに訴えました。Ｂさんのご主人は5年前に亡くなっていますが，そのことをＢさんは理解していないようです。

〔　　　　　　　　　　　　　　　　　　　　　　〕

「ご主人は5年前に亡くなられましたよ」と事実を伝えたところで，Ｂさんは納得しないであろう。なぜならば，Ｂさん

回想法
過去の思い出にふれることを通して，利用者の心理的・社会的機能を回復・維持しようとする技法。

は認知症のために，配偶者が死亡していることを理解できないのである。

　認知症の利用者に事実や誤りを指摘して説得しようとすれば，利用者を不必要に興奮させることにもなりかねない。「正しい／間違っている」や「善い／悪い」などと審判的な態度で臨むのではなく，利用者の言葉をそのまま受容した上で，機転を利かせて納得してもらう必要がある。

　例えば「夫に連絡してほしい」と訴えるBさんに対しては，配偶者が生きていることを前提にしながら，「それでは，電話をしてみますね」と応える。その上で，「今日は仕事が忙しくて寄れないので，明日いらっしゃると，おっしゃっていましたよ」などと，機転を利かせて納得してもらうのである。

　受容的な態度が求められるのは，認知症の利用者に対してだけではない。高齢の利用者や障害のある利用者は，若くて健康な援助者とは違う価値観や信念をもっていることもめずらしくないのである。そのような利用者に対して，いちいち審判的な態度で臨めば，レクリエーションはつまらないものになってしまう。援助者の価値観や信念を一方的に押しつけてはならず，利用者の言葉をそのまま受け止めることで，価値観や信念の多様性を楽しみたいものである。

3．共　　感

　最後に，次のような利用者に対しては，どのような言葉を返せばよいのであろうか。具体的な話し言葉（セリフ）を考えて，〔　〕の中に書いてみよう。

【ケースC】
　パソコン教室に通っていたCさんは，教室で知り合ったメール友だちの死亡を，ご家族からの葉書で知らされたとのことで，ひどく落ち込んでいます。あなたが合唱サークルに誘っても，「今日は何もする気がしない」とのことです。

「そんなに落ち込んでいると，天国のお友だちも悲しみますよ」とか「元気を出して，みんなで合唱を楽しみましょう」などと，声をかける人も少なくない。しかし，そのような励ましの言葉が，はたしてCさんの心に届くであろうか？

　第2節の「コミュニケーション効果」のところで述べた通り，「がんばってくださいね」と励ますと，多くの利用者は喜ぶ。しかし，ひどくふさぎ込んでいる利用者には，明るい励ましの言葉が心に届かず，それどころか，利用者の孤独感を強めたり，利用者の反感を買ったりすることもめずらしくない。

　ひどくふさぎ込んでいる利用者には，利用者の気持ちに付き添う共感の言葉が，まずは必要となる。例えば「お友だちが突然に亡くなられて，本当にお辛いですよね」という言葉によって，利用者の気持ちが十分に癒されないと，励ましや助言の言葉も受け入れてもらえないのである。

　悲しみ，恐れ，抑うつなど，不快な感情を抱いている利用者には，いずれも共感的な態度で接するのが効果的である。共感の言葉によって利用者の気持ちに付き添えば，利用者の不快感は徐々に緩和されるのである。

　また，レクリエーションを通して，楽しさ，喜び，爽やかなど，快の感情を抱くことができた利用者にも，共感的な態度で接するのが効果的である。「本当によかったですね」と共感すれば，次のレクリエーション活動への動機づけにつながるであろう。

動機づけ
　動機（欲求）が人を行動に駆り立てる過程をいうが，ここでは「やる気」と同義で使っている。

演習3：ケース・スタディ

　①ケースD〜Fの各利用者に対して，どのような言葉をかければよいのかを，まずはひとりで考えて，あなたの具体的な話し言葉（セリフ）を〔　〕の中に書いて

ください。
　②次に3〜4人でグループをつくり、各自のセリフを報告し合った後、どのような
　　言葉をかければよいのかを、話し合ってみましょう。

【ケースD】
　2泊3日の予定で同意して、子どもキャンプに参加することになったD君（9歳）は、初日の集合場所にくるやいなや、「いつ、家に帰れますか？」と浮かぬ顔をして、あなたに尋ねました。

（　　　　　　　　　　　　　　　　　　　　　　　　　　　　　　　　　　　）

【ケースE】
　著しい記憶障害のあるEさんは、つい先ほどのことも覚えていません。今日も、お花見にやってきた公園で、昼食直後に「お弁当はまだか？」と、あなたに尋ねました。

（　　　　　　　　　　　　　　　　　　　　　　　　　　　　　　　　　　　）

【ケースF】
　まじめで几帳面な性格のFさんは、規則正しい生活を送ってきたのですが、可愛がっていたペットの猫が死んでからは、何もする気になれず、生活のリズムも乱れてしまいました。焦ってはいるようですが、楽しみにしていた料理教室にも、ここしばらく出かけていません。

（　　　　　　　　　　　　　　　　　　　　　　　　　　　　　　　　　　　）

5　コミュニケーション技法

1．うなずきと相づち

　本章の冒頭でも述べたように、コミュニケーションとはメッセージを共有することであり、メッセージを共有しようとする熱意が、まずは重要となる。ところが、いくら援助者が熱心なつもりでも、それが利用者に伝わらなければ無意味である。援助者の熱意が利用者に伝わることによって初めて、利用者の意欲も引き出すことができる。
　利用者の話を無反応で聞けば、さすがに利用者も話す意欲をなくすであろう。うなずいたり相づちを打ったりして、援

助者が反応を示しながら聞くことにより，メッセージを共有しようとする援助者の熱意を，効果的に伝えることができるのであり，そうすることで利用者の話も促されるのである。

　首を縦に振りながら話を聞くと，うなずいたことになる。また，「ふん，ふん」「なるほど」などと言語的な反応を示しながら聞くと，相づちを打ったことになる。

　相づちは頻繁すぎると，利用者の話の腰を折ることにつながる。それに対して，うなずきは頻繁すぎても，話の腰を折る危険性が少ない。したがって，うなずきの合間に相づちを打つようにして聞くと，最も効果的に利用者の話を促すことになる。

2．繰り返しの技法

　利用者の話の一部を「～ですね」と繰り返しながら聞くのも，援助者の熱意を伝える上で役に立つ。また，繰り返しは利用者のメッセージを，いっそう確かに共有することにもつながる。

　利用者の言葉を繰り返す際には，オウム返しにならないように，注意する必要がある。例えば，利用者が「明日，家族と旅行に行きます」と語ったならば，「家族と」を「ご家族と」に，「行きます」を「いらっしゃる」に置き換えるとよい。つまり，援助者なりの言葉に置き換えた上で，最後に「～ですね」をつけ加えて返せば，最も自然な繰り返しになる。

　また，相づちと同様に繰り返しも，頻繁すぎると利用者の話の腰を折ることにつながる。うなずいたり相づちを打ったりしながら，その合間に話の節目だけを繰り返すと，最も効果的だといえる。

3．要約の技法

　うなずいたり相づちを打ったり，繰り返したりしながら，

利用者の話をひと通り聞いたならば，聞きっ放しで終わらないほうがよい。特に利用者の話が長くなったときには，話の要点を整理して，要約して返すことも必要になる。

話が長くなりがちな利用者の中には，自分でもはじめから何がいいたいのか明確ではなかったり，あるいは話しているうちにいいたいことがわからなくなってしまう人もいる。そういう利用者に対して，要約の技法を使えば，話の要点を整理してあげることができ，さらに，何が一番大切なことなのかも明確にしてあげることができる。

利用者の話が終わったところで，「えっと……」などと要点を考えていると，応答のタイミングをはずすことになる。利用者が話し終わったところで，すぐに要約しなければならず，そのためには，要点を押さえながら利用者の話を聞く必要がある。

また，利用者の長話を，長話で要約するわけにはいかない。できるだけ短い言葉で要約することが大切であり，利用者が最もいいたいことに焦点を絞って，手短に返すようにしたい。援助者が要点をはずすことなく，端的に要約すれば，「そうなんです。私のいいたかったことは，それなんです」と利用者は反応して，援助者とのコミュニケーションに満足するであろう。

4．共感の技法

話の最中に利用者が何らかの感情を表出したときには，それを無視して話を進めないほうがよい。本章第4節「援助のための基本的態度」でも述べた通り，援助者がうまく共感することにより，利用者の不快感を緩和することができるし，また，快の感情に共感することで，利用者の動機づけを高めることもできる。

ところで，いくら援助者が共感しているつもりでも，それ

が利用者に伝わらなければ，やはり意味がない。共感していることが伝わって初めて，効果的なレクリエーション援助につながるのである。

共感していることをうまく伝えるためには，利用者が抱いている感情を，その種類と程度まで正確に把握していなければならない。そして，把握した感情の種類と程度を，できるだけ自然な言葉に置き換えた上で，気持ちを込めて利用者に返すのである。例えば，大きな自己嫌悪感を利用者が抱いているとすれば，「すっかりご自分に嫌気がさしてしまったのですね」などと返すことになる。

共感するときには，言葉だけで伝えないほうがよい。語調は単調にしたり語尾を強めたりせずに，語尾を延ばしたほうが，共感していることがうまく伝わる。また，不快な感情を抱いている利用者に対して，笑顔で共感するわけにはいかない。利用者の表情にできるだけ近い表情を示して，共感することが望まれる。つまり，言語と準言語と非言語のすべてのレベルで，利用者の感情に付き添うことが大切なのである。

表3-1　感情の種類

快の感情	喜び，幸せ，楽しみ，希望，尊敬，畏敬，あこがれ，優越感，感謝，感動，安心，爽やか，好奇，好意，愛情，その他
不快の感情	悲しみ，怒り，憎しみ，恐れ，不安，恥じらい，焦り，嫌悪，後悔，孤独，劣等感，無力感，絶望，空虚，嫉妬，その他

演習4：うなずき，相づち，繰り返しの訓練
① 2人一組となって着席して，AさんとBさんを決めてください。
② Aさんは，昨日の朝起きてから寝るまでの自分を思い出しながら，順を追って詳しくBさんに伝えます。BさんはAさんの話を，首も振らずに無反応で聞いてください。1分が経過したところで中断して，次に進んでください。
③ Aさんは先ほどの続きを，Bさんに話します。BさんはAさんの話のひと言ひと言

を，いちいち繰り返しながら聞いてください。Bさんがひと言ひと言を繰り返せるように，Aさんはゆっくりと間をおきながら話します。1分が経過したところで中断して，次に進んでください。
④Aさんは先ほどの続きを，Bさんに話します。Bさんはいちいち繰り返さず，うなずきや相づちの合間に，話の節目だけを繰り返しながら，Aさんの話を聞いてください。1分が経過したところで中断して，次に進んでください。
⑤Aさんは②③④のどの聞き方が最も話しやすかったかを，理由や感想も含めてBさんに報告します。
⑥報告が終わったところで，AさんとBさんは役割を交代して，もう一度②～⑤に取り組みます。

演習5：要約の訓練
①2人一組となって着席して，AさんとBさんを決めてください。
②Aさんは最近の体験で印象に残っていることを，2分ほどかけてBさんに長話します。BさんはAさんの話を，要点を押さえながら聞きます。
③Aさんの話が終わったところで，Bさんはすぐに「要するに～ですね」と，できるだけ手短に要約して返します。
④Bさんが行った要約について，どれぐらい納得できたかを，Aさんは報告します。
⑤報告が終わったところで，AさんとBさんは役割を交代して，もう一度②～④に取り組みます。

演習6：共感の訓練
①2人一組となって着席して，AさんとBさんを決めてください。
②Aさんは最近の体験で辛かったことを，2分ほどかけてBさんに長話します。Aさんが抱いた感情の種類と程度を推測しながら，Bさんは話を聞きます。
③Aさんの話が終わったところで，Bさんは推測した感情の種類と程度を，できるだけ自然な言葉で表現して，「～だったんですね」と返します。
④Aさんは自分の気持ちを，どれぐらいわかってもらえたと思ったか，理由も含めてBさんに報告します。
⑤報告が終わったところで，AさんとBさんは役割を交代して，もう一度②～④に取り組みます。

6 指示と助言と支持

1．自立度に応じた接し方

レクリエーションを援助する過程では利用者の主体性を，

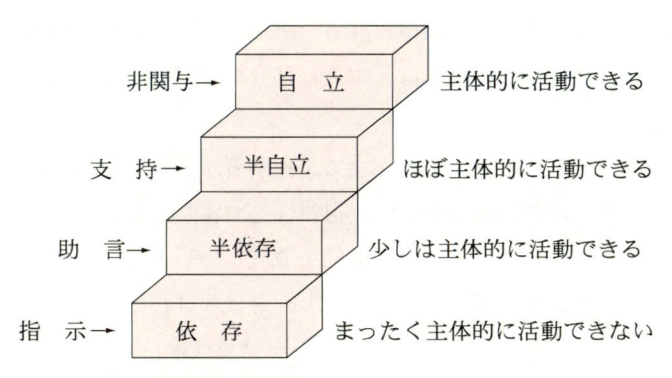

```
非関与→  自 立    主体的に活動できる
支 持→  半自立   ほぼ主体的に活動できる
助 言→  半依存   少しは主体的に活動できる
指 示→  依 存    まったく主体的に活動できない
```

図3-3　利用者の自立度に応じたかかわり方（諏訪2001）

できる限り尊重することが望まれる。そして，利用者の主体性をどの程度に尊重しているかによって，援助者のかかわり方を，①指示，②助言，③支持，④非関与の4つに分けることができる。

　①指示とは「～しましょう」「～してください」などと，援助者が指図することであり，どちらかといえば利用者の主体性を軽視したかかわり方である。②それに対して，「～してはどうですか」「～してはいかがですか」などという助言は，利用者の主体性を指示よりも尊重したかかわり方である。③さらに，本人の考えを引き出して，「じゃあ，そうしましょう」という支持は，利用者の主体性を助言よりも尊重している。④そして，利用者に任せる非関与は，主体性を最も尊重したかかわり方である。

　これら4つのかかわり方は，利用者の自立度に応じて，うまく使い分けることが望まれる。①レクリエーション活動がしたくても，主体的な活動がまったくできない依存状態の利用者には，援助者が指示を出さざるを得ない。②また，少しは主体的に活動ができる半依存状態の利用者には，指示するよりも助言するほうがよい。③さらに，おおよそ主体的に活動できる半自立状態の利用者には，本人の考えを引き出して，

それを支持することが望まれる。④そして，主体的な活動が完全にできる利用者には，本人に任せて非関与となるのである。

本人に任せてよい事柄にまで，援助者が細かく指示を出してしまい，利用者の主体性・自律性をつぶしてはならない。逆に，本人に任せられない事柄を放置してしまい，後に取り返しのつかない事態を招くことも，避けなければならない。

2．指示するときに心がけること

本章第2節「コミュニケーション効果」でも述べた通り，援助者による指示的な言葉は，本来，利用者に嫌われるのである。しかし，レクリエーション活動がしたくても，主体的にはまったく活動できない利用者には，指示を出さざるを得ない。それでは，いったい，どのように指示を出せば，利用者に受け入れてもらえるのであろうか。指示を出すときに心がける点について，まとめてみよう。

(1) 命令調の言葉を避ける

ただでさえ指示的な言葉は嫌われるのであるから，「〜しなさい」という命令調の言葉は避けるべきであろう。「〜しましょう」という誘いの言葉や，「〜してください」というお願いの言葉によって，指示を出すほうがよい。

(2) 理由も同時に伝える

指示を出す際には，「なぜ，そうするのか」という理由も，同時に伝えたい。理由がわかれば利用者も，指示にしたがいやすくなる。

(3) 具体的に指示を出す

曖昧で抽象的な表現で指示を出されても，どのようにすればよいのか，利用者は迷うであろう。適切なたとえなどを使いながら，できるだけ具体的な表現で，明確に指示を伝えたい。

（４）堂々とした口調で指示を出す

小声で指示を出しても，利用者に伝わりにくい。また，自信のない口調で伝えても，指示は受け入れられないであろう。自信のある堂々とした口調で，指示は伝える。

（５）多くの指示を同時に出さない

先の見通しを伝えることは必要であるが，先の先の指示まで同時に伝えても，利用者を混乱させるだけであろう。１つの指示を出して利用者が受け入れたところで，次の指示を出すというように，指示は１つひとつ伝えるほうがよい。

（６）質疑応答を欠かさない

不明な点を残したままでは，指示通りの行動を期待できない。指示の後の質疑応答により，指示の言葉を確実に共有してもらわなければならない。

（７）指示に即した行動を誉める

「そう，そう」「その通り」などと，指示に即した行動を肯定することにより，利用者の動機づけを高めることができる。また，指示からはずれた行動は，利用者が行動を修正できるように，「少しズレましたね」などという言葉をかける。

３．助言するときに心がけること

少しは主体的に活動ができる利用者には，指示よりも助言でかかわるほうが望ましい。助言は指示よりも，利用者の主体性を尊重したかかわり方である。なぜならば，「～してはいかがですか」と援助者が助言しても，利用者はまったく別の行動をとることも可能だからである。

助言にしたがうか否かは，利用者の気持ち次第である。そうすると，利用者が抱いている真の関心や願望を正確に把握することが大切であり，利用者の関心や願望を無視すれば，助言も無視されることになる。

助言するときに心がける点について，まとめてみよう。

（1） まずは観察する

最初から最後まで助言を出し続ければ，指示と変わらなくなる。まずは活動を観察して，利用者が何をしようとしているのかを，正確に理解する必要がある。

（2） タイミングを逃さない

利用者の言動から，助言を必要としているか否かを見極めて，困っているときを見計らって，タイミングをはずさずに助言する。また，助言を必要としていないときにまで，余計な口出しをしない。

（3）

その他，指示するときに心がけることの（2）〜（7）に同じ。

4．自己決定を支持するコーチング

（1） コーチングとは

ほぼ主体的に活動できる半自立状態の利用者には，指示や助言というかたちで利用者に答えを与えるのではなく，利用者から答えを引き出して，「じゃあ，そうしましょう」と支持するのが望ましい。

相手の自己決定を引き出して，それが実現できるようにサポートしていくコミュニケーション技法が，今日，コーチング（coaching）という名称で注目されている。「コーチ」という言葉を聞くと，スポーツ競技の指導者を思い浮かべる人が多いが，コーチの元の意味は馬車，客車，バスなどである。つまり，大切な人を目的地まで運ぶ物がコーチなのであり，やがて「運ぶ物」から「運ぶ者」へと意味が拡大していったと考えられる。

答えを引き出して支持するコーチングは，テニス界を発祥の地とする。指示・命令を与えながら育てた選手よりも，本人に考えてもらいながら育てた選手のほうが，はるかに優れた成績を残すことから，やがてコーチングはスポーツ界全体

へと広がり，さらにビジネス界へも波及した。そして，今日，ようやく福祉や医療の分野でも，次第に導入されつつある。

（２） 選択や決心をサポートする

「どうするのか」を，指示や助言というかたちで伝えるのではなく，利用者自身に考えてもらい，自己決定してもらうかかわり方を，具体的なケースを通して考えてみよう。

まずは，次のような利用者に対して，どのような言葉をかければよいのかを考えて，具体的な話し言葉（セリフ）を〔　〕の中に書いてみよう。

【ケースG】

ひとり暮らしのGさんは，もともと人付き合いが苦手でしたが，配偶者に先立たれてから，話し友だちがほしくなり，公民館の高齢者クラブに参加しようか否か迷っています。

〔　　　　　　　　　　　　　　　　　　　　　　　〕

高齢者クラブに参加しようか否か迷っているEさんに，「参加されてはいかがですか」などと，参加する方向で助言する人が少なくない。もちろん，助言するのが間違いだとはいえないし，助言によってGさんが参加する気になれば，問題が１つ解決したことになる。

しかし，援助者が助言したところで，そう簡単に問題が解決するとは限らない。迷っているGさんは，「でもな……」と反応し，結論が出ないこともめずらしくないのである。

どちらかの方向で指示や助言を与えるのではなく，本人に自己決定してもらうほうが，問題の解決につながることも多い。「AにしようかBにしようか」という選択の問題や，「Aをしようか，Aをやめようか」という決心の問題について，利用者に自己決定してもらうためには，考えないと答えられない「開かれた質問」を，次のようにつなげるとよい。

開かれた質問
自分の言葉で考えながら，自由に答えられる質問のタイプ。逆に，「はい」か「いいえ」でしか答えられないような，考えなくても答えられる質問を「閉ざされた質問」という。

①まず「Aにした場合に，どうなりますか」と尋ねて，Aを選んだ場合のことを十分に考えてもらう。②次に「B（非A）にした場合に，どうなりますか」と尋ねて，B（非A）を選んだ場合のことも十分に考えてもらう。③両方を十分に考えてもらった後に，「それでは，Aにしますか，それともB（非A）にしますか」と尋ねることで，自己決定を引き出す。④そして，利用者自身の自己決定に対して，「じゃあ，そうしましょう」と支持するのである。

先のGさんの場合には，まず，例えば「高齢者クラブに参加するとして，どのようなことが楽しみで，どのようなことが心配ですか」などと尋ねる。次に，例えば「参加しなかったとして，話し友だちをどのようにつくりますか」などと尋ねる。そして，最後に「それでは，参加されますか。それとも，今回は見送りますか」と尋ねて，Gさん自身に決めてもらうのである。

どのような結論が出ようと，援助者は利用者の主体性を尊重して，それを支持することになる。たとえGさんが「参加しない」という結論を出したとしても，その結論を否定せずに，「それでは，また，よい方法を考えていきましょうね」といえばよい。Gさんの自立度は高く，自己決定する能力が十分に備わっていると考えられる。また，高齢者クラブに参加しなければ，ただちにADLが低下してしまうほど，急を要する状態でもない。

この過程を短時間で済ませようとすれば，よりよい自己決定を引き出すことができない。必要な情報を十分に提供をしながら，利用者が納得するまで考えてもらわなければ，本当の問題解決にはつながらないであろう。

（3） 解決法の探求をサポートする

それでは，次のような利用者に対しては，どのような言葉をかければよいのか。具体的な話し言葉（セリフ）を考えて，

ADL
 Activities of Daily Living の略であり，日常生活に必要となるさまざまな行動能力のこと。

〔　〕の中に書いてみよう。

【ケースH】

　活動的で社交的なHさんは，ボランティア・サークルを運営していますが，最近，メンバーの参加率が低下したとのことで，今後，どうすればよいのか悩んでいます。

$$\left(\begin{array}{c}\\ \\ \\ \end{array}\right)$$

　Hさんには，問題解決のための選択肢があるわけでもなければ，決心するような解決策があるわけでもない。このように，選択の問題でもなければ決心の問題でもなく，解決策を探求しなければならない場合には，開かれた質問を次のようにつなげるとよい。

　①まずは，「どうして，そうなったと思いますか」と尋ねて，問題の背景を十分に考えてもらう。もしも，背景の考察が不十分な場合には，「他に原因は考えられませんか」という質問を，追加するのもよい。②問題の背景を十分に考えれば，解決策も考えやすくなる。そこで，「どうするのがよいと思いますか」と尋ねて，解決策を考えてもらう。もしも，解決策の考察が不十分な場合には，「他によい方法は考えられませんか」という質問を追加してもよい。③そして，現実的な解決策が出てきたところで，「じゃあ，そうしましょう」といって支持するのである。

　先のHさんに「どうして参加率が低下したと思いますか」と尋ねたとして，例えば「私が張り切りすぎて，他のメンバーにとってボランティア活動が，負担になってきたのかもしれない」という答えが返ってきたとしよう。このように問題の背景がわかれば，どうすればよいのかをHさんも考えやすくなる。そこで，「それでは，どうすればよいのでしょうね」と尋ねて，例えば「メンバーにとって負担とならず，ボラン

ティア活動を楽しめるように，活動の頻度を減らしてみよう」という解決策を引き出すのである。

　誰かから指示・命令されて行っても，レクリエーション活動は楽しくならないであろう。主体的に活動ができない段階では，援助者に指示や助言を求めるにしても，基本的には自らの意思で自己決定して，主体的に行うほうが，動機づけも高まり，楽しいレクリエーション活動となるのである。

演習7：コーチングの訓練
①2人一組となって着席して，AさんとBさんを決めてください。
②Bさんは何か1つ，話題にする困りごとを決めてください。「お金が貯まらない」とか「部屋が片づかない」など，ささいなことで構いません。
③Aさんはコーチング・チャートを参考にしながら，Bさんに10分間のインタビューをします。質問に対してBさんが答えている最中は，うなずいたり相づちを打ったりしながら，Bさんの言葉に耳を傾けてください。また，早く終わらせようとして矢継ぎ早に質問をせずに，Bさんが十分に考えて答えたところで，次の質問に進んでください。
④10分が経過したところで，AさんとBさんは役割を交代して，もう一度②～③に取り組みます。

【オープニング】
　↓「こんにちは。いくつかお尋ねします」
【アイス・ブレイク】
　↓「体調はいかがですか」「ご家族はお元気ですか」etc
【問題の明確化】
　↓「ところで，最近，お困りのことは何ですか」
【背景の考察】
　↓「どうして，そうなったと思いますか」
【解決策の考察】
　↓「どうすればよいと，お考えですか」
【自己決定の支援】
　「わかりました。じゃあ，そうしましょう」

図3-4　コーチング・チャート

【第 3 章　参考文献】
- 平岡蕃，宮川数君，黒木保博，松本恵美子：『対人援助　ソーシャルワークの基礎と演習』ミネルヴァ書房（1988）
- 奥田いさよ編：『対人援助のカウンセリング』川島書店（1991）
- 諏訪茂樹：『介護専門職のための声かけ・応答ハンドブック』中央法規出版（1992）
- 諏訪茂樹：『援助者のためのコミュニケーションと人間関係　第 2 版』建帛社（1997）
- 深田博巳：『インターパーソナル・コミュニケーション　対人コミュニケーションの心理学』北大路書房（1998）
- 諏訪茂樹：『対人援助とコミュニケーション　主体的に学び，感性を磨く』中央法規出版（2001）
- 諏訪茂樹：『看護にいかすリーダーシップ　状況対応とコーチングの体験学習』医学書院（2002）
- 伊藤守：『もしもウサギにコーチがいたら　「視点」を変える 53 の方法』大和書房（2002）

トピックス④ 「折り紙でサンタクロース──設計図その1」

　手先を使った作業は，脳の活性化に効果があることは周知することであろう。その作業が楽しく，しかもできあがったものが皆に喜ばれたとしたら一石二鳥，こんなにありがたく喜ばしいことはない。次に示す折り紙によるサンタクロースづくりは，そんなことを狙った活動でもある。

　レクリエーション援助者とともに利用者が，1枚の折り紙を使い一連のプロセス（折る⇒切る⇒細工する⇒サンタクロースとして台紙に貼りつける⇒言葉を書き加える⇒クリスマスカードの完成）にしたがい，クリスマスカードの完成するさまを実感することは，たいへん有意義なことである。

|サンタクロースの設計図|

　用意するもの（・折り紙1枚　・はさみ　・のり　・台紙）

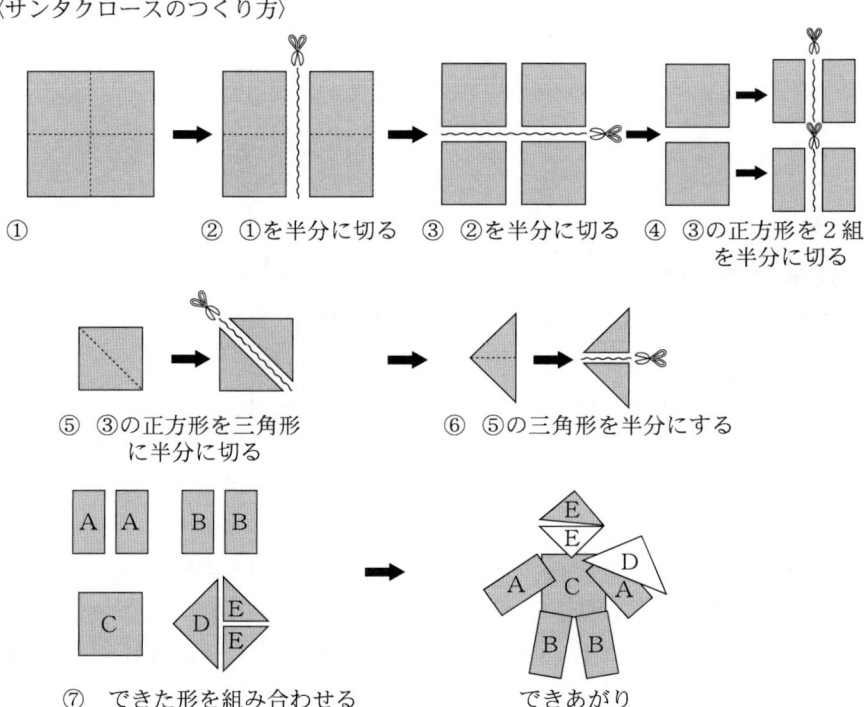

〈サンタクロースのつくり方〉

①　　　②　①を半分に切る　③　②を半分に切る　④　③の正方形を2組を半分に切る

⑤　③の正方形を三角形に半分に切る　　⑥　⑤の三角形を半分にする

⑦　できた形を組み合わせる　　　　できあがり

トピックス⑤ 「スワンの箸置き——設計図その2」

　ある会食の席で隣に座った紳士が，筆者の箸袋をそっと取り，何やらつくり出した。ものの3分ほどだったであろうか，みごとなスワンの箸置きを完成し，それを元の場所に戻し「これは箸置きです。どうぞあなたのお箸をここに置いてください」と，さりげなく説明をしてくれた。あまりに突然な出来事にびっくりしたが，心が熱くなりウキウキした気分になった。その後，会話もはずみ，楽しい雰囲気の中での会食が終わり，帰宅した。この出来事は，まさにレクリエーション活動そのものではないか。レクリエーションとは何か特別のものではなく，生活を楽しく，明るく，快くするためのあらゆる活動である。

　スワンの箸置きの設計図

　　用意するもの（箸袋または，一辺が約3cmと約15cmの長方形の用紙）

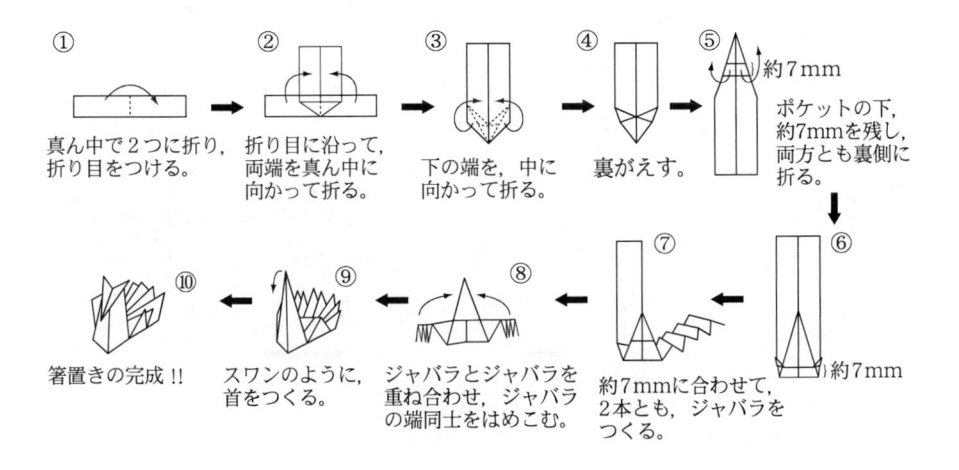

① 真ん中で2つに折り，折り目をつける。
② 折り目に沿って，両端を真ん中に向かって折る。
③ 下の端を，中に向かって折る。
④ 裏がえす。
⑤ 約7mm ポケットの下，約7mmを残し，両方とも裏側に折る。
⑥ 約7mm 約7mmに合わせて，2本とも，ジャバラをつくる。
⑦
⑧ ジャバラとジャバラを重ね合わせ，ジャバラの端同士をはめこむ。
⑨ スワンのように，首をつくる。
⑩ 箸置きの完成!!

トピックス⑥ 「新聞紙で帽子そして…──設計図その3」

　身近な素材の新聞紙を使って，レクリエーション実践を試みた。これは複合型保育所施設において，高齢者と子どもとの交流の際，展開した内容でもある。高齢者と子どもが一緒に同じものを協力しながらつくる，そのプロセスはたいへん微笑ましい光景であった。最近，保育所とデイケアの両方の機能を備えた施設が増えてきている。

新聞紙で帽子そして…の設計図

　用意するもの（・新聞紙3，4枚　・はさみ）

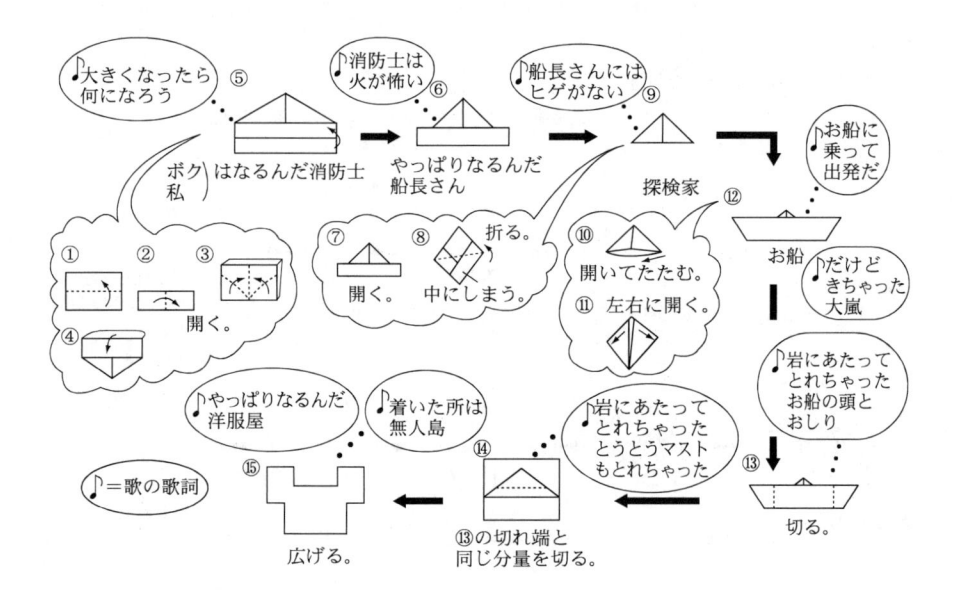

♪大きくなったら何になろう　⑤
ボクはなるんだ消防士
私

♪消防士は火が怖い　⑥
やっぱりなるんだ船長さん

♪船長さんにはヒゲがない　⑨
探検家　⑫

♪お船に乗って出発だ
お船

♪だけどきちゃった大嵐

♪岩にあたってとれちゃったお船の頭とおしり
⑬
切る。

① ② ③
④
開く。

⑦開く。　⑧中にしまう。　折る。

⑩開いてたたむ。
⑪左右に開く。

♪やっぱりなるんだ洋服屋
♪着いた所は無人島
♪＝歌の歌詞
⑮広げる。

岩にあたってとれちゃったとうとうマストもとれちゃった
⑭
⑬の切れ端と同じ分量を切る。

第4章
レクリエーション活動援助技術Ⅱ
──個人・集団・地域──

　レクリエーション援助の対象は，基本的には個人である。したがって，個人への援助を行うのであるが，その技術としては，集団を活用したり地域社会の諸資源を活用したりして行うことが多い。しかし，まったく個人への援助ということもあり得る。

　そこで，まず個人のレクリエーション・ニーズをどう理解するかを整理した上で，個人への援助技術（集団や地域資源活用にも通じる部分があるが），小集団の活用技術，地域（資源）の活用技術について，以下整理しておく。

　これらの技術を，ワーカーとしてどう活用していくかについては第2章で，技術活用の前提となるコミュニケーション技術については第3章でふれている。それらを総合して，レクリエーション技術として有効に活用したいものである。

1　個人へのレクリエーション支援技術

　レクリエーションは　援助をする人（ワーカー）と，援助を利用する人が存在して，初めて成り立つ行為である。その意味から，レクリエーション・ワーカーは，レクリエーション援助を利用する人を理解することが基本であり*，その理解にはその前提となる知識と技術が必要である。

　この節では，まず知識について整理し，次に技術について紹介しておこう。

1．利用者の理解
（1）　利用者の理解の総体性
　レクリエーションにおいて，利用者を理解しようとすると

*子どもへの社会・経済的影響はせいぜい数年であるため，『子ども』という分類でその共通の側面を重視して理解することは理にかなうことである。しかし，これが60年以上もの異なった生活史の影響をふまえた高齢者の場合は，その歴史をふまえた上でその身体や心理を理解していくことが必要である。

きにまず大切なことは、その利用者の全体像を理解することである。レクリエーションでは何らかの障害のある人を対象とする場合が多いが、だからこそ、身体的側面だけからや、精神的側面だけからその利用者を理解しようとしてはならない。人間の特徴は、個々に違うのであり、身体的ハンディキャップがあるからということでひと括りにはできない。利用者のそれぞれさまざまな側面に現れている特徴にていねいに着目すると同時に、その側面同士は複雑に影響し合っているし、表面に出てこないその人の特徴もある点にも留意しなければならない。したがって、その人を理解しようとしたら、できるだけ多くの側面からその利用者の理解を図らなければならない。

(2) 利用者理解の諸側面

レクリエーション援助の場合は、利用者理解の諸側面の中で、特に障害者や高齢者の理解のためには、精神的・身体的な側面と同時に、社会・経済的な側面の理解が重要である。なぜなら、これらの対象者の場合、その人の精神・身体そのものが、単なる生理学的な障害というよりは、それまでの社会・経済的生活の産物だからである。では、利用者を理解するときの社会・経済的側面とはどういう内容をいうのであろうか。

その視点は2つある。1つは人間の社会・経済的ないくつかの側面から整理し、理解することである。もう1つは歴史的な背景の中で理解することである。

(3) 社会・経済的な4つの側面からの理解

前者の側面について整理してみるならば、まず次の4つの側面は必ずふまえておくことが必要である。第1は、まず、家族関係の背景であろう。身体的・心理的に変化し続ける子どもが過ごす数年間ですら家族は重要な要素であるが、一般成人や高齢者にとってはそれをつくり、何十年もそこで過ごし、

さまざまな経験を積み重ねた家族関係や、何気ない日常生活の様式などはその人を理解するための、重要な要素である。

第2は、職業的背景である。一般成人にとっての職業がその人の生活の中で大きな比重を占めるのは当然であるが、高齢者は、その人生の3分の2以上の歳月の職業生活をしてきている。彼らの日々の行動様式や人生観や生活観がこの3分の2に大きく影響されていることはいうまでもない。第1、第2の点は単に人間関係にかかわる部分だけではなく、その利用者の食事や睡眠、着替え、入浴などの生活の仕方に深く影響している点に留意する必要がある。

第3には、その生活を積み重ねてきた地域の、毎年の季節の行事やお祭りや近隣の人々との交際や助け合いなどの文化的風土である。特に、先輩である高齢者たちにどう対応してきたかについてのその地域の伝統は、特に高齢者の自己理解には大きな影響を与えている。

第4は、その高齢者が家族や職業や地域における役割以外の部分で広げてきた生活の領域であろう。それはいわばその人の余暇の部分の活動であり、芸術活動であるかもしれないしスポーツであるかもしれない。また、この部分にはその人の文化的知的教養が表現されるわけであるが、その背景としての学歴ももう数十年前のことであったとしても影響を残しているであろう。

(4) 歴史的背景に即した理解

歴史的背景というときにも、2つの側面がある。それは、身体や心理の与える時間の流れという側面と、社会・経済的ないわゆる『歴史』的な側面である。高齢者理解では特にこの点は重要である。

高齢者の身体を理解するにしても、心理を理解するにしても、その身体や心理は子どもとは違って60年以上の歴史的な時間の流れ(経過)が深くきざまれていることを無視してはな

介護職員の特権的歴史学習法
第1は、日常の介護実践の中で、断片的にでも高齢者自身から彼らの生活史を聞かせていただく、つまり教えていただく。第2は、彼らから系統的に聞き書きしていく。この方法は介護しながらでは難しいので、ボランティアなどの協力を求めながら行うということも素晴らしいことである。

らない。その経過の影響がいかに大きいかは，身体的にも心理的にも『老化現象』が人によって10年以上もの開きがあることからも理解できよう。

　なお，レクリエーションを考えるとき，この『老化』についても，環境条件や食生活を整えることで非常に大きな違いが出る点にも注意が必要である。身体・精神機能の衰えを「老衰だから」と決めつけてはならない。それはもしかしたら，食事をおいしく食べられないために栄養不足で体力が落ちて，そのことが原因で精神的にも落ち込んでいるのかもしれない（こういうケースは結構多いようである）。この場合は，本人もあきらめているようなこともあるので，特に注意が必要である。レクリエーション・ワーカーとしては，変化の可能性を人生の最後の最後まで信じ続けて，援助を続けることが基本である。

　いわゆる社会・経済的な歴史の側面から考えるにしても，それは一般に学校で習う政治的な歴史を中心にした権力者の歴史ではなく，レクリエーション活動で必要なのは，普通の庶民の生活の歴史である。レクリエーション・ワーカーが理解しなければならない高齢者たちの大半は，戦争にしても，経済成長にしても，その華々しい表の政治史に登場する人々ではなく，一般の第一線の兵士として戦場に赴いた人々であり，経済成長の第一線で朝早くから夜遅くまで働いた人々であることを理解しなければならない。これらの歴史に関しては，ていねいな聞き書きを繰り返すなどして，歴史を把握することに努めることも大切である。

　このことは，現在の高齢者たちは，彼らが生活してきた社会・経済的な変化(歴史)に翻弄されるかたちで，今，高齢者として生きているということである。そして現在，(介護)福祉レクリエーション援助の対象となる『寝たきり』や『認知症』が，このような彼らの生活史の所産であることも忘れて

介護職員の独自性
　福祉（介護）職員はぜひ，利用者の社会・経済的な背景を理解しそこからその利用者のいろいろな反応を説明することができるようになることで，身体的な理解を専門とする人々や，心理的理解を専門とする人々とは違う専門性を確立してほしいものである。

はならない。強度の労働が彼らの身体をむしばんだのかもしれないし，寂しかったり夢がなかったりするさまざまな厳しい経験が彼らをして「認知症」に追い込んでいるのかもしれない。逆のいい方をすれば，彼らを囲む社会・経済的状況が異なっていれば（例えば，別の国に暮らしていれば，別の時代に生きていれば等々），彼らの高齢期の生活状況は異なるものとなっていたことを意味しているともいえるのである。

2．レクリエーション援助のプログラム
（1） レクリエーション・ワークにおけるプログラム

レクリエーションを楽しむには多くの場合『誰か』と『何か』を行って楽しむわけであるが，その『何か』をプログラムと呼ぶ。この場合に『誰か』と楽しむ場合は，次項の『集団』の中でふれるが，レクリエーション・ワークでは『集団』という要素は絶対の要素ではなくなってきた[*1]。

つまり，「生活の快（こころよさ）」を追求する過程や，プログラム内容によっては，個人で楽しむということもあり得るようになってきているということである。特に近年，ノーマライゼーションの考え方の普及にともなって，若い頃からレクリエーション活動を楽しんできた人も増え，そのためレクリエーションにおいてのプログラムも個別の内容が増える傾向が顕著である。

しかし，『誰か』がない場合はあり得ても，『何か』つまりプログラムのないレクリエーションはあり得ない。プログラムはレクリエーション・ワークを行う場合，絶対に落とせない唯一の要素となっている。そのため，プログラムについては，1つは『レクリエーション財』研究として，もう1つはプログラムの提供の仕方として，いろいろな検討や提案が行われてきた。また，そのレクリエーション活動の名前は，多くの場合そのプログラム内容を表示するかたちで表現され[*2]，

[*1] 例えば，いすにじっと座ってぼんやりしているなどという，まったく何もしないというレクリエーションもあり得ようが，その場合でも，「何もしない」ことがプログラムなのである。

[*2] 例えば，一緒に『カード・ゲーム（というプログラム）』をしませんか，と表示される。

それに対して利用者の反応も示されるという順序で進むので，その意味からもプログラム内容は非常に重要なのである。

（2） レクリエーション・プログラム

では，以下そのプログラムについて少し整理しておこう。

1） レクリエーション財とプログラム

1つはレクリエーション財とプログラムの関係である。レクリエーションの場で，プログラムとなり得る要素をもった内容をレクリエーション財（レク財，レクリエーション素材ともいう）と呼ぶ。レクリエーション・プログラムとは，レクリエーション財を活用して楽しめるように準備された，一連の時間的経過を指している。レクリエーション財はあくまでも素材であってそれ自体がプログラムというわけではない。このレクリエーション財については，本書でも第6章の中で，枠組みと素材の内容を，プログラムとして提供しやすいかたちで紹介している。

2） プログラムの3つの意味

レクリエーション計画ープログラム計画
言葉の使われ方によって内容を判断する。

レクリエーション・プログラムの『プログラム』という言葉は3つの使い方をする。1つ目は，1回の集会や活動の中で行われる1つひとつの活動内容を指す場合である。2つ目は，1回のレクリエーション集会の最初から最後まで行うことの内容をいう場合（総合プログラムということもある）である。3つ目は，1つの集会が日を分けて数回（1週間に1回とか）連続する場合は，その連続して行われる集会での活動のテーマや内容全体をいう場合である。レクリエーション・プログラムという場合には，このうちどれを指しているのかは前後関係の中で判断する必要がある。

3） プログラム計画

レクリエーション活動では，援助を必要としない個人的に楽しむ「生活の快」の部分を除き，プログラムは必ず事前に計画されている。その計画は，援助としての計画であるから

内容は自ずと一定の水準に達していなければならない。この計画の内容については第5章でふれるが、いずれにせよプログラムは必ず事前に計画されるという性格をもっていることをふまえておくことは大切である。

(3) 変化しつつあるプログラムの内容と，現代的な意義
1) プログラム内容の発展

レクリエーション活動のプログラムの内容も，近年，急速に変化してきている。かつてのレクリエーションでは，プログラムもゲーム，ソング，ダンス，軽スポーツなどに限定されがちであった。このことが，その後のレクリエーション・プログラムに大きな影響をあたえ，施設などでレクリエーションというと○○ゲームや，わらべ歌の合唱などが浮かんでくるようになるのである。

しかし，レクリエーション・プログラムがゲームや歌だけでないことはいうまでもなく，その後，自然とのふれあいはもとより，演劇，工作，ボートやカヌーやオリエンテーリングなどの各種の野外スポーツなどに広がっていった。この傾向はレクリエーションのプログラムにも大きな影響をあたえており，特に障害者スポーツのプログラム開発にはめざましい発展がある。

2) プログラムと意識されないプログラム──『個人』を対象とした活動援助──

ここまでの段階でのプログラムの特徴は，日常生活とは別な場面での楽しみで，小集団などで行うものが多く，レクリエーション活動と明確に区別しやすい。しかし，近年，『生活の快』論の考え方で，レクリエーション・プログラムも，それぞれの個人が他人との交際や食事などの日常生活場面を楽しむといった内容が取り入れられてきている。

このようなレクリエーション活動は，ことさらレクリエーション活動として区別しないで，日常生活の全体的な『快』

一定の水準
①安全の確保
②参加者の満足と充実感
③役割分担

教育プログラム
訓練プログラム
　いろいろなプログラムをこなす。

の追求をプログラム化していく傾向である。したがってその中には，日常のお洒落や，外出，食事，また趣味としての農作業や料理や裁縫なども，レクリエーション・プログラムとして含まれるようになってきた。また，それまでのレクリエーション活動が参加者にとっては受動的な側面が強かった傾向に対し，参加者の能動性や創造性を重視するように変化してきたことも見逃せない。

　このような，その活動内容が特別なプログラムとして意識されていない，日常生活そのものをレクリエーション活動として考える場合は，生活介護関係職員との連携など，背後で多くの1人ひとりに対応した準備や調整が必要である。お化粧とかお洒落と簡単にいっても，1人ひとり使う化粧品が違ったりするなど，同じカレーライスでも，中に入れる具が違ったりルーの種類が違ったりと，細かな個別的な配慮が欠かせない点が，このレクリエーション活動の特徴である。が，利用者のレクリエーション活動の効果としては，こちらのほうが大きい場合もあり，レクリエーション・ワーカーとしては，この点にも目を向けて，意識的に取り組まなければならない。

　なお，これらの活動をアクティビティという言葉で表現することもあるが，ここでは，プログラムという言葉と同義と理解しておいてよいであろう。

2 小集団へのレクリエーション支援技術

1．レクリエーション・ワークと小集団援助

　対人援助は基本的には利用者個々人を援助することである。しかし，レクリエーション・ワークでは，むしろ個々の利用者の小集団をつくり援助していく方法をとって，間接的に個々人を援助するというかたちが多いし，そのほうが効果

が出やすいともいえよう。そこで，ここではその小集団の援助技術についてまとめておこう。

なお，レクリエーション・ワークと小集団援助の関係については，レクリエーション・ワークの発生以後，第1節で述べたように，個人の快をもっぱら課題とする概念が出てきている。しかし，つい最近まで，レクリエーションを(小)集団の活動と切り離して考えてきたことはなかった。このことは，このグループ・ワークとレクリエーション・ワークが，セツルメント活動などの中で生まれてくる段階では，別々の方法技術とはほとんど考えられていなかったということからもうかがえる。

また，一般に小集団活動への参加者の傾向としては以下のような点が指摘されている。
①身体的活動が比較的活発で良好である。
②心理的情緒的に安定している。
③いろいろな事柄への興味・好奇心が旺盛である。
④さまざまな人間関係において協調的である。

この4つの傾向は，生活の快を目的とするレクリエーション・ワークにおいては，レクリエーション援助の利用者が，必ずしもこの傾向をもたないという意味で，重要な意味をもっている。とすれば，レクリエーションにおいて小集団を援助するということは，「小集団を活用」して，利用者が小集団に参加するような傾向になるように援助するということも意味する。その意味で，小集団とレクリエーション・ワーカーのかかわりは，小集団への援助と，小集団を活用するかかわりという2つの側面があることに注目しなければならない。当然，技術もその2つの側面をもち，共通する部分が多いが，一部においては異なったり，強調点が違ったりすることに留意することも大切である。

以下，グループ・ワーク研究の成果に学びながら，具体的

な援助技術の枠組みについてふれておこう。

2．レクリエーションにおける小集団の意義
（1） 人間の快と小集団

　レクリエーションは，小集団活動と密接につながり切り離しにくいのであるが，なぜなのだろうか。第1に，このことは先にマズローの枠組みで紹介したように，人間にとって『所属』『尊厳』『自己実現』などの（レクリエーションの最も重要な要素である）『人間の快』が，ほとんどの場合，人と人との関係（いいかえれば小集団）の中で発生してくるからである。したがって，最近個人としてレクリエーションを楽しむ人々が増える傾向ではあるが，まだまだ小集団で楽しむのが主流であり，今後もこの傾向は変わらないであろう。

> マズロー
> 　第1章3節参照。

（2） 創造性の豊かさと小集団

　第2に，上記の情緒的な意味も大きいが，人間の自由な相互交流が，さまざまな意味で新しい発展（の楽しみ）への糸口をつくっていくという経験則による。第1章で述べたように，人間同士の相互作用の展開は，民主的社会創造だけにはとどまらず，さまざまな創造的営み（それ自体がレクリエーション活動ともいえよう）へと誘導するのである。その創造的営みには，個々の小集団のテーマの発展にとどまらず，人間を精神的（物質的にも）に豊かに成長させていく大きな意義にもつながっている。

（3） 人間の社会化と小集団

　第3に，人間は，生存への動機（生命の尊厳）・態度や行動・知覚などについて小集団から学び育つということである。人間は家族や地域社会の人間関係の中に生まれてくる。そして，所属する小集団（社会）の中で，その小集団の生活行動（態度）様式や言葉（知覚）や人生への取り組み方について学んでいくのである。このことを『人間の社会化』と呼ぶが，この人間

の社会化はまさに小集団の重要な意義の1つである。

　そして，この社会化の過程，いいかえれば人間としての成長過程は，個々人にとって新しい世界の広がりと，楽しい人生経験が重ねられていく過程であり，その意味では，これもレクリエーションにとって大切な要素なのである。

3．小集団とは何か（小集団の理解）
（1）小集団の要素

　上記のようなレクリエーションにとって重要な要素をもった小集団は，グループ・ワークなどで活用される小集団と同じだとすれば，以下の6項目の特性をもつといえよう*。

①集団の構成員間での相互依存性がある
　　構成員が相互に長所を認識し，尊敬し合い助け合い，集団内の仲間を大切にしている。
②集団独自の構成員間で共通する目標がある
　　その集団全体で1つの目標を達成しようという意欲が強く，したがって集団としての意識が高い。
③集団構成員がお互いに知っていて成員として認めている
　　構成員同士が個人的に名前や個性をある程度知っていて，感情を含めた印象をもっている。
④集団を運営しその活動を展開する組織をもっている
　　構成員同士の分業と協力関係が成り立っており，お互いに責任感がある。
⑤集団参加への動機があり集団への欲求が満たされている
　　構成員間の意思疎通が効果的であり，いろいろな意見が出やすく，その理解も受容も早い。
⑥集団構成員間で継続的な相互作用がある
　　プログラムの内外で，構成員間の自発的な働きかけ合いや，コミュニケーションをともなう相互作用がある。

*大塚達雄他編著：『グループワーク論』ミネルヴァ書房，p. 45（1986）など。

*小集団研究辞典, p.99

（2） 小集団の定義*

このような特性から，『集団とは2人またはそれ以上の人々から構成され，それらの人々の間に相互作用やコミュニケーションがみられ，何らかの規範が共有され，地位や役割の関係が成立し，外部との境界を設定して一体性（unity）を維持している人々から成立する社会的なシステムである。』（広田君美・1968）と定義されている。この定義は，レクリエーション・ワークにおける小集団にも，そのままあてはまる。小集団の人数は，上記特性や定義からも明らかなように，単一の集団として考えるならば，数百人，数千人といった大規模な集団ではない。せいぜい数十人が限界で，条件を厳密にとれば，また，実践的に考えても6〜8人程度の規模の集団を考えればよいであろう。ただし，上記の6項目の特性を満たす能力は利用者個々人によって異なるから，能力の高い利用者が多ければ人数は多くてもよいし，低い利用者が多ければ人数は少ないほうが望ましい。

なお，対面集団，インフォーマル・グループを小集団という場合もある。

4．小集団の成長過程とその援助過程

グループ・ダイナミックス
小集団において個人の変化と集団自体の変化が同時に進行する循環的な相互作用。

（1） 小集団の成長過程（グループ・ダイナミックス）

人間関係がその都度いろいろに変化するように，その関係の和である小集団も多くの場合は成長する方向で変化していく。この小集団内での参加者間の相互作用の展開経過は，個人が集団に影響を与え，その集団がその個人に影響を与えるという循環的な相互作用の中で，個人の変化と集団自体の変化の2つの変化が同時に進行する。この変化の過程を，グループ・ダイナミックスというが，当然のことながら変化は積極的意義をもつ方向にもその反対にも進み得る。したがって，レクリエーション援助の内容の1つは，これを，積極的意義

をもつ方向に適切に展開されていくよう，その構成員に注意深く援助することである。

したがって，まずそのグループ・ダイナミックスの諸要素を整理しておこう[*1]。

① 知的要因
　ア．観察効果——他のメンバーを観察することで気づく
　イ．普遍化——自分だけの問題ではないことに気づく
　ウ．知性化——問題を知的に解釈し分析することを学ぶ
② 情緒的要因
　ア．受容——メンバー同士が相互に暖かく受け入れる
　イ．利他性——メンバーが互いに援助的役割を果たす
　ウ．転移——ワーカーや他のメンバーへの同一化が進む
③ 行為的要因
　ア．現実吟味——グループの安全な環境で現実的に学ぶ
　イ．換気——抑圧されてきた感情を解放し緊張を解消する
　ウ．相互作用——活発な相互作用が展開し効果が上がる

小集団内で起きるさまざまな関係（ダイナミックス）の過程を，小集団内の人間関係の成長過程に合わせて，次のように分類整理することもできる[*2]。

① その小集団およびメンバーを知ろうと相互探索する。
② 自分個人を表現することに抵抗感をもつ。
③ 今，この場での感情ではなく過去の経験に基づく個人的感情を表現（表出）する。
④ 率直に否定的感情を表現する。
⑤ 利用者が抱えている課題（意味のある事象）を表現する。
⑥ 今ここでの率直な感情を表現する。
⑦ 相互に助け合うグループ内の治癒力が増大する。
⑧ 自己を受容し，自己を変容していく徴候が現れる。
⑨ 自己防衛的な自分の仮面を脱いで真実の自己を表現す

[*1] 武田建他：『新しいグループワーク』日本YMCA同盟出版部，pp. 54〜56 (1980)を参考に筆者が要約整理した。

[*2] 坂口順治：『グループ・ワーク』学陽書房，pp. 117〜122 (1989)を参考に筆者が要約整理した。

⑩相互にフィードバックし合い，それが建設的に作用する。
⑪より深い交わりのために『対決』する。
⑫グループの場以外での援助的関係が生まれる。
⑬日常生活では得られにくい濃密で直接的な関係が結ばれる。
⑭肯定的感情とさまざまな感情を含む親密さが表現される。
⑮グループ内での行動が変容する。

　以上のように整理されるグループ・ダイナミックスの要素は，小集団を活用したレクリエーション・ワークにおいても重要な分析枠組みであり，小集団内での人間関係の変化を予測したり，欠けている要素をワーカーがそれとなく示唆したり，次項の援助過程をより有効に展開していくなど，さまざまな援助を行っていくときの1つの指標となる。

（2） グループの援助過程
1） グループ・ダイナミックスに対応した援助過程

　小集団の援助過程は，このようなグループ・ダイナミックスの過程に対応しつつ組み立てられていく。その援助過程を整理してみると以下のようになろう*。

第1段階──グループの発端
　レクリエーション・ワークでもグループ・ワークと同様にグループの構成はワーカーが計画することが多い。その場合には，グループの規模・メンバーの特性・参加動機・グループを取り巻く地域社会や機関の環境などに留意する。

第2段階──グループの形成
　個々人の出会いから，メンバーの興味や関心の類似性や共通性の確認，メンバー間の関係の成立，メンバー間の構造化や規範の発生などの段階で，メンバー間の相互受容や望ましい規範を支持し始動させ，レクリエーション・プログラムを

*武田建他：『新しいグループワーク』日本YMCA同盟出版部，pp. 160～174 (1980)を参考に筆者が要約整理した。

活用するなどの援助を行う。

第3段階——第1中間期

リーダー，孤立者，サブグループなど，メンバー間の人間関係の構造が明確になってくるこの段階で，力動的で凝集力に富むグループを育てる。特に孤立者やサブグループを積極的な方向に組み込み，規範や役割構造（役割分担）の変化を促すプログラムを提供してみるなどの援助を行う。

第4段階——リーダーシップ構造の修正

リーダーの排他的な行動の問題が現れるなど，リーダーシップ構造が固定化することで起きる問題を修正しつつ，グループの凝集性がいっそう高まるように援助する。

第5段階——第2中間期

メンバーに対するグループの影響力が非常に強くなるなど安定した成長段階に入ったグループを，その目標の達成に向けて援助する。

第6段階——グループの成熟

時間をかけて高い水準の統合状態に達したグループを維持するための援助はさほど必要ないが，まったくないわけではない。また，ワーカーと接触する以前にすでに反社会的規範などを成立させてしまっているグループ*を，場合によっては発展段階を必要な段階からやり直させる援助を行う場合も少なくない。

第7段階——グループの解体（処遇目標の達成）

グループの解体は，目的を達成した場合，解散予定の回数に達した場合，グループとしてまとまれない場合，グループが状況に対応できない場合などに行う。したがって，この解体は段階を追って出てくるのではなく，どの段階からも発生し得る事態である。この場合ワーカーは，どのような状況であれ，メンバーにそれまでの経過の中で意義のあった点を指摘し，プラス評価しつつ，その後の個々の動きが積極的方向

役割構造の変化
小集団の援助過程において，グループの発端・形成から，グループを成熟に向かわせる中で，役割構造の変化を促すプログラムは重要なポイントとなる。

*暴走行為を行うグループなど。

に進むよう援助する必要がある。

2）ワーカーの動きからみた援助過程

以上の援助過程は，グループの発展段階に即応させた展開であるが，よりワーカーの動きに引きつけて援助過程を整理する場合は以下の4段階に分けることが多い[*1]。

①準備期

利用者への波長合わせ・問題や目標の明確化・援助チームの合意形成・集団形成のための援助計画・場所や用具や記録などの準備・メンバーとの予備的接触や確認，等

②開始期

援助関係の樹立・約束（契約）の確認・プログラム展開の援助・集団形成への援助・評価と記録，等

③作業期

個人への援助・集団発達への援助・評価，等

④終結期

終結の準備・感情の分かち合い・終結後の計画の確認・記録まとめや評価，等

なお，この準備期の中で，利用者との波長合わせ段階では特にニーズの調査と確認が必要であり，問題や目標の明確化段階では集められたニーズなどのデータを分析し，何が必要かを明確化し，メンバーや資源などの条件を配慮しながら達成目標を設定していくことが大切である。

5．小集団への援助──内容と方法・技術

（1） 援助の視点

小集団の援助を行おうとするときに，以下の3つの視点から，行おうとする内容を整理しておくことが大切である[*2]。

①治療的意図と学習的意図

グループ・ワークでは，レクリエーション・ワークと

[*1] 福祉士養成講座編集委員会編：『改訂社会福祉援助技術各論I』中央法規出版，pp. 216〜241 (1992)を参考に筆者が要約整理した。

[*2] 坂口順治：『グループ・ワーク』学陽書房，pp. 98〜114 (1989)を参考に筆者が要約整理した。

同様に，何らかの問題を抱えていてその解決を意図している場合と，人間的な豊かさを広げることを意図している場合がある。

②プロセス・ワークとタスク・ワーク

グループ・ワークの達成課題は，この2つに分けて考えることができる。達成課題が解決すべき問題である場合はタスク・ワークといい，グループ活動の過程で学ぶこと自体が達成課題のときはプロセス・ワークという。①のどちらの意図にも，この2つのワークがある。

③取り組もうとする達成課題の規模

①・②とともに，取り組もうとする達成課題の規模も配慮されなければならない。その規模は，個人レベル，人間関係レベル，集団・組織レベル，コミュニティ・レベルの4つに分けられる。

この①，②，③は近年セラピューティック・レクリエーションが課題になりつつあるレクリエーション・ワークにおいても重要な枠組みである。セラピューティック・レクリエーションは①の治療目的と重ねて考えられ，②の2つのワークや，③の4つの規模別が考えられる。

(2) 援助の内容

レクリエーション・ワーカーが援助として行う内容は次の3つが基本になる。

①利用者間の相互作用の援助

この援助は，利用者1人ひとりが自分の希望を明確に自己主張できるような環境設定や，その主張内容を言語化する援助などを前提に，相互作用を発展させることである。特に，利用者の人間関係のもち方のパターンが単純である場合や，レクリエーションは初めてで，何をどう表現したらよいかわからない場合は，それを率直に感情や気持ちや希望があればそれも表現してもさしつかえないことを伝える必要がある。

そのためには，それを言葉でどう表現するかも，若干の援助が必要な場合もある。

そして，相互作用の援助なのであるから，話しかけられた人が，それに応えられるように，同様に援助をすることが必要な場合もある*。

② 小集団化への発展への援助

小集団化への援助は，複数の人々に，その人々が共通にもつテーマ（趣味や共通の話題や当面する課題など）をきっかけとする，人間関係づくりの場面を繰り返し提供していくことである。このような援助によって，参加者がその場面にいる人々を他の人々とは区別して考えるようになったとき，1つの小集団が誕生したことになる。

③ 小集団活動の援助

このような展開の中で，利用者が○○さんと会って○○を話そうとか，○○をしようと思いはじめたら，その創造的発展的な人間関係を楽しめるよう援助する。

その際のレクリエーション・ワーカーの援助行動は，次の5つが挙げられる。レクリエーション活動を行う人々の表現は，普通の人とは異なる場合もあり，その意味ではワーカーはていねいに聞き取っていくことが大切である。

ア．共通基盤の発見と確認

利用者とワーカーの間で，ワーカーと協力者の間で，共通の目的を確認することである。その共通目的を発見していく過程でワーカーは，利用者の婉曲に，または，特殊な方法で表現されるニーズを正確に把握する能力が試されよう。

イ．目標への障害を発見し，それに立ち向かう

活動を展開していく上での障害を発見して，メンバーに指摘し，その障害を乗り越えることを援助する。

*武田建他：『新しいグループワーク』日本YMCA同盟出版部，pp. 92〜99 (1980)を参考に筆者が要約整理した。

婉曲（えんきょく）に表現されるニーズ
利用者はときにニーズをストレートに表現できず，婉曲に表現したり，普通の人とは異なる方法を用いたりするので，ていねいな聞き取りが不可欠である。

ウ．データの提供

　問題解決に必要な，メンバー自身では入手しにくい情報や意見などのデータを提供する。ただし，この場合，ワーカーは提供するデータがメンバーにとって特別の権威をもってしまわないように留意しなければならない。

エ．見通しを添え，感情を伝える

　ワーカーがメンバーに対し，問題解決についての見通しやメンバーへの信頼と共感を伝えることは，メンバーの自信を育てていく。その際，ワーカーの肯定的な感情も率直に伝えるのも効果的である。なお，時によってはメンバーを奮起させる否定的感情の伝達が功を奏することもある。

オ．状況の限界と必要条件を明確にする

　課題に取り組もうとするときには，その条件を明確にしておかないと無用な回り道を強いられることになる。その意味でその状況を範囲や条件として，また可能性の限界も1つの条件として明確にすることも大切である。

（3）　援助の枠組み

　グループの援助にはいろいろあるが，どういう援助が必要かを整理する観点としては以下の8つがある*。

*坂口順治：『グループ・ワーク』学陽書房，p. 132 (1989) を参考に筆者が要約整理した。

① 目的――『援助の視点』で整理した事項など（①の項）

② 参加者のニーズ――『援助の視点』で整理した枠組みなどを中心にさまざまなニーズがあり得る

③ 問題解決の場面――今，ここで，または，いつかどこかで，のどちらかになる

④ 取り扱う課題――解決すべき達成課題である

⑤ リーダー――援助者の役割は励まし役であったり，治療者的であったり，といろいろある

⑥ 関係のとらえ方――メンバーが望んでいる（人間）関係（システム）と，達成しようとしている関係がある

⑦ 課題性――何を課題と考えているか

図4-1 ソシオメトリー

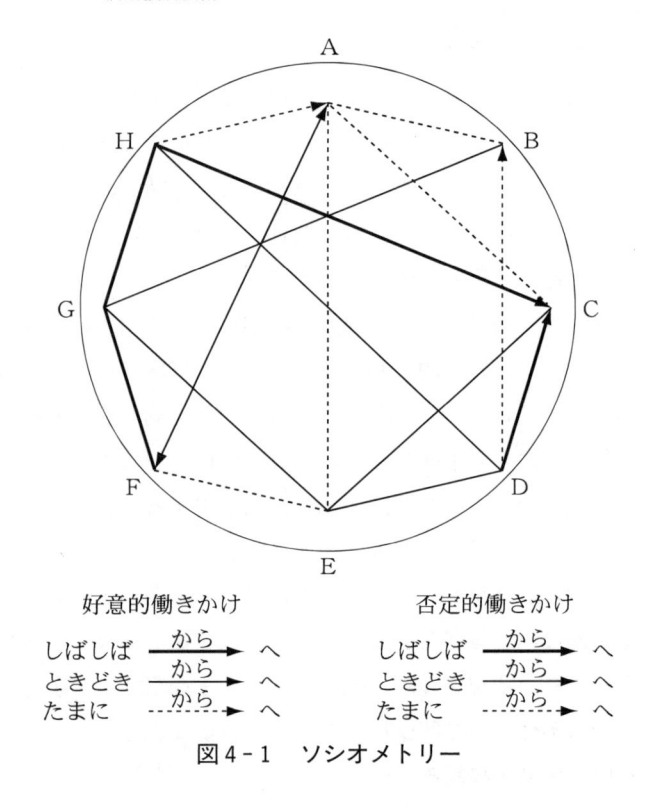

好意的働きかけ／否定的働きかけ
しばしば から へ
ときどき から へ
たまに から へ

⑧特徴——治療的意図や学習的意図などの行おうとしているグループ援助の意図の特徴をふまえる

（4） 援助の評価と利用者の相互作用把握の方法

1）援助活動の評価

　グループ活動の援助が適切に展開しているかどうかを常に評価し続けることは大切である。仕事として行う以上は当然のことではあるが，近年特に，レクリエーション・ワークなどの対人援助についても，その援助活動を評価する動きが強まっているからである。

　その評価の方法の1つは，以上述べてきたようなさまざまな観点を一定の基準を設定し測定を行い，それらを数値指標化して評価することである。

2）ソシオメトリー

　数値指標と合わせて図解を使って分析する方法もある。その1つがソシオメトリーと呼ばれる方法である。ソシオメトリーとは図4-1にみるように，小集団内の人間関係を図にしたものである。毎回の活動の終了後にその活動時間中のメンバーの相互の働きかけの様子をソシオメトリーに整理し，その継続的な変化を追っていくことで，その小集団への援助をどうすべきか，ワーカーの働きかけの結果はどうなったかが，ある程度見えてくる。したがって，ソシオメトリーを必要なときどきに作成していくことは，援助を適切に行うために大切である。

3　コミュニティ・施設でのレクリエーション支援技術──地域への参加と地域資源の活用

1. 小集団と施設・コミュニティ

　レクリエーション活動を小集団で楽しむとき，その小集団がコミュニティ（地域社会）や施設内で存在するため，その地域や施設のさまざまな条件に制約されたり，地域社会や施設の支援を受けたりすることを忘れてはならない。また，社会的な弱者であっても，普通の個人としてその地域社会とかかわって生きる権利がある（ノーマライゼーションの考え方）ことをふまえた援助も必要である。したがって，レクリエーション・ワークでは地域社会や施設とのかかわりについて常に念頭においておく必要がある。

（1）　小集団から地域社会へ

1）地域社会の諸集団との連携

　レクリエーション・ワークにおける地域社会とのかかわりで最も多いのは，同一のテーマをもつ他の集団とのかかわりである。例えば，スポーツ・グループは試合などを通して地域の他のグループとかかわることが多い。この場合は，当該

地域社会への参加
　アパート方式と大家族方式。

地域の連合組織に加入するといった連携もあるし,また,その都度連携していく場合もあり得よう。

また,同一テーマでなくても,活動場所の調整や何らかの理由による,特定地域の小集団同士の連絡調整や共同活動もあり得る。

このような連携は,施設内の小集団であれ,地域社会で活動している小集団であれ,同様のことがいえる。が,施設内の小集団が地域社会に参加していくには,施設の支援がどうしても必要であり,その意味でレクリエーション・ワーカーは施設側の協力を取りつけるように援助していく必要がある。

2) 施設内小集団としての地域社会への参加や貢献

一方,施設内の小集団ないしは施設自体が,いわゆる町内会や地域自治会などの地域組織への加入を通しての地域社会への参加もある。レクリエーションを楽しむには,さまざまな地域資源を活用するほうが楽しめる場合が多い。その資源を支えているのが1つはこのような地域組織であるならば,その地域組織への加入は,レクリエーション活動をする小集団にとっても大切なことである。なお,加入することは,福祉施設であるからとか,福祉分野におけるレクリエーション活動であるとかという甘えをなくし,それなりの義務を負う点にも配慮が必要である。また,地域組織からいろいろな資源の提供を受けるだけではなく貢献していくことを通して,地域社会にその存在を認められるような参加の仕方が望ましい。

(2) 住民としての参加——権利と義務

もう少し積極的にいえば,このような地域社会への参加は,レクリエーションを楽しむ小集団としての参加だけではなく,個人としての参加にも配慮が必要である。特に,利用者が施設生活者などの社会的弱者である場合には,地域社会へ

の参加は配慮されなかったことも多く，地域とのかかわりが少ない場合が多い。しかし，ノーマライゼーションの考え方からすれば，たとえ社会的弱者であっても，一人前の社会人であり，ひとりの市民としての近隣地域社会への参加の権利と義務がある。その観点からは，個々人が直接地域社会とかかわるべきことはいうまでもない。この前提があって初めて，地域社会側も地域のレクリエーション行事などで，施設生活者への配慮がなされるのであろう。配慮だけを求めて義務を果たさないのは自己中心的であるといえよう。

（3） 地域社会への貢献

　個人としても小集団としても，生活や活動の充実感の1つは，他の人や集団から必要とされていると実感するときであろう。このような貢献活動もレクリエーション活動の1つである。その意味で，レクリエーション活動を行う参加者が，地域社会で必要とされる意義も大きい。そのためには，地域社会のさまざまな活動に参加できる条件があるときには参加して，信頼関係をつくっておくことも大切である。基本的に，地域社会に常に貢献しようとする努力は大切であろう。社会的弱者であっても，ボランティア活動などを受け入れるだけでよいということにはならず，むしろそれぞれの特徴を生かしてボランティア活動をするくらいの配慮は大切であろう。

　このボランティア活動は，特別に考える必要はない場合も多い。地域のバリアフリー化のための実験材料になることでも，立派なボランティア活動である。ノーマライゼーション社会に向けて，「弱者に優しい街づくり」などが標榜されるようになり，地域社会の人々も最近大きく変化してきている。障害者が町に存在することは当然のことであり，彼らを受け入れる雰囲気も生まれてきている。したがって，何らかのハンディキャップのある人たちが，地域社会に積極的に出ていくことは，地域社会の側からみれば，住みやすい環境を示す

という意味で，大切なボランティア活動でもある。ただし，レクリエーション・ワーカーとしては，ハンディキャップのある人たちが，地域住民とうまくコミュニケーションできるような援助を，困った誤解を生まないようにするためにも，考えておかなければならないであろう。

2．地域社会の資源活用

地域社会はレクリエーション・ワークを進める上ではさまざまな資源の宝庫とみることもできる。どのような資源をどう活用していけばよいのであろうか。

（1） 近隣地域社会の人々の善意の尊重

地域社会の人々がさまざまなボランティア活動を行うことは素晴らしいことである。その活動のテーマがレクリエーション援助であるならば，そのコーディネイトもレクリエーション・ワーカーの重要な役割の1つである。そのコーディネイトには，3つの場合がある。

第1は，レクリエーションの個々のプログラムについての援助能力を生かす場合である。適切に生かすことができれば，利用者は非常に多岐にわたるレクリエーション・プログラムを楽しむことができよう。今後は，このようなかたちで地域社会の個人が，施設内の個人のレクリエーション活動の援助を行うようなボランティア活動の活発化が予想される。

第2は，地域社会が，演芸などを披露してくれる場合である。このようなボランティア活動では特に，楽しむのは観客であって演じる側ではないという，演芸の約束ごとを忘れない援助が望まれる*。このことは，さまざまなプレゼントのもち込みなどについても，同様のことがいえる。

第3は，特別にできることはないがとにかくボランティア活動をしたいという場合である。レクリエーションには生活の快の実現を図る側面もあるのだから，利用者の生活の中で

*演ずる側の押しつけにならないような配慮が必要である。

の快を援助する活動はいろいろとある。利用者のニーズに合わせて、さまざまなコーディネイトがあり得よう。

いずれにせよ、ボランティアの善意を生かしつつ、同時にレクリエーション活動は利用者本位でないと成り立たない性格をもふまえつつ、ていねいなコーディネイトが必要である。

（2） 関係諸団体・関連諸機関・企業などの活用

レクリエーション・ワークを行う上での地域資源としては、団体や機関、また企業などもある。これらの資源を、行おうとするレクリエーション活動にかみ合うように調整し、適切に利用者に結びつけていくことが大切である。また、これらの団体や機関が行ういろいろな近隣地域社会の行事を、利用者の援助に活用していくこともあり得よう。例えば、いろいろな『○○祭り』への参加などがある。これらの活用のためには、日頃より地域のさまざまな情報を収集し、活用できるように整理しておくことが必要になる。

（3） 近隣地域社会がもつ物的資産の活用

レクリエーション・ワークにおける地域資源活用の最も多いケースは、地域のさまざまな○○会館や公園や体育施設などの施設や設備や、また、山や川など自然条件の活用である。このような物的条件は、大都市の地域社会と農村の地域社会では大きく異なるが、いずれにせよ活用の仕方を工夫することでレクリエーション・プログラムのメニューを大幅に増やしたり、プログラムの内容を深めたりすることができる。家や施設に閉じこもりがちな、ハンディキャップのある人々にとって、外に出て、街の空気に触れ、多くの人々と出会い、木々や草花の香りをかぎ、鳥の声を聞き、あるいは買い物を楽しむことなどが、何よりの気分転換、レクリエーションになるということにも、注目することが必要であろう。

また、誰でもが活用できる公的な施設や設備だけでなく、利用者のニーズによっては、私的な資源（きれいな庭など）に

私的な資源
牧場・私蔵されている美術品・遊休農地等々。

も目を向けて活用していくことも考えられよう。

3．施設内での小集団援助

　以上，福祉等の施設内のレクリエーション活動を行う小集団を中心に，地域社会とのかかわりについて整理したが，本来はその前に，そのような小集団と施設とのかかわりも考えておくべきであろう。

（1）　施設からの援助

　施設内で活動するレクリエーション活動の小集団が，その活動を円滑に行うためには，レクリエーション・ワーカーが中心になって，さまざまな支援を行うことは当然である。このような小集団が生まれると，他の入所者からの誹謗や中傷も発生しやすい。ほかにも小集団を発足させていくように働きかけることなどの方法で，そのような消極的な側面を抑え，当該小集団を励ましていくことが大切である。また，と同時に，地域社会への進出など，オープンに活動できる条件を整えていくことなども，施設側として心がけたいことである。

　また，活動するためには，施設的な条件も欠かせない。活動しやすいような環境整備も，施設側が福祉レクリエーション活動を援助していくときの重要な課題である。できれば，欧米の施設にみられるようなホビールーム（趣味の部屋）や，レクリエーション・ルームのような小集団が活動しやすいような汚しても大丈夫な特定の場所を用意し，できれば，そこにレクリエーション・ワーカーが常駐できるような体制をつくることも展望したいところである。

（2）　小集団自体の施設や他の入所者への貢献

　しかし，同時に考えられなければならないことは，参加者が，施設の運営や活動に積極的に貢献していくという側面である。このような例は日本の施設ではあまり聞かれないが，先進的な施設などでの実践例（外国であるが）もあり，自治的

な活動を含めて，展開されていく可能性を大切に育てることもレクリエーション・ワーカーの重要な役割である。

【第4章　参考文献】
・小集団研究所編：『小集団研究辞典』人間の科学社（1990）
・大塚達雄編著：『グループ・ワーク論』ミネルヴァ書房（1986）
・武田建他：『新しいグループワーク』日本YMCA同盟出版部（1980）
・坂口順治：『グループ・ワーク』学陽書房（1989）

トピックス⑦ 「自然環境音を聴く・描く」

　コーネル（Cornell, J.B.）は，自然環境を最大限に利用したメソード「ネイチャーゲーム」を考案し，数多くの実践を展開している。ネイチャーゲームは，自然を知識として学ぶのではなく，自然から体得した感動や喜びを，援助者・対象者の区別なく同レベルでともに分かち合うことを理念の中心としている。

　このことは，自然の中の教育のみならず，あらゆる教育活動，福祉活動，そしてレクリエーション活動の根本的な考え方と一致することが理解できる。

　ネイチャーゲームから「サウンドマップ」を取り上げ，自然環境音を聴きそしてそのイメージをスケッチによって描く試みを，指導の流れにそって述べることにしたい。

　自然環境音のイメージスケッチの活動

　　用意するもの（・B6判の用紙　・えんぴつ1本）
① B6判の用紙を配る。
② 外に行き好きな場所に座り，その場所から聞こえる音すべてを音空間地図として描く。さまざまな要素（線・記号・文字・画像・音声等々）を活用することを十分説明する。
③ 自分の座る場所に，×印をつけ位置を表す。
④ 自然環境音の描く時間は，正味10分とする。（時間はその場に合わせて適宜決定する。）

トピックス⑧ 「楽曲を聴く・描く」

　ネイチャーゲーム「サウンドマップ」を応用し，さらに発展させ，自然環境音ではなく楽曲を聴き，そしてそのイメージをスケッチによって描く試みを実践した。この課題が俗にいう音楽鑑賞の域にとどまることなく，自己表出を感覚的にとらえたということに意義があろう。

　次に提示する，楽曲のイメージを自由に思うがままにスケッチによって描く方法は，楽曲を理論的に知識としてとらえるのではなく，感覚的に体得することに重点をおいた活動でもある。

　楽曲のイメージスケッチの活動

　　用意するもの（・楽曲のCD　・カセットデッキ　・B6判の用紙　・えんぴつ1本）
① B6判の用紙を配る。
② 楽曲を3回聴取する。1回目は聴くのみである。2回目は聴きながら楽曲のイメージを思うがままに，線・記号・画像などで描く。3回目は聴くのみである。
③ 3回聴取した後，描いた用紙の裏に，この楽曲に題名をつけるならどのような題名になるかを記入する。そしてイメージストーリーを書き加えることも説明する。（3回目の聴取は題名記入，そしてイメージストーリーのためのものである。ただし，イメージストーリーの提示は希望者のみとする。）
④ 3分から5分程度の長さの楽曲が適当である。（3回聴取するために，楽曲の長さは，特に考慮して決定する必要がある。）

トピックス⑨　「歌（カノン）サンタクロース——アレンジ法—倍加・半減—」

　歌を歌ったり，聴いたりするとき，単旋律のメロディーだけよりハーモニーを加えたほうが，重厚でしっかりしていると感じることが多いのではないだろうか。しかし，実際に歌うとなったら，よく知られている歌であればまだしも，珍しい歌である場合では，主旋律ならともかく，異なるパートを歌うのはおそらく難しいに違いない。

　レクリエーション実践に歌を素材として扱う場合，楽しく，やさしく，和やかに，がモットーであるならストレスの多い取り組みは考えものである。それでも音の重なりを感じたい。そこで，カノン（Canon）を取り入れることを奨励し，ここにその例を提示したい。カノンとはある声部がスタートすると，それよりも少し遅れて他の声部が，同じ旋律で追いかける技法を意味する。一般に合唱の分野では輪唱と呼ばれて親しまれている。この輪唱は，カノンの最も単純なかたちである*。(*武石宣子著：『幼児とリトミック』相川書房, p. 95（1993））

トピックス⑩　「レントラーとメヌエット——アレンジ法—ヘミオラ—」

　舞踊とは，身体の運動によって感情を表現する芸術と考えられている。そして舞踊に音楽を使うことは，すべての文化にみられることである。3拍子を基盤にする舞踊をとっても①レントラー，②メヌエット，③サラバンド，④ワルツ，⑤マズルカ，⑥ポロネーズ，と多くのものがある。

　これから述べようとする音楽を構成するリズムの表情から舞踊をとらえることは一般的ではないが，音楽行動における情動の理論にまで入り込むには必要と考えられる。情動とは，喜び・悲しみ・怒り・恐れなど，情緒に結びついた活動である。音楽はさまざまな方法で期待を奮い起こす。期待される音楽的解決が遅れた場合に緊張は高まり，その緊張が高まれば高まるほど，解決しようとする弛緩は大きくなる。日常生活では，緊張は，解決されることなく過ぎ去るケースがあるのに対し，音楽的刺激による緊張は，必ず解決されるのである。広義に考えると人間の表情は，音楽的刺激に反応することによって培うことのできる可能性を示している。セラピューティック・レクリエーションを考える際，この音楽的刺激に反応するという理論は，大切な示唆を与えることになるだろう。

第5章
レクリエーション活動援助計画

　レクリエーションの基本的理解とその意義，さらに福祉や社会生活におけるレクリエーションのあり方とそれに携わる援助者についてはすでに学んだところである。また，介護の現場で重要視されてきているコミュニケーション・ワークの理論とその方法論を通しての援助技術や，福祉サービスの利用者としての個人・集団・地域に対するレクリエーション活動援助技術の重要性が十分理解できたであろう。

　そこで，この章では改めて『介護福祉士』養成におけるレクリエーション活動援助の学習がなぜ重要なのかを明らかにしながら，福祉現場でのレクリエーション活動援助計画について学ぼうと思う。

1 レクリエーション活動援助の理念と目的

　2000年4月1日から医療・保健・福祉施設とその利用者が契約するという介護保険制度がスタートした。したがって，当然のこととはいえ契約に対する「介護の質の向上」が問われるのは必至である。特に高齢者と障害者にとって，直接介護のよりよい援助は当然であるが，日常生活の快適さの提供は何よりのサービスとなる*。

　日常生活の快適さの提供は生活の質の向上には欠かせないことである。このようなサービスの提供そのものが，福祉サービス利用者の生活の質の向上だけでなく，介護そのものの質の向上に反映されなければならない。そのために生活の質の向上はともかく，各医療・保健・福祉施設において，利用者が退屈しないようにとの配慮から，何らかの「レクリエーション活動」を取り入れて利用者の生活の活性化に努めてき

*筆者は介護保険制度とレクリエーション援助の関係を「他人の関係」と考えている。介護保険が適用されるサービスの中にレクリエーション援助，とりわけ非日常的レクリエーション活動に対する援助の評価や報酬，あるいは対価が含まれないために，他人の関係といわざるを得ないのである。「身内の関係」にするには，個人のニーズに応えられるサービスを考えなくてはならない。

たことは事実であり素晴らしいことであった。

そこで，利用者の心身と生活の活性化のために，介護福祉士としてレクリエーション活動の援助における理念を十分理解し，その目的をしっかりと認識しておく必要がある。

1. レクリエーション指導から活動の援助へ*

1988年の介護福祉士法の施行にあたり，介護福祉士養成カリキュラムに『レクリエーション指導法』（後にレクリエーション活動援助法に改称・1998年）が導入されてからは，施設におけるレクリエーションのあり方と援助者の学習法が本格的に問われることになったことはすでに学んだことである。その後，介護福祉士が仕事上認識するべきレクリエーション活動の援助（当初は「指導」といっていた）についてさまざまな理論や演習の方法が登場してきた。しかし，その理論と援助技術，援助計画などは，従来，地域社会活動や野外活動での子ども会や青少年，成人の間で展開された『あそび』であり，企業・学校などの大集団で行われてきた『ゲーム』『ダンス』『ソング』の焼き直しであった。

したがって，それまで施設や病院で行われてきた民謡，カラオケ，ちぎり絵，輪投げ，書道あるいはお花見や運動会，施設祭といったクラブ活動や行事の多くが，そのまま踏襲され，施設長からも利用者からも何ら疑問すら生じなかった。しかし，介護保険の導入前後からレクリエーション活動の援助に対する評価の見直しが行われはじめてきた。この頃から施設におけるレクリエーションに対して「福祉レクリエーション」という言葉がよく使われるようになってきたのである。

『福祉レクリエーション』の発想は垣内芳子（日本社会事業大学名誉教授，NPO法人アクティビティ・サービス協議会理事長）のレクリエーションの新定義の発表によるところが大きい。また，介護福祉士養成の教科書にもこの理論と定義が用いら

*レクリエーション指導法からレクリエーション活動援助法に表現が変化した理由は，そもそも個人個人の内的欲求に基づいて表現されるべきレクリエーション活動を"指導"するなどというおこがましい態度を改めようということである。もっとも生命や安全などに関する技術的な部分では指導しなければならないこともある。

れていることはよく知られているところである。しかしながら，当時はレクリエーションに携わる多くの者がその定義に驚き，賛同したり反論したものであるが，今では医療・保健・福祉にかかわるレクリエーションの関係者は基本的にこの定義を採用しているので，学習者はよく覚えておく必要がある。

2．介護の現場とレクリエーション援助の関係

　介護福祉士養成カリキュラムが検討されている当時，おそらくアメリカ，カナダや北欧の福祉施設や病院などの援助計画*を参考にした結果，介護福祉士の養成には「レクリエーション指導法」が必要であるとの結論に達したため，国家資格の養成カリキュラムに初めて『レクリエーション』が取り入れられたと考えられる。

　おそらく介護の現場での援助計画の内容のある部分が，わが国で行われているいわゆる「レクリエーション・プログラム」と酷似していることに気がついたのであろう。そこでは，おそらく次のようなさまざまなプログラムが展開されていたはずである。

　ビンゴ・ゲーム，ドミノ・ゲーム，カード・ゲーム（ポーカー，コントラクト・ブリッジ），ファンシー・ドレス・パーティ（仮装大会），バースデイ・パーティ（誕生会），スクエアダンス（舞踏会），フォークダンス（民謡踊り），ミュージック（各種音楽），バーベキュー（野外料理），ピクニック，ガーデニング（花壇），フラワー・アレンジメント（生け花），バルーン・バレーボール（風船バレー），ペーパー・クラフト（折り紙，切り紙），ドゥローイング・ピクチャー（絵画），ウオッチング・TV/VIDEO（テレビ，ビデオ鑑賞），ムービー（映画観賞），ショッピング（買い物）などのほかに宗教的なこと，リハビリテーション的なこと，リラクゼーション的なこと，苦情処理や話し

*欧米のレクリエーション観は，ピクニック感覚で公園の広場や野原に出かけて行って遊ぶ，いわゆるパーク・アンド・レクリエーションの概念であり，フィールドゲームや施設全体をレクリエーション・サイトと称したりレクリエーション・ホールと名づけたりする場所を表すことが多く，歌って，踊って，ゲームしてクラフトするという意味はほとんど見出すことができない。

合いの時間などが援助計画に盛り込まれていたと考えられる。

　以上のようなプログラムを，当時そのままわが国の介護の現場に取り入れることになったとき，介護福祉士養成校の講師，指導者は，レクリエーション指導法といえば『歌って，踊って，ゲームして，ついでに折り紙でもしましょう』という発想を先行させたのである。したがって，レクリエーション指導者が介護福祉士の養成講師になったとき，みんなでゲームをしたり，歌を歌ったり，ダンスをしたりするということが当然のように行われてきたことは否定できない。

　本来，介護現場での楽しい時間の提供をするはずのレクリエーション援助が，介護福祉士にとって苦痛の連続になることに時間を要しなかったのである。

3．レクリエーション活動援助の理念と目的

　今まで述べてきたようにレクリエーションというと，相変わらず歌って，踊って，ゲームするといったイメージが強く，施設利用者の心身や生活の活性化のためのプログラムとしては問題があるのではないかと指摘されてきたのもその頃である。

　レクリエーションは楽しい。楽しいことを福祉サービスの利用者に提供することは，利用者にとっても援助者にとっても気持ちのいいものである。このことは，すでに福祉におけるレクリエーションの概念や定義で明らかにされているので，詳しく述べることを控えるが，垣内理論に裏づけされた『生活の快』論を思い出してもらいたい*。一方，利用者の気分を害するレクリエーション・サービスは生活の快どころか生活そのものの質の向上を妨げる結果になる。したがって，楽しいはずのレクリエーションが楽しくなくなるのは，援助の理念の考え方に問題があると考えることができる。

*『生活の快』論は「垣内理論」ともいわれ，介護福祉士や社会福祉士などを目指す者でレクリエーション論を学ぶものは十分な理解が必要である。福祉の現場におけるレクリエーションの理論に「レクリエーションの生活化」と「生活のレクリエーション化」というのがあるようであるが，まったく違う理論なので注意する必要がある。

1．レクリエーション活動援助の理念と目的

　そもそも援助するとは，利用者が精神的にあるいは物理的に期待することに手を差し伸べることである。では，ここでいうレクリエーション活動を援助するとはどういうことかというと，利用者が生活を快く過ごしたいと願っていることに支援の手を差し出すことである。

　利用者が歌を歌いたいという内的欲求が起き*，その実現のために歌集を用意し，カラオケのマイクを準備し，一緒に歌いたい仲間がいれば声を合わせて歌うことは，正に利用者のレクリエーション活動を援助したことになる。本を読みたいと願う人がいれば，その本を用意したり朗読してあげたり，ページをめくってあげたりするような援助も同様である。詩を書きたい人がいれば，それに対する援助を考えることである。散歩に行きたい利用者がいれば，一緒に付き合ってあげるか安全のために見守ってあげるか。みんなで踊りを踊りたいという欲求のある人には，"みんな"を集めなくてはならないし，ひとりで音楽を聴いていたい人には，リクエストに応えてあげなくてはならない。静かにそっと瞑想にふける時間を望んでいる人がいれば，そういう環境を提供することも援助となるであろう。もちろん，ボーッとしていたい人もいることを決して忘れないことである。

　このように書き出せばきりのない利用者のレクリエーション活動の欲求はさまざまであり，必ずしも集団によるゲームやダンスばかりではないことが明らかになってきたであろう。また，それに対する援助方法もさまざまであることは十分理解できる。

　すなわち，レクリエーション援助の理念は，集団的援助も時には必要であるが，これからの介護の現場ではどちらかといえば個別援助に重点をおくことと，強制的にレクリエーション活動に参加させないことが，利用者の人間としての尊厳を守ることになることを認識する必要がある。

*利用者の内的欲求というのは，利用者自身が心で思い描くレクリエーションに対するイメージであり，施設や援助者サイドが思い浮かべる欲求ではないのである。すなわち施設の内部における援助のひとつとしてレクリエーション計画を立てるときに，利用者の内的欲求を満足させているかを検討しなければならないのである。

また，レクリエーション活動の援助の目的はあくまでも利用者の心身と生活の活性化のためにあるのであって，決して援助者側の自己満足や施設側の都合によって展開されるものではないことを十分理解しておかなくてはならないであろう。

　従来の施設運営では，利用者全員によるレクリエーション活動を展開することが，活性化している施設の姿として対外的にも内部評価でも高い位置づけになっていた感がある。しかし，介護保険がスタートし，21世紀の福祉施設のあり方が再度問われはじめてから，レクリエーション活動の援助技術と援助計画が施設運営の重要な部分を占めてくることは明らかであり，福祉サービスの契約者である利用者にとっては，個人のニーズの期待にいかに応えてくれるかが，施設の質そのものの評価にもなるであろう。

2 利用者のニーズと援助計画の考え方

　同時多発テロで始まった21世紀は，まず「平和」であることが，すべての福祉サービスを支える原点であり，利用者のニーズに応えることが可能になると考えたい。

　それをふまえて，この節では利用者のニーズと援助計画について考えたい。レクリエーション活動の受容と評価*はあくまでも利用者であることは，前節から明らかであろう。つまり，利用者が望むと望まざるとにかかわらず提供されてきた今までのレクリエーション活動は，どちらかといえば援助者側の思いやりであり，よいサービスの1つと位置づけてきた施設側の優しい心の証しでもあった。しかし，これからの施設サービスのあり方は，利用者のニーズに合ったレクリエーション・プログラムを提供しなければならないし，そのプログラムの中身は必ずしも歌や踊りや風船バレーばかりではな

*レクリエーション活動の「受容と評価」はあくまでも利用者そのものが認識するものである。わが国におけるレクリエーションの歴史は，レクリエーション活動を指導するという色合いが濃く，指導者の自己満足の歴史といっても過言ではなかった。近年，福祉分野を中心に利用者の認識を重視する考えに変わってきた。

1. 利用者のニーズとは

　垣内理論によれば，利用者のニーズの根本は『経済的保障』であるところからはじまる。レクリエーション援助は経済的保障の上に立った生活の快である「やすらぎ」を最大のサービスとし，次いで「ふれあい」のサービスと「行事・文化的活動」の援助を上乗せし，その上に多少の「教育・治療」を乗せた三角形の枠組みを福祉におけるレクリエーションと位置づけたのである*。さらに，福祉におけるレクリエーション援助とプログラムを「日常のレクリエーション」と「非日常のレクリエーション」とに分けるとさらに理解しやすい。

　日常のレクリエーションの基本理念として，レクリエーションは生活の快そのものとしたところから，垣内理論は欧米でいう『アクティビティ・サービス』と似通っており，利用者個々のニーズに応える援助を生活環境の全体整備も取り込んで考えることにその意義を見出すことができる。一方，非日常のレクリエーションを従来の「歌って，踊って，ゲームして」に代表されるプログラムとして位置づけ，利用者の好みやニーズに応じて臨機応変に計画し援助されるものであるとしたのである。

　では，利用者のニーズはどのように援助者に把握され，理解されるのであろうか。そこで，もう一度社会福祉におけるレクリエーションの枠組みの「やすらぎ」を分析しながら利用者のニーズを考えてみることにする。

　利用者にとって「やすらぎ」とは穏やかな気持ちになることである。垣内はホッとすることと表現しているが，まさに『心』の問題として的確である。やすらぐことはゆったりとして落ち着いた様子であり，なにごともないかのような静かな状態でもある。

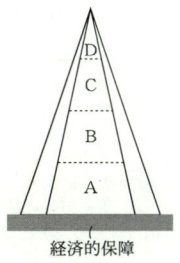

*福祉におけるレクリエーションの枠組みは，垣内理論で明らかなように，三角形の底辺を経済的保障とした土台の上にやすらぎ，ふれあい，行事や文化的活動と上に積み上げていき，一番上の頂点に教育や治療を位置づけている（下図参照）。

経済的保障
A－やすらぎ
B－ふれあい
C－行事・文化的活動
D－教育・治療

（作図・垣内芳子）

レクリエーション・サービスは利用者の心身と生活の活性化への援助であることから、「やすらぎ」の欲求と活性化との関係はどうなるかというと、活性化が必ずしも活動的で常に動き回っている状態を表す言葉ではなく、『ある状態への変化や反応を示す前段階』という意味であるから、やすらぐことがすべてのレクリエーション活動の土台になるということと考え合わせて、心を活性化させることが大切なのである。

私たちは、「活性化」という言葉に対して「身体的動きのともなう活動的で活発な動作や状態」を想像しがちである。このことがレクリエーション活動の援助に集団によるゲームやスポーツ、ダンスなどの動きのあるプログラムを用いたくなる原因となっているのである。実は活性化には「楽しい」「うれしい」「よかった」「ホッとした」「挑戦してみたい」「見てみたい」「納得した」などという、心を活性化させることも含まれていることを覚えておきたい。

人間の知識・感情・意志などの働きの総称である「心」を活性化させること、すなわちワクワク、ドキドキするような感覚をもたせることが、すべての援助やサービスの基本であることがこれで理解できたであろう。

したがって、レクリエーションは楽しいという単純な発想から、施設において歌や踊りやゲームが展開されたのは間違いではなかったのであるが、「高齢者や障害者の心」を本当に活性化させているかというと、はなはだ疑問である。したがって、利用者のニーズを十分把握しておかなければ、質の高い援助は提供できないであろうし、そのためのしっかりした援助計画が重要になってくることが明らかになってきた。

2. 施設利用者のニーズと援助計画

施設における利用者の立場は昔と今では雲泥の差があると考えることが重要である。今までも、また将来においても、

活性化
"activation"のことであり、人の心や体を活性化されるサービスをアクティビティ・サービス "activity service" というのがアメリカやオーストラリア、北欧などで使われている言葉である。わが国ではレクリエーション活動が人の心や体を活性化させるという認識が長く続いてきたが、最近ではアクティビティ・サービスという表現を使う施設も登場してきた。

集団的レクリエーションは必ずしも否定されているわけではないが，昔は施設のレクリエーションといえば，みんなで踊り，みんなで手拍子をする民謡であったり，みんなで一緒に集会室に集まり，ちぎり絵や折り紙に代表される伝承遊びの数々に夢中になったのであった。そこでは，参加者全員で楽しめるあらゆる種類のレクリエーション活動が展開されてきたことも事実である。

しかし，近年になり特に介護保険がスタートした頃から施設の様子が変化してきたのである。要介護度4や5の人々を迎え入れて，さて全員で楽しいレクリエーションをというときにさまざまな問題点が明らかになってきたのである*。デイ・サービスやコミュニティ・センターに通ってくる，いわゆる通所の施設利用者である高齢者の人には集団的レクリエーションを展開することも可能であろう。また，認知症であるとか，足腰に障害があるとかで個別援助が必要な人もくるであろうから，そこでも集団的レクリエーションの見直しを迫られてきていることは明らかである。

医療・保健・福祉の各施設を入居で利用されている高齢者の身体的，精神的特徴はひとりで同時にいくつもの障害や疾病や社会的問題を抱えていることである。脳血管障害，心臓病，関節リウマチ，慢性気管支炎，視覚障害，聴覚障害，言語障害，感覚障害，パーキンソン病，排尿や排便の障害などなど，書き出せばきりのない身体的変化があるが，老人性認知症やうつ状態や見当識障害などの精神的変化も数多いのである。このような症状や状態の高齢者にとっても，すべて個別化した援助が有効かというと，必ずしも望ましいことではない場合もある。他人の行動を見たり，他人と行動を同じくすることで何らかの刺激を受けて「心」が活性化することもあるだろうし，それがきっかけとなって脳が活性化し，心身の障害のある部分に影響を与え，リハビリテーションの役割

*要介護度4または5の方々に対するレクリエーション活動で悩んでいる援助者が増加している。いわゆる従来型レクリエーションのサービスではとうてい満足していただけないであろう。原因の1つにレクリエーション活動は集団で行うもの，つまり「みんなで」という意識を払拭できないからである。『生活の快』論を思い出してもらいたい。

を果たすこともあるだろう。また，それらのことから表情が明るくなり，また豊かな表現ができるようになると社会的に評価されることにもなる。ここに，集団的レクリエーションのメリットを見つけることができるが，同時に利用者のニーズに応えようとするあまり，プログラムの多様性と援助者の人数や力量不足から集団的レクリエーションの限界も十分考えられる。

　一方，1人ひとりが楽しいと感じたり，うれしいと思ったり，よかったと認識し，ホッとする瞬間を援助者が体験できるのは個別援助のときであり，個別化のメリットでもある。まさか援助者と高齢者が向かい合ってじゃんけんゲームに興じたり，フォークダンスを踊ったりすることはめったにないと思うが，一緒におしゃべりをしたり音楽を鑑賞したり歌ったりすることはできる。また，小集団（3〜4人程度）での話題や楽しい時間の経過の提供は，集団の中での個別化を展開できるので高齢者を活性化させるメリットがある*。

　しかし昨今の医療・保健・福祉の施設利用者の多くは，話題が豊富で経験豊かな高齢者であることを決して忘れてはいけないのであり，今までのようなレクリエーショナル・アクティビティでは満足しないであろう。そこでは，施設という特殊な環境であるがゆえに利用者1人ひとりのために，当然生活環境の全体整備を考えなくてはならない。さらに，個別化の援助を考えれば，幅の広い話題の提供と心身を活性化させるためのバラエティーに富んだ質の高い援助技術と援助計画が求められることになる。

　諸外国の施設における行事やクラブ活動など——これらを総称してアクティビティ活動というが，わが国では多くの施設でレクリエーション活動という——のほかに各種のリハビリテーション・プログラムや相談業務や生活環境の整備などが含まれることを援助計画に盛り込まなければならない。し

*小集団への援助の注意すべき点は，気のあった仲間を誘って構成することである。気の合う仲間といることは，そこにいるだけでホッとして落ち着くからである。おしゃべり仲間は安心できる環境をお互いがつくり出しているのである。したがって，そこで援助者が何かをする必要もなく，ときどき話題のつなぎに口を挟む程度でも十分なレクリエーション援助といえる。

かし，わが国ではレクリエーションの部分のみ強調されたサービスが生活の活性化になるとの考えから，いわゆる従来の歌，踊り，ゲームといったプログラムの提供と，その多くが集団による活動が中心になっている援助計画となっているといってもよい。したがって，これからの施設における援助計画では，いわゆるレクリエーション活動を包含しながら，利用者の生活の快の演出を施設の内外で展開することが求められるのである。利用者の身の回りの生活環境づくりからデイリープラン（日課），ウイークリープラン（週間計画），マンスリープラン（月間計画），年間計画というように，利用者のニーズに応えながら援助計画を立てていかなくてはならないであろう。

欧米の場合では，生活環境の整備，施設の行事，クラブ活動などのレクリエーション活動などについては，レクリエーション活動の援助技術を学んだケアワーカー（介護福祉士）が中心となり，医師，看護師，OT（作業療法士），PT（理学療法士），ST（聴覚療法士），MT（音楽療法士）などの各種セラピスト，あるいはソーシャルワーカー（社会福祉士）やPSW（精神保健福祉士）などの専門職が利用者のニーズを考えて，チームケアの会議で議論して作成するのである。残念ながら，わが国の施設でそこまできめ細かく援助計画を立てている施設は少ないのではないかと思われる。

近年，施設従事者の研修で明らかになってきた集団のレクリエーションの困難さと福祉サービスにおける利用者の生活の質の向上を，単なる「レクリエーション活動の充実」や介護者による「リハビリテーション援助とレクリエーション活動の合体」で克服しようとする援助計画には慎重に協議する必要がある。

OT＝occupational therapist
PT＝physical therapist
ST＝speech therapist
MT＝music therapist
PSW＝psychiatric social worker

3．在宅の利用者のニーズと援助計画の考え方

まずはじめに，在宅におけるレクリエーション援助とはどういうことなのかを考えなくてはならない。そもそも在宅高齢者であるとか在宅障害者などが，自宅で福祉サービスを受けるときの利用者のニーズの中で，レクリエーション活動をどのように期待しているのであろうか。

自宅でフォークダンスを踊ったりすることだろうか。自宅で"もしもしかめよ"を肩たたきをしながら歌うことであろうか。それともなぞなぞ遊びやお手玉に興じることであろうか。実際にそういうことを期待している利用者も中にはいるかもしれないが，それよりも大切なことは，レクリエーション活動が生活の快の演出であり，心の活性化に影響を与えるということからいえば，むしろ援助者が利用者の自宅を訪問することが，最初の『レクリエーション活動』になるということを介護福祉士自身がもつことにより，利用者のニーズに応えるきっかけができるのだという認識が大切である。

さらに援助者に要求される在宅の援助技術は，利用者の成育歴や家庭環境などの把握＊と趣味活動の有無や程度の理解からはじまるのだといってもよい。このような援助技術を駆使しながら個別のレクリエーション援助計画を立てなければならないことは明らかである。

従来のレクリエーション・プログラム，つまり非日常のレクリエーションが使えるかというと，そう簡単にはいかない。どちらかといえば在宅の場合の援助では，生活環境の整備と食生活やトイレ，入浴などの直接生活援助や利用者の心を和ませたり癒したりすることが中心となるため，垣内理論による日常のレクリエーションが重きをなすようになるのである。これらは，生活の活性化に寄与できるレクリエーション活動といえるのである。

しかしあえて，非日常のレクリエーション活動を提供する

＊利用者の成育歴や生活環境を把握することは，個人のプライバシーの権利を保障しながら，援助者に課せられた大切な任務であると心得ることが望ましい。認知症老人は何も知らないとか，障害者は何もできないなどということの決してないようにしなければならない。十人十色の利用者に一律の援助が問題なのである。

ことにより利用者の心身がより活性化するならば、その援助計画はコミュニケーション・ワークを駆使したプログラムが中心になるであろう。そうかといって、おしゃべりばかりすることに喜びを感じる人とおしゃべりがうさん臭いと感じる人がいるのであるから、コミュニケーションの種類と方法を熟慮し、利用者のニーズにあった的確な援助計画を立てることが重要になってくる。

とはいうものの、どんなに援助計画が素晴らしくても、援助者の資質によっては、利用者のニーズに応えられないこともある。明るい声かけと楽しい時間の提供、心地よい生活環境の整備ができる援助者の資質が問われるのは、いかに高齢者や障害者の内面を理解し、過去の社会的・個人的生活歴を知っているかがポイントになるだけでなく、将来にわたって利用者が期待するレクリエーションのニーズとは何かを理解しようとする熱意が援助計画に反映されなければ何の意味ももたない。さらに、根本的に重要なことは、高齢者や障害者の自尊心を傷つけず、彼らがもっている恥じらい、つまり差恥心に心をくばる気遣いのできるような援助計画を立てることである。これは、ひとえに援助者の人間性の問題が問われるのだといってもよいかもしれない*。

3 レクリエーション活動援助計画の実際

レクリエーション活動の援助計画を考える上で重要なポイントをいくつか考えてみることにする。前節で述べたように援助計画の柱になることは、施設であろうが病院であろうが、または在宅であろうが、利用者のニーズを把握した上で、生活環境の整備とそこで展開される生活、治療、行事、クラブ活動等の内容を組み立てることである。また、利用者の生活と心身の活性化に寄与するために、生活環境の整備と生活の

*援助者の人間性については、議論の分かれるところである。社会常識があればよいのではないかというのが一般論であるが、高齢者や障害者への畏敬の念を抱くとともに人間の尊厳とは何かを常に考える心構えが重要であると筆者は考える。究極的には「生と死」の問題を意識し続けることが対人サービスの基本である。

直接援助に関することと治療や癒しに関するプログラムが用意されなければならない。

1．利用者のニーズの把握を考える

利用者個々のニーズの把握は，施設利用者であろうが在宅の場合であろうが，次の3点の側面を考慮することが望ましい。

（1） 心理的側面

レクリエーション欲求は基本的に楽しいと感じることから，心理的側面がほとんどであるということは，すでに学んだことである。また，この側面は時には次に出てくる生理的側面や社会的側面をも包含してしまうこともあり，レクリエーション欲求の根幹の問題である。したがって，利用者がレクリエーション活動のプログラムに期待することは，知的情報を受け入れ人間関係に「心」を開くことである*。その結果，安心しホッとして幸せに感じることでもある。「心」とは人間の『知識』『感情』『意志』などの働きの総称であり，レクリエーション活動がその「心」を動かす重要な役割を担うという意味からも，利用者のレクリエーション欲求に合致する計画を立てなければならない。

つまり，利用者個々人がもっている生き方や趣味活動について十分に考慮されることが，その人の「人格」を尊重することにもなるのである。

一方，レクリエーション欲求における心理的側面を著しく害してきたのは，集団的レクリエーション活動の中で行われてきた『罰ゲーム』の存在である。このようなことがレクリエーション活動の中で行われてきたのは，わが国だけであり，世界にも例を見ない『野蛮な行為』であることを援助者は肝に銘ずるべきである。あえていうならば，『人間の尊厳を破壊するレクリエーション援助者の犯罪的行為である』。福祉施設

*人は常に知的情報を得たいと願っている。もし知的情報を提供しなくなると，精神的に不安定な状態になる。耳が不自由であるとか目がよく見えないであるとか，あるいは認知症であるからという理由で情報を提供しなかったり，何も話しかけなかったり，物を見せたりすることがない場合は差別をしているととられるので，利用者には平等に情報を提供すべきである。

3．レクリエーション活動援助計画の実際

のレクリエーション活動の中で，現在でも行われていることを嘆かずにはいられないのである。

（2） 生理的側面

利用者がレクリエーション活動に期待する2点目は，その活動に参加することによって，心身がリラックスし健康維持や病気回復に対する意欲を喚起されることである。高齢者であろうと障害者であろうと，人はやすらぎと苦痛からの回避を体験できることは，この上ない喜びである。心理的側面でも述べたが，安心しホッとすることは身体的に問題のない状態でもある。またたとえ多少の痛みや苦しみがあったとしても，レクリエーション活動に参加することで，無意識のうちに痛みを忘れたり苦しみを遠ざけることもあるであろう。

体操やストレッチ（わが国ではみんなでするものと思っている援助者が多いが，それは間違いである。あくまでも個人的な活動である）など個別化のプログラムはどこの施設でも行われているであろう。1人ひとりの生理的側面に対する援助者の配慮は，利用者の活性化に寄与することになるのである。世の中には，体のどこにも病気や怪我もなく，いたって健康であるが元気のない人がいたり，常に病気がちで何かしら痛みや気分の悪い身体的状態であっても元気な人がいたり，人それぞれではあるが，「健全なる精神は健全なる肉体に宿る」（A sound mind in a sound body）のたとえのように，レクリエーション体験は生理的側面に対する効果が期待できることと認識し，援助計画を立てることである。

（3） 社会的側面

レクリエーション活動に期待する3つ目の側面は，利用者が社会における「認知」や「評価」を手に入れることができることである。人々と交流したり，ふれあったりすることの体験は，それだけで自己の存在が明確になるばかりでなく，すべての人がもっている「ふれあいの喜び」の欲求を満足さ

体操
施設では，朝の行事だけでなくリハビリテーションの意味を込めて"体操"を行うことがある。体操とは健康な体を保つために行い，一定のリズムによる規則正しい運動のことであり，援助の中では個別化されなければならない活動である。"みんなで"行う体操はナチスや旧日本軍の集団行動的であり，1人ひとりの健康を考えた体操本来の個別援助とはいえないのではないだろうか。

せ，とかく孤立化しがちな高齢者や障害者の生活に潤いと生きがいを与えることになるのである。この体験こそまさに利用者の社会性を喚起する気持ちを満たすことになる。

このような側面を生かす援助計画を立てることは，レクリエーション活動の一番重要な部分かもしれないのである。なぜならば，社会から疎外されるほど，人間は孤独になり内向的になるからである。特に認知症であるとか障害が重いとかいう理由だけで，レクリエーション活動に参加させてもらえない人がいることを考えると，集団であれ個別であれ，社会的側面に配慮したプログラムの重要性がさらに求められる。

２．利用者のニーズに基づいた援助計画

ここでは，利用者の心身や生活の活性化につながる援助計画を3つの視点から考えようと思う。

（1） 生活環境の整備に関する援助計画

生活環境の整備
生活環境の整備はレクリエーション援助に欠かせない。利用者が心地よいと感じる環境は，トイレの中の一輪の花でもいいし，目に優しいパステルカラーの壁の色を思い浮かべることでもいいのである。また，足に優しい絨毯（じゅうたん）や車いすを扱いやすい堅い床に変えていくこともレクリエーション援助者に課せられた仕事であると考えたい。

利用者の生活場面である「住居」はもとより，利用者本人が期待する「食事」や「衣服」に関することの援助計画は，確実に利用者を活性化させ，生き生きとしてくるに違いないのである。さらにこの場合の生活環境は「苦情や意見交換」ができたりするプログラムまで組み込めれば，利用者のこの上ない喜びとなるであろう。

（2） 生活の直接援助に関する援助計画

起床から就寝までの日常生活の中で，あるいはまた就寝後も行われている直接援助では，レクリエーション活動を「日常のレクリエーション」と「非日常のレクリエーション」に分けることによって明確に援助計画を立てることができるであろう。

日常のレクリエーション活動では生活環境の整備同様，利用者の生活場面である洗面，食事，トイレ，入浴などの直接援助が心地よく，快適に展開されることが望ましい。

一方，非日常のレクリエーション活動は，いわゆる歌，踊り，ゲーム，クラフトなどに代表されるレクリエーション活動であり，クラブ活動や楽しい時間の経過の具体例を利用者のニーズに応えられるように用意しなければならない。

(3) 治療や癒しに関する援助計画

リハビリテーションやセラピー，あるいはヒーリングといった治療や癒しに関する援助計画は，専門職の人々との連携や話し合いの中で組み立てられることが望ましい。特にチーム・ケアが重視されてきた現状をふまえても，レクリエーション活動の一環として援助計画が考えられることは，利用者にとって個別化の一番期待できる部分かもしれないのである。

3．援助計画を書いてみる

年間計画，月間計画，週間計画，日課というように施設の方針に基づいて，全体的，長期的計画から個別援助計画まで段階を追って計画しなければならない。ここでは，月間計画を中心に援助計画を書いてみることにする*。

＜レクリエーション計画の具体化＞

計画を具体化する前に次の諸点に注意すること。
① レクリエーションの主体は利用者になっているか
② 利用者のニーズを把握し，それに応えているか
③ 施設の状況を考え，援助者の数や安全性を考慮しているか
④ レクリエーション・プログラムの内容を援助者は十分理解しているか
⑤ レクリエーションのプログラムは欲張っていないか
⑥ 利用者の一日の生活リズムを考えて計画されているか
⑦ 医者，看護師，各種療法士など，異業種の同僚との相談・協力が得られたか

*援助計画とレクリエーション・カレンダーは切っても切れない関係であり，情報の公開と利用者だけでなく，利用者の家族や地域ボランティアにも広く理解していただくために十分なチームワークでつくり上げることが望ましい。レクリエーション活動の担当者や行事の担当者だけでつくり上げることのないようにしたい。

⑧マンネリズムや惰性は計画の堕落であり，計画が定番化していないか
⑨単なる時間の経過のためではなく，ためになり楽しいか
⑩利用者に意味のある計画であり，決して施設や援助者のためでないか

　以上のことを考慮しながら計画を立てる作業にはいる。そこで，『大きくとらえて小さく攻める』を念頭に年中行事から検討していくことがポイントになる。

　月間計画は朝食後から就寝までの各種プログラムを設定するが，週間計画も当然考慮する。日曜から土曜日までの大きな計画をもとに1日から月末までを考える。誕生会，体操，情報の保証，リハビリテーション，現状認識（RO），生涯学習（創作・観賞・鑑賞・学習など），知覚刺激（5感覚），話し合い，家族・地域交流，趣味活動，行事・クラブ活動など楽しい時間の経過（継続性・単発性）が含まれていることが望ましい。

> **RO**
> リアリティ・オリエンテーション（Reality Orientation）
> 見当識ともいう。現在の状況，つまり何月何日，何時頃，どんな季節，今どこにいるかなどの認識具合を調べたりすること。

4 心身の活性化のための援助計画

　心身の活性化といえば，「心から楽しいと感じながら，ワクワク，ドキドキして，体が思わず動いてしまう」ような援助計画でなければならない。この場合『心から楽しい』と感じることとは『安心し，ホッとすること』と理解したほうがよい。心から安心できてホッとする環境に身を置くことができれば，体も自然と動くであろうし，心肺機能も高まろうというものである。また，ここでいうところの援助計画とは，援助技術を駆使するための手順や方法のことであり，利用者にアプローチすることと認識することが適当であろう。

4．心身の活性化のための援助計画　169

日	月	火	水	木	金	土
			1 定期検診 13:00～ 希望入浴 （自立している人）	2 10:00～ リハビリ 11:30～ 外食 (5, 6人) 14:00～ クラブ活動 （詩吟ボランティア）	3 入　浴 （機械浴、一般浴） ボランティア来園 （おしゃべり）	4 バスハイク（1班） 残っている人は、昔話大会
5 喫茶・売店 家族と昼食会	6 入　浴 （機械浴、一般浴） シーツ交換 ボランティア来園 （おしゃべり）	7 10:00～ リハビリ 散髪/美容 14:00～ クラブ活動 （手芸工作活動）	8 10:00～ 散髪/美容 13:00～ 希望入浴 （自立している人）	9 Aさん誕生日 10:00～ リハビリ 11:30～ 外食 (5, 6人) 14:00～ クラブ活動 （合奏ボランティア）	10 入　浴 （機械浴、一般浴） ボランティア来園 （おしゃべり）	11 15:00～ 音楽会 （音楽ボランティア）
12 ボランティア来園 （レクリエーション）	13 入　浴 （機械浴、一般浴） シーツ交換 ボランティア来園 （おしゃべり）	14 Bさん誕生日 10:00～ リハビリ 14:00～ クラブ活動 （合奏ボランティア）	15 Cさん誕生日 11:30～ 選択食 13:00～ 希望入浴 （自立している人） 15:00～ 利用者との話合い	16 10:00～ リハビリ 11:30～ 外食 (5, 6人) 14:00～ クラブ活動 （自由選択）	17 入　浴 （機械浴、一般浴） ボランティア来園 （おしゃべり）	18 バスハイク（2班） 残っている人は、昔話大会
19 喫茶・売店 家族と昼食会	20 入　浴 （機械浴、一般浴） シーツ交換 ボランティア来園 （おしゃべり）	21 10:00～ リハビリ 14:00～ クラブ活動 （茶道・華道ボランティア）	22 10:00～ 地域交流会 （一緒に昼食）	23 10:00～ リハビリ 11:30～ 外食 (5, 6人) 14:00～ クラブ活動 （合奏ボランティア）	24 Dさん誕生日 入　浴 （機械浴、一般浴） ボランティア来園 （おしゃべり）	25 15:00～ 映画会 （利用者の希望しているもの）
26 Eさん誕生日 ボランティア来園 （レクリエーション）	27 入　浴 （機械浴、一般浴） シーツ交換 ボランティア来園 （おしゃべり）	28 10:00～ リハビリ 14:00～ クラブ活動 （合奏ボランティア）	29 10:00～ 昔話大会 13:00～ 希望入浴 （自立している人）	30 10:00～ リハビリ 11:30～ 外食 (5, 6人) 14:00～ クラブ活動 （自由選択）		★毎朝、9:00～ 朝の話 ・ニュース ・歴史

図5-1　アクティビティ・サービス月間計画

（廣池作表）

1. 人の心を活性化させるとは

人それぞれであるが，それでも多くの人が楽しく感じることは人それぞれのニーズにあった楽しいレクリエーション・プログラムである。しかしながら，介護の現場では要介護度の違いにより利用者の心の状態が一様であるとはいえないため，いわゆる積極的レクリエーション欲求をすべての利用者が期待しているとは考えにくい。

したがって，楽しいレクリエーション・プログラムよりもむしろ人の心を活性化させてくれるアプローチの技術が要求されることになるのである。もちろん楽しいレクリエーション・プログラムで満足する利用者もいるであろうし，一方ではそのプログラムがむしろ逆に利用者の心を落ち込ませるかもしれないということも常に考えなければならない高度な援助技術である。いわゆるレクリエーション活動がすべての人を満足させるという誤解を早く取り除きたいものである。

（1） 出会いの喜び

人の心が活性化するのは人と人の出会いのときであり，その際に発揮される援助技術はコミュニケーション・ワークであることは周知のことである。この場合，段階的にみていくと，まずコミュニケーション・ワークの基本である『声かけ』が最も重要である。

どのような楽しいレクリエーション・プログラムを用意するよりも真っ先にマスターしなければならない利用者へのアプローチの技術であったのを思い出すのである。しかし，近年の福祉現場，医療現場にみるレクリエーション活動はプログラムばかりが先行して，出会いの喜びを最初に提供できる声かけの技術が低下しているように思える。

声かけの基本は笑顔による『挨拶』である。笑顔の声かけは利用者にとって明るく優しく聞こえるものである。出会いの喜びは笑顔の声かけによることを援助計画の基本に置くこ

コミュニケーション・ワーク
対人サービスの基本であり，第3章をしっかりと学習してもらいたい。特に相づちの打ち方と姿勢と笑顔は，その人の人格が表れるといっても過言ではない。体がふらふらしたり曖昧な話し方では，相手のことを正しく理解しようとする態度には見られないかもしれない。

とからはじまるといってもよい。これがレクリエーション活動の援助で一番重要なことでもある。

このように，人は出会いの喜びを感じると心を開き，脳の活性化につながり，ひいては認知症の進行を遅らせることになる。しかし，万が一出会いの喜びを感じないときは，声かけの相手に対して不信感や恐怖心，あるいは敵対心を抱くことになる。この場合はどのような情報を提供しても受け入れないばかりか，内にこもってしまうので無理なアプローチを避けるべきである。声かけの具体的方法は第3章を参照するとよい。

（2） 嬉しいと感じること

利用者がワクワク，ドキドキするのは心から嬉しいと感じたときである。在宅にあっては当然であるが信頼できる家族の声であり，家族のつくる食事や楽しい話題の提供である。しかし，利用者に信頼されていない家族や気に入らないホーム・ヘルパーの援助であったり，あるいはヘルパーの顔ぶれが毎回違うために信頼関係が生まれない場合などは嬉しいと感じないことは理解できるであろう。

特に施設にあっては利用者の顔ぶれはさまざまであるから，利用者の成育歴や家庭環境と援助者のギャップがありすぎる場合などは，嬉しく感じるということはほとんど期待できない。したがって，施設のみならず在宅でも利用者のアセスメント（利用者の成育歴や性格，家庭環境，病気の有無や高齢化の過程での精神的変化などを総合的に分析し評価すること）が重要になってくるのである。

私たちには，「この人と出会えてよかった」ということがしばしばあるが，施設における援助者は十人十色の利用者に対して『こんな人と出会って嬉しい』と思えるような援助をしなければならないことはいうまでもない。そのためには，高齢者の生きてきた時代背景やさまざまな家庭環境の実態，さ

認知症の進行
認知症の進行は人それぞれであり，ある決まった一定のパターンがあるとしても，それは必ずしも正しいとはいえないかもしれない。筆者の経験からすると，利用者の心の内の問題であるから，想像の域を出ないことも，まだ解明されていない部分も多々あるので，簡単に「あの人は認知症である」と決めつけるには問題がある。

らに性格の分析や医学的な知識をもたなければならない。話題に共通点がなくても気の合う人もいるし，趣味や食べ物の好き嫌いに共通点が見出せなくても，この人といるだけで嬉しくなるという人がいるものである。

(3) 感謝される援助とは

心の活性化で3番目に重要なことは，利用者から感謝される援助である。感謝とは利用者がありがたく感じて礼をいうことである。

利用者が援助者に感謝の意を表現するのは，心の活性化があってこそである。しかし，高齢化による視覚，聴覚，味覚，嗅覚，触覚，あるいは反射神経や手足の麻痺など，年相応の各種機能の衰えはもとより脳血管障害や老人性の認知症により，本人の気持ちとは裏腹な行動や反応や発言があったとしても，心が活性化していれば，何らかの方法により感謝を表すに違いないし，たとえそれが表現できていなくても，援助者が謙虚に理解しようと努力することを惜しんではいけない*。

『ありがとう』のひと言は援助者を励ましてくれる言葉であるが，それをいおうにもいえない焦れったさを感じている利用者も大勢いることを忘れてはいけない。また，感謝の気持ちとはとうてい受け取ることができない，『ばか』『あっちへ行って』というような発語であるとか，唾を吐きかけたり殴りかかってくるような行為だけをとらえて，この利用者には感謝の心がないなどとは一概にいえないことも理解しておきたい。感謝は相手が決めることであるから，こちらから勝手に期待してもよくないし，だからといって心への援助が行き届いていないとも限らない。たとえどのような利用者の態度であっても，誠心誠意援助をすることは，本人だけでなく利用者を取り巻いている多くの人から感謝されることである。

*認知症の人の表現は複雑怪奇である。認知症になったかならないかの判定も難しいが，基本的には脳の障害のために，頭の働きが機能しなくなる状態をいうのである。突拍子もないことをいったり，日常の生活にそれまでとは異なる行動が現れると認知症になったということもあるが，まともと思える会話ができる場合もあるので，認知症の認定には『もう少し時間がほしい』と考えることも重要である。

2．人の身体を活性化させるとは

　高齢者は加齢とともに筋力や平衡感覚などの運動器と視力や聴力といった感覚器の機能低下を起こす。これらの現象は個人差が大きく左右し，慢性的疾患になりやすく重複してもつようになることもある。また，廃用症候群などといわれる症状をもつようになるとレクリエーション活動どころではなくなる。したがって，リハビリテーションの専門家と相談しながらの援助が重要になってくる。

　一方，障害者の場合は生まれた時点や乳幼児期から障害がある場合と青年期や成人してからの中途障害による場合では本人の自覚と家族の対応にさまざまな違いがあるため，利用者の家族や周りの人たちとの連携による援助が望ましい。しかしここでは介護者ができる範囲での援助に焦点を当ててみようと思う。

（1）　体が動くということ

　人は生まれながらに体でリズムを感じているといわれている。それはこの世に生まれる以前から母親の胎内で心臓の鼓動を聞きながら，規則正しいリズム感が自然と身についたのだともいわれている。したがって，生活にリズム感をもたせる援助をすることは脳内でリズムを認識した結果，心だけでなく体も自然と動いてしまうことは十分理解できることである。手の甲や腕の一部をリズミカルにさすったり，軽く叩いたりリズミックな音楽を聴かせてあげることも体が自然と動き出すきっかけになるであろう。

　手足に麻痺があるからとか耳や目が不自由だからといって体に対する活性化を怠ってはいけない。もっともこの場合は医師や看護師，理学療法士，作業療法士のアドバイスに基づくことが重要な条件となる。しかし日常の援助では移動の可能な人はともかく，自立できない人には体位の変換や，車いすの移動などにより音や光の変化を感じさせることも身体へ

廃用症候群
　長期臥床や関節の固定等により身体の活動性が制限されて起きる症状をいう。例えば感覚障害や筋力低下，皮膚の萎縮や褥瘡，食欲減退や便秘など症状は全身に起こるので必要以上の安静や臥床生活を続けないことが予防となるので，積極的に自室から出るようにしたり，利用者が目標や目的をもって行動できるように援助することもレクリエーション援助になる。

の活性化になる。また，音源の向きを変えてみたり，明暗の方向や変化も体の不自由な人への援助として取り入れてみたい。

（2） 脳の活性化

脳の活性化は体を動かすきっかけになるが，手足の活性化，特に手の指の活性化は逆に脳を活性化させる原動力になることは脳の専門家が異口同音に述べていることである。しかし，脳血管障害がある人にとっては突発的な症状の悪化が考えられるだけでなく，片麻痺や両麻痺による運動障害，あるいは感覚が鈍くなる感覚障害，さらに言葉が出なくなったり発語に異常がみられる言語障害，さらに声かけに応じられない意識障害やクラッとしたりする平衡機能障害などがあり，そう簡単に脳の活性化のために何かしらの援助をすることは危険と紙一重であることを十分認識しておく必要がある。

こうしてみてくると，脳の活性化のためにレクリエーション援助で何ができるかを安易に考えてきたきらいがするのである。命にかかわる部分へのアプローチ，すなわち利用者のQ.O.L.（生活の質）の向上や心身の活性化支援を住み慣れた自宅や地域での生活を中心にみていこうとするとき，今後は在宅医療の重要性を考えながら施設における介護福祉士の医療行為の範囲についても，レクリエーション援助技術の1つとして学習する必要がある。

単に積極的レクリエーションとリハビリテーションとを結びつけることにより，介護福祉士がセラピューティック・レクリエーションの担い手であるとかレクリエーション・セラピーの実践者とは決していわないほうが無難である。これらのことをスムーズに展開していくには，医師，看護師，作業療法士，理学療法士などとのチーム・ケアの中で展開されるべきであり，同時に家族や利用者本人の意向が反映されて初めて，肉体の活性化に必要な援助とは何かが明らかになると

脳血管障害
脳梗塞と頭蓋内出血に分けられる。また，脳梗塞は脳血栓症と脳梗塞症を指し，高齢者の多くは脳血栓症で脳の血管が血栓で塞がれて循環障害が起こるため，片麻痺や意識障害や知覚障害，あるいは構音障害や視力障害などの疾患を起こす。頭蓋内出血は主として脳出血とクモ膜下出血を指し，血液が脳を圧迫するため意識障害や片麻痺が起きる。

（3） 心身の活性化のための援助計画

　介護福祉士に求められるのは，自我を没却（自分自身のことを忘れ去ること）し，ホスピタリティの精神*，つまり利用者を手厚く親切にもてなすことにほかならない。そこには礼儀正しさやていねいな言葉遣いや人間の尊厳を大切にできる人間性が問われることになるのである。つまりレクリエーション援助は介護そのものの精神と同じであるといってもよいのである。もちろんレクリエーション活動の具体的サービスは利用者を嬉しいと感じさせる場合もあるが，必ずしも積極的レクリエーション援助をすることやリハビリテーションの援助だけで嬉しいと感じない人もいるという認識も必要である。

　その感じ方は人それぞれであり，感受性の強い青少年期とは異なることも覚えておきたい。特に今の高齢者は多様な趣味活動や文化的情報の豊かな世代であり，現在施設などで提供されているレクリエーション・サービスが心身の活性化に寄与しているという固定観念を取り払い，援助技術とその計画の立て方を見直す必要があるかもしれない。

*ホスピタリティの理念は近年急速に広がってきたが，もともとホスピタル（病院）の語源ともなっている言葉で，巡礼に行く人々に休息を与えたり，病気になったり怪我をしたりした巡礼者を手厚くもてなし，看護をすることからきている。ホスト，ホステス，ホテル，ホスピスなどという言葉と同類である。介護福祉士は当然ホスピタリティの精神で援助をしてもらいたい。

5　生活の活性化のための援助計画

　生活の活性化といえば，増加する高齢者の生活と社会進出を目指す障害者の生活を念頭に置いて考えることが重要である。まずはじめに高齢者の生活について焦点を絞ってみたい。昨今の高齢者は，歴史的にみて社会経験の豊富かつ複雑な人が施設や在宅の生活で介護を必要としているということを考えなくてはならない。したがって，高齢者の衣食住にかかわることと生きてきた歴史を考慮に入れた援助計画が生活を活性化させることになるであろう。また，障害者の社会進出が顕著になってきたのを受けた援助計画では，福祉用具に

対する認識を深めることが，彼らの生活の活性化に一役買うことになるということを理解したい。

1. 要介護高齢者の衣食住の援助計画

利用者の要介護度が低い場合は，利用者個人の好みに合わせた援助がどうやら可能である。しかし，要介護度が高い場合の援助では高齢者の過去から現在までの衣食住や生活環境に対する理解がないと利用者が活性化する援助とはならないかもしれない。そこで，高齢者の生活の中で一番身近な衣食住について考えてみようと思う。

(1) 『衣』に対する援助

上は100歳から下は65歳までの利用者の人の親が，江戸時代から明治時代生まれであり，身分はともあれ衣服については贅を極めてはいないが，それなりのお洒落をしていたと考えられる。とにかくその頃，武士の家系は軍服のような襟付の服を着たり，モーニング，タキシード，マントなど，輸入生地による洋服を着ていたし，女性の多くは和服であった。また農家や漁村の人は作業着と外出着を着分けていたものである。商人は商人で商売に合った洋服や和服を着こなし，都会の真ん中を洒落男，洒落女として歩いていたのである。

そんな親の格好を見て育った今の高齢者*の男性は，戦前は破れ帽子に学生服のみすぼらしい格好で過ごし，戦時中は軍服でお洒落もできなかったが，戦後はオーダーメイドの洋服を着こなし，中折れ帽をかぶったりしていた人もいる。女性は戦時中のモンペ姿を除けば，家の考え方にもよるが多くは和服と洋服を着こなしていた。特に戦後のファッションの目まぐるしい変化の中心にいたのが，今の高齢の女性であったといえる。

また，現在65歳以上の女性が戦前，戦中，戦後の激動の中で青春時代を過ごしたことの反動が，その後の女性のお化粧

*今の60代から80代の高齢者の親は，明治から大正にかけてたいへん華やかでお洒落な世代であった。現代の高齢者が一流に憧れるのはそれだけの理由でなく，彼らの青春時代があの悲惨な戦争時代であり，その反動で大きなブローチや指輪をするのである。

と装飾品への発展に寄与したことは歴史的事実である。虱（しらみ）対策のために頭にDDT*（殺虫剤）をかけられた思春期の女性の心を思えば，今施設で女性に対してお洒落を援助することは，彼女たちの生活を活性化させることになる。戦後いち早く化粧品の訪問販売の対象になったのが，専業主婦となった今の高齢女性であり，その後さらに生活が豊かになり外国旅行が自由化された当時，いち早くロンドン，パリ，ローマに旅したのも今の高齢女性である。ローマではカメオのブローチを買い求めたことは記憶に新しい。筆者は彼女たちを『ブローチ世代』と呼んでいるが，同時に大きな眼鏡の蔓（つる）に象眼や宝石を入れたりするお洒落世代であることを援助者は十分理解しておく必要がある。

（2）『食』に対する援助

高齢者の食文化の経験は相当幅広くて奥が深い。時代背景から考えると，彼らの幼少の頃はそれほど恵まれた食材はなかった時代でもあるが，本物の食材で日常生活の質素な食事から，本物の懐石料理や洋食，中華を，テーブルマナーもしっかりと身につけて味わっていた世代でもある。

昭和初期の食料難時代にはすいとん，麦焦がし，芋雑炊でしのいできたり，時にはしょう油を箸の先につけては麦飯を食べたり，鯵や鰯の干物やかんぴょう，干し椎茸などの乾物など，保存食として工夫されたものを食べていた。その一方で，戦後，食料の豊かなグルメ時代にはそれなりの楽しみ方をしてきた世代が今の高齢者である。

午前10時にクッキーを片手に紅茶を飲んだり，夜はクラッシックのオーケストラの演奏会に行き，帰りにカフェで洋酒を楽しみ，キャバレーでダンサーとダンスを踊った世代を知っているのが今の高齢者である。したがって，今の高齢者も戦後「中川三郎ダンス教室」に通い，男性は洋酒バーや居酒屋で酒を嗜みながら，わが国の経済発展に尽くしたことを考

---

*疎開とDDTのことは高齢者へのアプローチや援助に欠かせない話題となるかもしれないので理解しておきたい。疎開とは学童が先の戦争の戦禍から逃れるため，都会から山奥に学校や地域ごとに集団で移動したこと。また，その時期に洗髪ができず頭部に蚤や虱が巣くうのを予防するため特に女子はDDTをかけられた。強力な殺虫剤のため残留毒性が強く現在は使用禁止である。

「中川三郎ダンス教室」
今でいう『カラオケ』のようなもので，全国のJR（当時の国鉄）の駅前に必ずといっていいくらい存在したダンス教室である。今の50代以上の世代が会社帰りや学校帰りに楽しんだ，一種の文化教養教室のようなものであった。民謡踊りより社交ダンスやモダンダンスを踊れる世代が老人ホームにいるといっても過言ではない。

えれば，食事に対する援助法も幅が出てもよいかもしれない。

　高齢者は，貧乏だとか金持ちだとか，学歴があるとかないとかに関係なく，本物の菓子屋や酒やしょう油の造り問屋を指定したり，時には駄菓子で楽しんだりするゆとりももっていたのである。何はともあれ食の好みはまったく個人的なことであるから，できるだけ本人の好みを聞き入れた援助ができれば，この上ない生活の活性化になるのではないだろうか。

（3）『住』に対する援助

　利用者の一部には明治時代，あるいは戦前から洋風建築の家屋に住んでいた人もいるかもしれないが，戦後多くの人は日本家屋で暮らしていたと考えられる。しかも，その家屋の畳の部屋に絨毯を敷いてソファーを入れ，食堂にテーブルといすを買い込んだ世代は，まさに今の高齢者であることを知っておく必要がある。今でこそフローリングだベッドだという若者も，今の高齢者の住居に関するお洒落や先見の明には頭を下げたほうがよい。したがって，施設利用者の多くは自分の家や部屋を自分でつくり上げてきたがゆえに施設での不自由さや面白みのなさに精神的に参ってしまうのである。施設の部屋の工夫は利用者に聞くことが一番よいかもしれない。なぜならば援助の個別化とプライバシーの保護にかかわる一番重要な部分であるからである。

　一方，要介護度が重度になってくると，個別化というよりはあらゆる面での刺激や安全管理上から考えて，個室化よりむしろ4～5人部屋のほうがよいのではないかとさえ考えるがいかがだろうか。声を出す人がいてもその声が刺激となる人もいるし，出入りする援助者の動きも人によっては刺激的である。このような刺激も利用者の生活を活性化するものだと考える視点も重要である。

日本家屋
　日本家屋の特徴はひとつの部屋が何通りにも使えることである。布団を敷けば寝室になり，布団を押し入れに入れて卓袱台（足の低い四脚の折りたたみ食卓）を出せば食堂であり，座布団を敷けば応接間や居間にもなった。

2．障害者の生活を活性化させる援助計画

人によっては生まれたときから病によってあるいは何らかの原因や事故などによって障害をもち，在宅や施設の中での生活を余儀なくされている人もいる。また，成人してから障害をもったために自宅にこもるようになったり，施設や病院での生活を強いられている人もいる。そういう人の生活を活性化させることを考えたいと思う。

（1）バリアフリーを理解する

近年になって障害者の社会参加が増加してきたことは，たいへん喜ばしいことである。そこで障害者の社会参加を援助する方法を考えてみることにする。障害者にとって一番生活が活性化することは，行きたいところへ自由に行けることである。つまり移動できるかどうかの問題が一番重要であると考えるのである。社会参加の1つの方法は移動する手段を講じて，外に出て行くことである。それには環境の整備と福祉用具の活用が重要な手段であり方法である。

そこで，バリアフリーについて考えてみることにする。バリアフリーには次の4つの問題の解決が必要である。

① 物理的バリアフリー

これはよくいわれる問題点であり，段差の解消とかスロープの設置あるいはエレベーターの利用が可能かどうかということである。わが国では1980年代からこの問題については具体的に改善が進んでいるが，改善の速度が遅いのが気になるところである。

② 文化，情報のバリアフリー

これは視覚障害者と聴覚障害者に対し文化，情報の提供を保障することである。文化，情報の中には，コミュニケーション・エイドと呼ばれる福祉用具の開発や警報などの安全管理上の福祉用具も含まれている。この分野の発達はめざましく，介護福祉士を目指す者は十分な学習が必要で

バリアフリー
バリアフリーは通常段差がないことや障害物がないことをいい表すが，それは物理的バリアフリーであり，その他に文化情報のバリアフリーと制度的バリアフリーと心のバリアフリーがある。文化情報は聴覚障害や視覚障害の方に対するバリアを解決しなければならない。制度の改革はまだまだ遅れている。最後に心のバリアフリーはすべての人が差別の意識をすてることである。

コミュニケーション・エイド
バリアフリーを願っている言語，聴覚，視覚などに障害がある方たちがコミュニケーションをとるときの福祉用具のことである。情報や文化のバリアフリーが叫ばれる昨今，この分野の発達はめざましいものがあるが，特殊な用具である上利用者の障害が1人ひとり異なるため，大量生産ができず高価なものになってしまうのが問題である。

ある。
③　制度のバリアフリー

　この分野は他の先進諸国と比べて政治の貧困差が明白である。制度が改正されなかったり，弱腰な法制度のために改善が進まない部分が多く見受けられる。この問題の解決には介護の現場で働く者の理解と協力が必要であり，障害者だけでは解決しないのである。

④　心のバリアフリー

　障害者に対する理解を深める教育や障害者を受け入れる地域の態勢のことである。この分野は地域の社会福祉協議会の諸事業により改善の芽が育ちつつある。また，学校教育の中にも教科として取り上げられてきたため，将来は障害者の社会参加をあらゆる面で援助する社会ができることを期待したいものである。

　以上のようにみてくると，制度の改善だけが進んでいないようにみえるが，福祉政策を唱える政治(家)に問題があるわけではないだろうが，障害者の生活の活性化はこのへんの解決がポイントかもしれないということを，介護福祉を目指す者は認識しておく必要がある。

（2）　福祉用具を理解する

　社会参加をすることが障害者にとっての生活の活性化につながることが理解できたところで，次の課題は社会参加を補助する福祉用具の理解である。社会参加のためには利用者本人と家族の理解の上で，何をどうしたいのかということを解決しなければならない。

　1つは福祉用具による移動の問題の解決であり，もう1つは福祉用具の利用による介護力の軽減である。利用者が『外に出よう』とか『人に会いたい』とか『仕事をしたい』とかいうきっかけに対する援助の方法を援助者が理解していないと，適切な援助者にはなり得ない。車いす1つとってみても

障害者の体型が千差万別であるにもかかわらず、すべて同じいすでは意味がないのである。

筆者は『車いすは居間だ！』と声を大にしていいたいのである。障害者にとって生活環境のすべてが車いすであるといってもいいかもしれないのである*。また、情報の保障や文化の共有にはコミュニケーション・エイドといわれる福祉用具の理解も障害者の生活の活性化にとって最高の援助計画となることは明らかである。

特に現代ではコミュニケーション関連用具としてコンピューターの発達はめざましいものがあり、レクリエーション活動を支えているハードやソフトも多数あることを理解しておきたい。

(3) まとめ

これらの福祉用具の活用は明らかに障害者の生活を活性化させてきているし、援助計画として福祉用具を取り上げることは障害者のみならず高齢者援助でも重要であると考えたい。従来の対人援助では『温もりのある人の手で』であったが、これからは『温もりのある手が扱う福祉用具で』が合い言葉になることを期待したいのである。なぜならば、援助者が障害者の援助のために「二次障害者」となることを防がなければならないからである。

少子高齢社会を支える援助者の減少、とりわけ若者の減少は障害者の社会参加に影を落としかねないからである。また、この問題は同時に高齢者援助の点でも考えなければならないことである。生活の活性化のための援助はレクリエーション援助も大切であるが、逆に根本的な問題の解決がなされなければレクリエーション援助も存在しないことになるのである。

---

*筆者は常日頃「車いすは居間だ！」といい続けている。なぜならば肢体不自由者にとって日常生活での車いすの使用は居間であり、食堂であり応接間である。車いすの使用時間が長いがゆえに座り心地のよい、体型に合わせた素材や形でつくられることを期待する。また、障害が改善されてきた場合には、逆に車いすのイメージが障害を連想するので、普通のいすに変えることも重要である。

トピックス⑪ 「公園マップをつくろう」

　歩くことは，日常生活の上で，最も基本的なことである。気晴らしや健康のために，ぶらぶら歩くことは楽しいものである。近年，多くの街が計画的に整備されてきている。町中にあっても，自然を生かした遊歩道が設置され，歩きながら休息できる場所や，動植物のふれあいができるコーナーが，確保されてきている。しかし，公園や広場なども一見素晴らしくつくられてはいるが，規則のやかましい，大人の発想による人工的で整いすぎたもので，自由に散策するには適当でなく条件も多い。このような状況下での，自然環境や自然観察，そしてフィールドワークの専門知識を有するインストラクターの手助けの効果は，ますます高まると思われる。

　介護福祉士にこのフィールドワークの知識があったなら，実践の場は大きく広がるであろう。野外スポーツ・野外ゲーム・ウォークラリー・オリエンテーリング・キャンプ・オートキャンプ……など，多くのことが挙げられる。この効果は福祉サービスの利用者にとって計り知れない大きな学びである。援助者の気づき・感動は，かかわるすべての利用者にも同時に，気づき・感動を与えるものである。さあ，今からすぐにでも外に出向き，公園マップをつくろうではないか。

トピックス⑫ 「ポスターづくり」

　高齢者施設や障害者施設そして，デイケア・センターなど，施設ではあらゆる行事が行われている。伝統的な文化にまつわる行事，創立記念日などの施設特有の行事，地域と関連の深いバザーやイベント，その他誕生会・音楽鑑賞・観劇・旅行……思いつくままに列挙するだけでも，多彩なプログラムがあることに気づく。

　施設で行われる行事の効果は，一定のサイクルで繰り返される生活にうるおいを与え，楽しみをもたらし，適度な刺激にふれるチャンスの場，そのものである。そして，この行事に参加すること自体がレクリエーション実践なのである。しかし，利用者に参加の強要を求めてはならない。このことは肝に銘じ記憶に留めておく必要がある。レクリエーション援助者は，常に利用者のあらゆる側面からみた「生活の快」につながることを第1に考慮しなくてはならない。

　行事遂行の中心は常に利用者である。そして，できることならまた内容によっては，計画の段階からレクリエーション援助者と一緒に意見交換しながら，実践にまで高めることを勧めたい。

　ここに行事ポスターの例を提示したい。行事のポスターづくりに取り組むことによって，利用者が行事に興味と関心を得て，積極的に参加する動機づけになるのであれば大きな効果となろう。ポスター・案内状・招待状を見たり，受け取ることは，誰でも嬉しいものである。それが手づくりで心がこもっていたなら，見たり，受け取る人はどんなに喜ぶであろうか。また，手先によるクラフトは，脳機能への刺激につながり，リハビリ効果もある。ひとりで制作するのもよし，仲間数人での共同制作も援助者との共同制作もよしである。主体的に取り組むこれらの活動は，その人の生きる原動力にもつながる。

第6章 レクリエーション活動の実践

1 在宅福祉におけるレクリエーション実践

　筆者は介護支援専門員（ケアマネージャー），レクリエーション・コーディネイター，福祉レクリエーション・ワーカーの資格をもっている。『お世話してます』『お世話になってます』の福祉の世界が，介護保険を契機に変わろうとしていた。常々利用者の人から「不満があっても世話になっているんだから」「職員さんには何もいえないんだよね」という声を聴いていたので，通所介護施設を開所するのにあわせて，最後までその人らしく過ごしていただけるようなケアプランを立てていきたく，介護支援事業所を開所した。

　在宅福祉においては，介護認定の中で要介護認定を受け，要支援，要介護1〜5の判定を受けた人々への支援と，自立と判定された方々の介護予防の支援とに大きく分かれる。要介護認定を受けられた方のケアプランでは，介護福祉専門員として福祉レクワーカーの目をもったプランを立てた。介護予防の事業では福祉レクワーカーとして参加者の人々が生き生きと楽しく前向きに生きていけるように支援している。

1．在宅生活を生き生きさせるために

　要介護認定を受けてもデイサービス（通所介護）・デイケア（通所リハビリテーション）へ体力的に通所できない場合，または本人が知らない人の集まりには入れないなどの事情があり，在宅で介護を必要としている人々への支援である。

（1）　Dさん（男性）は訪問入浴から

　Dさんは現在85歳。83歳でパーキンソン病を発症するまで農業一筋に頑張ってきた。82歳の妻と生活している。息子夫婦と孫とはスープの冷めない距離に住んでいる。半年前に軽い脳梗塞を起こし，立ち上がることができなくなり，お尻でいざって動いていた。妻ひとりでは介護がたいへんになってきた。この時点では要介護3の認定が出ていたが，更新申請で要介護4に変更になった。

1）訪問入浴

　Dさんは脳梗塞の症状が安定したときに，自宅のお風呂で息子が入浴させた。浴槽に入ることはできたが，立ち上がれないので浴槽からは嫁と2人がかりで出すことはできたが，それ以来入浴はしていない。初めてDさんに会ったときかなり異臭がした。体を拭いているというがきれいにはできていない様子。Dさんの妻は他人が家の中に入ってくることに抵抗がある様子だが，訪問入浴ならDさんの部屋だけでほかには入らないことで，Dさんがきれいになることならと承諾した。ケアプランの中では清潔を保つことも大事だが，Dさんの心のうちも考慮した。お風呂に漬かる心地よさを，きれいに洗い流される心地よさを味わってほしいと訪問入浴を勧めた。訪問入浴のサービスが受け入れられたら次のサービスを紹介することにした。

　訪問入浴の当日，看護師を交じえた3人の人々のチームワークよく，Dさんのお部屋のみで，持ち込んだ浴槽を組み立て，入浴車から湯をはり，Dさんをバスタオルで包んで，3人で抱えるようにして浴槽に寝かせるように入浴させた。体を洗い，ゆっくりと温まってからシャワーを浴びる。温まっているときにDさんから「いい気持ちだよ，ありがとう」と声が出た。「爺ちゃんまだしゃべれたんだよ」と嫁は驚いた様子。いい気持ちだ，さっぱりしたと繰り返しているDさんの嬉しそうな笑顔に「お風呂を頼んでよかった」と妻も嬉しそうな気配，他人が入ることを認めてくれた。この2人の笑顔は心地よさを味わったレクリエーションの援助になっている。

2）訪問看護と往診

　訪問入浴の成功で次の段階へはスムーズに進むことができた。看護師による健康チェックとリハビリのサービスを受け入れてくれた。訪問看護の導入には主治医の指示書が必要になり，週2回の往診も受け入れてもらえた。看護師には妻も交じえたリハビリ体操の指導をお願いした。「爺ちゃんと一緒の体操が楽しいよ」。

3）外に出よう──福祉用具のレンタルと住宅改修

　元気になってきたDさんに「畑を見に行きませんか。車いすに乗れば行かれますよ」と次のステップの話をする。介護保険の中で車いすが借りられること，外に出やすいようにスロープをつけられること，住宅改修に20万円まで使えることなどの情報を提供し，「Dさんに生き生きとしていただくために，Dさんの畑を見に行きましょう」と勧めていった。納得し，車いすを借り，Dさんの部屋に近い縁側からスロープを取りつけた。

4）Dさんが乗った車いすは重い，ヘルパーを頼もう

　Dさんの車いすを押して畑を見に行った。道で会う近所の人たちにも，ニコニコと挨拶を交わしている。妻にも同行してもらったが，途中で交代して車いすを押そうとする。坂道が多いところなので，妻の力では無理とわかりヘルパーをお願いすること

になった。ヘルパーに入ってもらったことで，毎日散歩にも出かけるようになり，ほとんど寝たきりの状態だったDさんが生き生きしてきた。

　ここまで介護サービスを増やしていくのに3か月かかった。Dさんらしく生きてもらうための援助はレクリエーションの視点からも成果があったと思う。

（2）　家で死にたい――究極のレクリエーション援助

　93歳のEさんは「家で死にたい。お地蔵様で買ってきた一張羅を着て，千葉大へ行くんだよ」といっていた。正月に体調を崩し，主治医が不在だったこともあり入院した。入院して1か月後MRSAに感染，Eさんはどうしても家に帰りたがっていると家族から相談があった。その人らしく，その人が望む生き方を支援するレクリエーションと考え，介護保険と医療保険を使い，在宅で最後を迎える手伝いをした。レンタルベッド，往診の先生（主治医は往診をしない医師），訪問看護，訪問介護，酸素，寝台車と手配し，2日目には退院し，自宅に帰ってきた。「家だね，帰ってきたんだね」と話しかけると，目を皿のようにして周りを見回し大きくうなずき，手を合わせてありがとうと，声にはならないがはっきり口を動かした。それから3日間，Eさんが帰宅したと知り，いろいろな人が訪ねてくれた。たくさんの人にお別れをいい，笑顔で旅立たれた。往診の先生から最後を迎える様子をていねいに聴いていたので，家族も穏やかな気持ちで最後を看取り，笑って送り出すことができたという。「真夜中に先生が来てくれ，湯灌までしてくださり満足でした。遺体に傷をつけること（検死）もなく，献体先の千葉大に送り出せます」と話された。毎日お見舞いに行き，病院にいたときと打って変わったような笑顔を拝見して，このような旅立ちのお手伝いをさせてもらいたいへんよい勉強をさせてもらった。究極のレクリエーションだったのかなと思っている。

2．自立と判定された人々の在宅支援

　介護保険で自立と判定された人々の中でも，何らかの援助を必要としている人々が大勢いる。

（1）　保健センター「いきいきヘルス教室」

　文京区では本郷保健センターで月1回，水道橋保健所管内で月1回の「いきいきヘルス教室」が開かれている。2年ほど前から本郷のいきいきヘルス教室にかかわっている。参加者は介護保険の適用を受けている人から，自立の人まで毎回20人ほどの人々が集まってきていた。送迎バスはなく，全員自力でここまで通ってくる。介護保険ではすでに，他のデイサービスを利用されている人も何人かいる。身体障害者の人は7人，虚弱な高齢者の人が15人参加していたが，10月1日から健康保険法の改正により，高齢者の人々の医療費が大幅にアップしたことにより『病気にはなれない，

元気で長生きしなければ』と一挙に5人も増え常時25人になっている。スタッフは保健師1人と、参加者でありながらボランティア的に動いている人が2人あり、片麻痺の障害者の隣で、時折手を貸してもらっている。

10時から11時30分の短い時間だが、たいへん熱心で9時過ぎには集いはじめる。いきいきヘルス教室というネーミングにもひかれたと話し、これが介護予防教室なんて名前がついていたら、私はここに来なかったという、たいへん意識の高い人々である。前半は棒体操、後半はゲーム、創作活動などを行っている。棒体操はストレッチングを主に体を動かしているが、2年目から楽しいレクリエーション・ゲームを主に変えていこうと希望をとったところ、この体操がよい、こんなに動けるようになってきたんだから、今までのように後半で楽しく遊べればとの答えが返ってきた。意識の高い人が多いだけに、やりがいがあるグループであるが、勝敗のつくゲームは嫌い、ゴロ卓球では静かに打ち合いましょう、創作活動は下手なのがわかるから嫌と、拒否をされる人がいると、それをたしなめる人が出てくるなど、援助者としては難しい。25人の大きな集団であるが、1人ひとりの援助も大切にしたいので、メンバーが集まるまでの時間を有効に使って、個別に話を引き出し、次の時間につなげるようにしている。今後、このようなかたちでのレクリエーション援助の場面がますます増えていくように思われる。

2 高齢者通所施設におけるレクリエーション実践

◇施 設 名 「デイホーム　ちゃのま」
◇住　　所 〒277-0008 千葉県柏市戸張950番25号
◇電 話 番 号 04-7160-2611
◇Ｆ　Ａ　Ｘ 04-7160-2622
◇経 営 主 体 有限会社　ケアサポートあい
◇施 設 長 村松　郁惠
◇併設事業所 居宅介護支援事業所　ケアサポートあい
◇通所定員 1日14人
◇職 員 数 施設長1　生活相談員1　看護師2（内パート1）　介護福祉士2（内パート1）　ケアワーカー3（内パート1）　調理員2（パート）　運転手1（パート）　清掃員1（パート）

1．施設の概要

「デイホーム　ちゃのま」は南北に長い柏市の中央地区の東端にあり、手賀沼へは徒

歩10分の高台にある。目の前には田圃が広がり，沼南町との境界の大津川まで300 m，ベランダからは我孫子市，手賀大橋を望むことができ，ちゃのまのデイルームからは文京区の保養施設の山が目のあたりに見え，四季の移り変わりをいながらにして楽しむことのできる，たいへんロケーションのよい場所である。町中で暮らしている利用者の人々からは，別荘に来た気分でのんびりと心が休まると楽しまれている。常磐線柏駅から車で10分くらいのところだが，国道16号線を横断すると空気も気温も変わり，まだまだ自然がいっぱいに残されている。

　平成12年6月20日に「デイホーム　ちゃのま」は一個人が自宅を増改築して誕生させた。介護保険がスタートする直前に，十数年前から付き合いのあった障害者の人々から，介護保険の中で自分たちが通える施設をつくってほしいと要望があり，筆者自身福祉レクリエーション・ワーカーとして納得できる援助をしたいとの思いとが重なり，ちゃのまの誕生につながった。3月24日に有限会社ケアサポートあいを立ち上げ，庭をつぶして自宅の一部を改築し，45 m²を増築して介護保険が適用できる施設を造った。アットホームなくつろげる場所づくりと，体に優しい住まいづくりを心がけた。狭いながらも圧迫感を感じさせないように，梁をみせた高い天井とシックハウスを起こさないように，壁は帆立貝を1200度で焼き上げ粉にした材料を塗り，床下の防腐剤は備長炭の粉末を塗り込め，新建材を一切使用しなかった。これらは心地よいレクリエーション援助の下地づくりである。当初定員10名でスタートしたが，利用者の要望もあり翌年4月には定員14名と増し現在に至っている。

2．「デイホーム　ちゃのま」の援助目標

　福祉レクリエーションの原点は良質なケアサービスだと考える。この良質なケアサービスの基盤の上に，具体的な福祉レクリエーションの援助が行われると確信している。

　利用者1人ひとりの意志を尊重し，その人らしく楽しく生き生きと過ごせるように，ニーズを把握し，利用者の立場に立った適切な援助を行う。

（1）　利用者の心身機能の維持改善

　高齢者，障害者の人々は加齢と障害のため，活動範囲が狭く身体機能（特に歩行）が低下しやすい。日々の健康管理と適度な運動と散歩，他者との交流により心身機能の維持を図る。また閉じこもりがちなのでストレスが溜まりやすいので，ドア・ツー・ドアの送迎により閉じこもり解消を図る。

（2）　利用者の生きがいづくり

　知的レベルの高い人，あるいはプライドの高い人々への創作活動では，プレゼントをして喜ばれるような達成感の得られるもの，ゲームなどでは次に挑戦しようと思え

るものの援助を通して生きがいづくりを図る。また，認知症が進み何もできなくなってしまって，『無用の人』と思っている人に，その人のできることを手伝ってもらい「おかげさまで助かりました。ありがとう」と感謝して，あなたは必要とされているのだ，『有用の人』と思えるような援助を通して生きがいづくりを図る。

（3）残存能力の引き出しと維持

障害者の人，閉じこもりの高齢者の人，認知症の人それぞれ残されているさまざまな能力を，日々の活動の中から探り出し，活用することで維持するよう援助していく。

（4）社会性の保持

利用者間の交流，ボランティアとの交流を通して社会の一員としての日常生活を保持する。家にいるときはベッドに横になることが多く，パジャマを着替えない人も，ちゃのまへ出かけるために自分から早起きして身仕度を整える，好きなアクセサリーを身につける，男性も女性も帽子をかぶりお洒落になってくる。グループの中で弱い人を気遣い，障害のある人には手を貸すなど，家族でいるときとは違う姿をみることができる。

（5）家族の介護軽減を図る

認知症の人，重度の障害の人の在宅介護を担っている家族の人々は，四六時中気の休まることはない。昼間のわずかな時間だが，利用者の人がデイサービスを利用されている時間が，家族の人々のリフレッシュの時間になるよう援助していく。ちゃのまに預けているという思いではなく，本人も喜んでちゃのまへ出かける援助をすることで，心豊かな時間を過ごしてもらえると思う。

3．レクリエーション・プログラムの展開

「デイホーム　ちゃのま」を利用されているすべての時間が，レクリエーションとなるようなサービスを心がけている。そのためのプログラムは利用日の設定からはじまっている。デイサービスは送迎のルートにより利用曜日が設定されることが多い。ちゃのまでは，この人がどの曜日のグループのメンバーと一緒に過ごされるのが一番望ましいのかを考え，ルートはひとり送迎となっても最適な利用日を設定するように心がけている。そのため，月曜日から土曜日まで曜日ごとにメンバーに合わせたプログラムが実施されている。

「デイホーム　ちゃのま」の利用者は，認知症の人ほど家庭にいる日よりちゃのまを利用している日数が多くなっている（表6-1）。特に毎日利用されている人は，要介護5が出ている重度の認知症の人（Aさん，Bさん，Cさん）である。また障害者の人々の多くは自分自身の生活設計を立て，週1日から2日の利用で十分に在宅生活が成り立っている。

表6-1 平成14年12月現在の利用者33人の利用状況　　　（　）内は年齢

	認知症　14人		身体障害者　19人	
	男	女	男	女
週6日	1人(80)	2人(87, 85)		
週5日		1人(85)		
週4日	1人(80)	2人(88, 78)		
週3日	3人(87, 78)	1人(86)	1人(78)	1人(91)
週2日		2人(91, 80)	3人(90, 80, 71)	4人(92, 89, 71, 62)
週1日		1人(84)	1人(78)	9人(90, 80, 78, 77, 74, 70, 65, 62, 53)

表6-2 曜日ごとの利用者の状況

	男　性			女　性		
	認知症	身体障害者	計	認知症	身体障害者	計
月曜日	4人	1人	5人	7人	2人	9人
火曜日	3人		3人	7人		7人
水曜日	4人		4人	7人	3人	10人
木曜日	3人	3人	6人	3人	5人	8人
金曜日	3人	2人	5人	3人	6人	9人
土曜日	3人	4人	7人	3人	4人	7人

　月，火，水曜日までは認知症の人が多く，木，金，土曜日は障害者の人が多くなっている（表6-2）。特に火曜日はなじみの活動を通して，残存能力を引き出したく，調理活動を行うため認知症の人々に焦点を絞って，活動している。月曜日と水曜日は認知症の人は同じメンバーで，障害者の人3人が入れ替わっている。また木曜日は軽い障害者の人々で92歳から，91，90，89，88歳とたいへん年齢の高い人々の通所日になっているが，いずれも週2回の利用で知的にも高く，とても元気のよい人々である。土曜日もほぼ同じメンバーである。反対に金曜日は週1回の利用で，障害者の人は74歳の方が最年長者で，最も若い53歳の人までの利用で，平均年齢が最も低くなっているが，片麻痺の人が多く言語障害を併せもっている人もいる。このような状況では当然，曜日によって大きくプログラムは変わってくる。

(1)「ちゃのま」になくてはならない道具たち

1) 8歳から100歳まで対応するパズル

- 三角パズル　　一辺30cm正三角形の中に1辺6cmの正三角形16枚を使いパズルを仕上げる。
- 3Dパズル　　一辺15cmの角の中に四辺に4種類の絵が描かれている5cm角のカード9枚を使い，すべての絵が完成するように仕上げる。

　　いずれのパズルもアメリカの数学者が考えたパズルとか……正解の確率は1/1000だとか……ひとりではじめてもいつのまにか2人で……

- ロンポス　4Dパズルゲーム　　直径15cmの半月盤の窪みに，小さなボールがいろいろにつなぎ合わさった12のブロックをはめ込んでいく。

　　19888通りの入れ方があり，同じようには2度と入らない……

- 一級建築士に挑戦　　ちゃのまで勝手につけたネーミング。土地代が高いので一辺が9cmの正方形の土地の上に，さまざまなビルの形をしたブロック7個を組み合わせ高層ビルの建築に挑戦……あちこちから手が出て……
- スーパーIQ　　一辺が8cmの透明のケースの中に大小合わせて17個のブロックを順々に入れていくだけ。ブロックの入れ方は全部で1001通り。だが，正解はたった1つだけ。今まで正解できた人は89歳の男性だけ。職員も正解者ナシ。こんなパズルがまだまだたくさん用意してある。

2) 技術が必要なぐらぐらゲーム（3種類）

偶然性だけでなく，かなりの技術も必要なドキドキ，ハラハラのゲーム。

3) 真剣勝負で容赦はしない

オセロ，4目立体並べ，将棋，囲碁，ダイヤモンドゲーム（直径50cmの木製の円盤，高さ6cmの握りやすい駒が倒れないように駒が動く位置が掘り込まれている）

4) 心を1つにして一喜一憂

ドミノ倒し（駒－大600個，小450個）

5) なじみある昔の遊び道具

お手玉，めんこ，おはじき，ビー玉，ベーゴマ，独楽，福笑い，双六，カルタ，百人一首，タングラム

6) なじみある昔の生活用具

七輪，火鉢，火箸，灰ならし，石臼（月見団子づくりには欠かせない），ゴマ煎り（毎朝，お茶を焙じてもらう），焙烙（ほうろく），カルメヤキ，キセル，パイプ，刻み煙草

7) 手づくり漬物，果実酒たち

梅干し（毎日の食事に），らっきょう，梅桃酒，杏酒（いずれも庭でとれたもの）……利用者との活動の中で

8）テーブルゲーム

ボウリング（コマを使ってピンを倒す），コリントゲーム，テーブルペタンク，スマートボール

9）カードゲーム

トランプ（大，中，小），花札，四文字熟語，動物合わせ

（2）「ちゃのま」になくてはならない手づくりの道具たち

1）布ボール（五角形の布12枚を縫い合わせて）

大（直径30 cm）8個，小（直径10 cm）100個

2）新聞紙を使って

棒体操用のスティック，ネットボール，フライングディスク，リング（輪投げ，キャスティング・リング，体操用）

3）段ボールを使って

ゴロ卓球用のラケット（ゴロ卓球のボールは視覚障害者用のもの），エイリアンゲームの扇ぎ板，福笑い

4）牛乳パックとステンレスの板で

終戦後の食料難のときにつくって食べた電気パンの道具を，今は牛乳パックを使って

（3）創りたいときにいつでも間にあうように

1）創作活動用の材料

- クリスタルビーズ（指輪，ブレスレット，ネックレス）
- プラスチックビーズ（アームバンド，安全ピン手芸）
- 刺し子（花布巾，クッション），革細工，ネット手芸，草木染め
- 型染め，マーブリング，和紙細工，マクラメ，折り紙
- 編み物（時には「片手で編み物できるんだーい」を使って）など
- 水彩画の用具（ボランティアの先生による指導がある）

これらの道具，材料を使ってその日のメンバーに合わせたレクリエーション援助を行っている。

（4）ある日の「ちゃのま」の1日

1）月曜日のメンバーでは

送迎車は8時15分から1便，8時35分から2便が迎えに出発する。9時に近くの利用者Tさんが歩いて到着される間に，お客様をおもてなしの準備をする。Tさんが到着するとまもなく2便が到着する。この送迎車は3便として迎えに別方向に出発する。お手拭き，お茶でくつろいでいる間に，看護師によるバイタルチェックがゆったりと行われる。1便，3便の送迎車が到着し全員が揃うまでの間はテーブルに用意さ

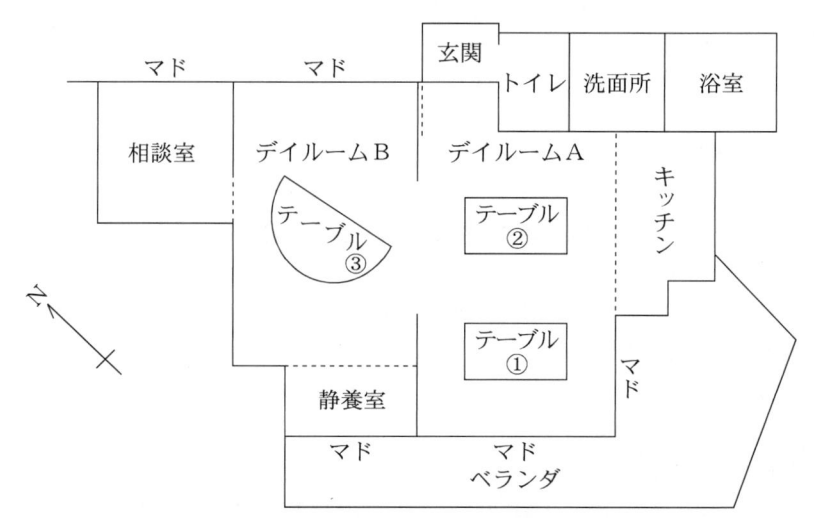

図6-1 「デイホーム　ちゃのま」の平面図

れているお茶を煎ったり，パズルをしたり，話をしたり，本を読んだりと思い思いに過ごされている。着席される場所は，体操前に行う活動を意識してご案内する。

　10時のお茶うけを食べた後は，テーブル①でのゲームがはじまる。このメンバーにはちょっと考えたり，技術を要するゲームが好まれている。ゲームに興味を示さないAさん，BさんとマッサージチェアーにかかっているDさんと，入浴中の人を除いてほとんどが参加している。テーブル③ではサイコロを振る理解もできなくなったAさんは，大好きな「世界一流品名鑑」を見ている。見当識障害，失認，失行があるBさんには絶えず職員が付き添って，Bさんの世界（Bさんは今30歳代を生きている）の話をしたり，小さな声で歌ったりして過ごす。

　ゲームが一段落した頃を見計り，デイルームBでの体操の準備を行う。テーブルとゆったりとしたいすはすべてデイルームAに移動し，デイルームBに体操用のいすを並べる。ゲーム，体操，食事のときも席順はとても大切でかなり気を遣っている。11時頃から棒体操がはじまる。柔らかくなった新聞棒を使い，足先から動かし，身体全部を伸ばし，曲げ，捻り，叩き，1時間余り歌と会話と笑いを交えて体操を行う。「笑う門には福来たる」「笑うことは健康によい」と笑いが絶えない体操の時間である。もちろん自由参加だが，当初手芸などをされていた人も，体操の効用をメンバーから勧められて参加し，足腰が丈夫になり，肩が軽くなり，手があがるようになったと新しいメンバーにも勧めている。現在はその日の体調のよくない人を除き，全員で体操を行っている。

食事の支度ができあがった頃を見計らって，布ボール100個を使って，鬼退治が始まる。鬼は職員2人，手に持ち切れないほどのボールを持ち，思いきり鬼にぶつける。鬼も負けずにお返し，普段は紳士も貴婦人もこのときばかりは子どもに返り，夢中になっている。たった1分間の勝負，10，9と皆でコールしながら「0」とコールしたときには全員クタクタ。「楽しかった」「気が晴れた」と。整理体操をしている間にテーブルといすのセッティングが終わり昼食の案内，手洗い，配膳……温かい食事を食べる。世話が必要な人はテーブル③で職員と一緒の食事となる。

　1時20分までのんびりと食休み，テーブル①②をつけて創作活動，刺し子，クリスタルビーズで指輪づくり，ネット手芸でティッシュボックスケースづくりに4人が参加，テーブル③ではテーブルカーリングと後半ゴロ卓球が始まる。反射神経が抜群のAさんは段ボールのラケットを見ただけで素晴らしい笑顔になる。このテーブルに参加した高校生ボランティアもメンバー間のボールの速さに目を回していた。

　3時20分職員手づくりのお菓子を食べ，4時15分に送迎車2台で帰宅へ。

2）木曜日のメンバーでは

　10時のお茶までは，月曜日と変わりなく過ごすが，障害者の5人はテーブル③で頭の体操（パズル）をして過ごす。体操の途中では利用者の人々が先生になり，パフォーマンスを披露する。最高年齢の人々の元気さは職員もビックリ，パフォーマンスを体操の1つとして全員で行う。「直れ」「それまで」「ご苦労様」のかけ声もさまざまに出る。メンバーによって体操の様子も変化させている。

　午後の創作活動は利用者の希望によって行われているが，テーブル③では最後のゴロ卓球につなげるゲームにトランプ（7並べ）をすることもできる。このとき参加できないAさん，Bさんはテーブル②のほうでゆったりと職員と過ごしている。ゴロ卓球がはじまるときにはAさんは勇んで参加していく。

3）金曜日のメンバーでは

　8人の障害者の人々は体操まではテーブル③でオセロ，ダイヤモンドゲーム，パズルなどで過ごす。

　体操時の席順では障害者の麻痺側に職員が座り，介助にあたるように配置する。この日は鬼退治は体操時には行わない。

　午後1時20分から2時まで大きな布ボール8個を使い，ボール運動を行う。大きな布ボールを1個から2個，2個を上下に投げ同時に受けとめたり，3個重ねて，横に平げて，ボールを受けとめるために，不自由な手が足が動いている。「信じられない，右手が動くようになっている！」このボール運動をはじめて6か月，現在，6個重ねまで受けとめられるようになっている。認知症の進んでいる人も生き生きとしてボールを受け，投げ返してくれる。

2時20分から障害者の人全員が創作活動へ参加する。指輪、ネックレス、アームバンド、革細工、マクラメ、ネット手芸と好きなことに挑戦している。片麻痺の人々の作業ができるように、自助具の開発、工夫を行うことでいろいろな創作に参加でき、時間がかかってもできあがったときの達成感を得られるよう援助している。

4) 火曜日のメンバーでは

この日は意図して認知症の人だけの活動日としている。認知症が進んでいる人でもたくさんの能力がまだまだ残されている。主婦として家族を守り育ててきた経験は簡単に消えてしまうものではない。ただ、認知症だから危ないからと家事から離されてしまっている。認知症の女性の人に一番なじみのある調理活動を火曜日に取り入れた。最初は3人から徐々にメンバーを増やしていった。包丁を使えるかどうか一緒に使いながら判断する。清潔のために手洗い、消毒は十分に行い、テーブルの上に滑り止めを敷き、まな板を置くなど工夫をしている。立っての作業は負担が大きいのと危険なので、いすに座って作業ができるようにテーブルの足を短く切ってある。かつらむきの得意な人、みじん切りが得意な人、芸術的な千切りを得意とする人、煮物の面取りをする人、包丁が使えなくなっているBさんも「何か手伝うよ」と、茸をほぐしてもらったり、茹で卵の殻をむいてもらったり「少し助かったかい」「できたんだね」と調理の一員である。皆生き生きと活動している。この日ばかりは職員は、利用者のお手伝いと安全確保を第1に援助しているが、感動の連続でもある。「ありがとう」「助かりました」「素晴らしい、まねできない」と……。初めてのことにも挑戦してもらっている。餃子を包むのは初めてといいながらも、回を重ねるごとに上手になっていく。

男性も包丁を得意とする人もいるが、ほかの男性にはピーナツの殻をむき、ほうろくで炒り、皮をむき(時には口にも入るが)、ミキサーで砕いた後、すり鉢ですりピーナツ和えのルーをつくってもらう。

ある日の献立：餃子・野菜スープ・ほうれん草とツナのお浸し・ブロッコリーのピーナツ和え・大根と柿のなます・南瓜のマッシュ（クランベリー入り）・キャベツとキウイのサラダ・白菜の即席づけ・リンゴ入りヨーグルト

盛り付けから配膳まですべて利用者の人々で行う。食卓の準備ができたときには「さあ、できたよ。おあがりなさい」と利用者から声がかかる。皆満足そうにエプロンをはずしている。この笑顔こそまぎれもないレクリエーションである。少し遅めの昼食になるが12時30分頃には食べはじめることができる。

キッチンが狭いため洗い物は職員が行っている。午後はゆっくりと大正・昭和初期の歌のCDをかけながら歌って過ごす。2時50分頃からゴロ卓球で思いきり体を動かす。

（5）「ちゃのま」の食事

　食事も「ちゃのま」の大切なレクリエーション・プログラムである。利用者に食べる楽しみ，食べる意欲のわく，栄養のある食事を提供したいと，季節の旬の素材を生かして「ミニ懐石」と呼ばれることもある料理を，8品から10品を食べてもらっている。料理の素材もレクリエーションの対象になる。ソーメンカボチャ，はやと瓜，冬瓜，夕顔，似通っているのに，「中身は？」「調理の方法は？」「食べ方は？」「味は？」。ブロッコリー，紫ブロッコリー，黄色ブロッコリーを見て触って考えて，「茹でるとどんな色？」。紫，黄色の声が多いが中には「全部緑」「まさか」興味津々，調理前にテーブルの上に置いておくだけで話が弾む。早速，茹でてみると紫も黄色も濃い緑，「当たった」「きれいな緑，早く食べてみたい」と食べる意欲につなげていく。小さな施設だからできることかもと，今日も芽が出てきたはやと瓜を，利用者と一緒に植木鉢に植えて，暖かくなったら地植えにしようと楽しみにしている。

（6）外出活動

　心身機能，特に下肢筋力維持のためには「ちゃのま」のような小さな施設では動ける量が少ない。散歩に出ることにより歩行不足を補うが，施設の周辺は坂が多く，農道は交通量も多く危険なので，公園などへ出かけ，来園の人や子どもたちとの交流を通して社会性を保ち，季節感を味わうことを目的として，利用者との相談の上，午後2時頃から外出活動を行っている。七福神巡り，桜，チューリップ，コスモス，なんじゃもんじゃの木，ハンカチの木，寒い時期には渡り鳥を見に手賀沼に，知人の障害者がつくった大根を抜いたり，春菊を摘んだりと，施設の中では見られない利用者の笑顔が見られる。

（7）入浴サービス

　「ちゃのま」の浴室は家庭の浴室より少し大きめで3畳程，床暖房つきで手摺が十分についている。また浴槽をまたげない人のためにいすに座ったまま，全身にシャワーを浴びることができる座シャワーも完備している。入浴は清潔保持のため必要なことであるが，レクリエーションの1つとしてもとらえている。職員がひとり付きっきりでひとりずつ援助にあたっているが，重度の障害者の人で通所リハビリ（デイケア）では，大勢での入浴は危険だからと，リフトで吊り上げられて，浴槽に入れられてしまう人は，「俺は荷物ではないよ。ここでは手伝ってはもらうが，ひとりで入ることができる」と満足げに話す。ひとりで入浴できたという満足感もレクリエーション，ジェットバスにあたりながらのんびりと湯船に漬かるのもレクリエーションととらえている。入浴希望の人に入ってもらっているが，現在は1日5人の人々が入浴されている。多いときは1日8人の人が入浴されていたが，この浴室ならひとりで入浴できると自信をもった障害者の数人は，住宅改修を行い自宅で入浴ができるようになり，「ちゃの

ま」の入浴サービスは中止された。午前中の活動時間にひとりずつ入浴している。

(8) 健康管理（バイタル・チェック）・健康相談

毎朝，通所された順に看護師により，体温，脈拍，血圧の測定と健康状態のチェックが行われる。ちょっとした動きの中から体調の変化を見逃さないように話を聴いていく。いつ，何が起きてもおかしくない病弱の人，高齢の人々が通所しているので大切な時間である。また医者に行くほどではないが気になっている健康面の悩みを，看護師に話を聴いてもらうことで，ほっと安心することもレクリエーションととらえている。

(9) イベント

大きなイベントは組めないが，ボランティアの先生による演奏会を開いている。リトミックを取り入れたピアノコンサート，音楽療法を勉強している先生の楽しい時間である。大正琴を現代風にアレンジして，昔の懐かしさと大正琴の持ち味を，余すことなく披露してくれる演奏会，ミニコンサートではあるが，各曜日の人が楽しめるようにイベントを組んでいる。

毎月のイベントは誕生会がある。職員が目の前でつくり上げるケーキを見ながら，「自分の誕生日会にはケーキの上には桃がいいわ」「チョコレートケーキがいい」と楽しみにしている。

(10) ボランティアと「ちゃのま」の姿勢

「ちゃのま」には技術をもったボランティアと，利用者との交流を目的にくるボランティアとがいる。前者は水彩画の先生，マッサージの先生，美容師，コンサートの先生などである。後者は福祉教養科の高校生が，夏，冬，春の長期休暇と土曜日，祭日などに2人くらいで訪問してくる。ボランティアセンターから紹介され訪問してくるボランティアは週1回来てくれる。いずれのボランティアにもお願いしていることは『1人ひとりを大切に，介護を必要としていても人としての尊厳は変わらない。何でもやってあげるのではなく，必要なところだけお手伝いする，いつでもあなたの傍にいますよ，という安心感をもってもらえるように』ということを心がけてください，と伝えている。ボランティアは職員の一員ではない。雑用は職員が行い，ボランティアは，精神的な面で利用者にプラスアルファをもたらしてくれる人と考えている。

3 障害者通所施設におけるレクリエーション実践

〈身体障害者通所施設の概要〉

身体障害者の通所施設は障害者プランにおける「地域で共に生活するために」の推進を図る施策として，当該施設入居待機者のうち通所を希望する人々および施設入居

者であって家族の介護力などにより在宅での生活が可能な人々に対し，住み慣れた地で生活しつつ施設の介護機能などを利用できるようにするため，制度化された。

　通常，通所施設は，授産施設とデイサービスセンターの2つがあり，授産施設は，身体障害者で企業などに雇用されることが困難な人々が通所し，職業訓練を受けるとともに，就労の場を提供する施設である。身体障害者通所施設の取り組みの多くはこれである。

　もう一方のデイサービスセンターは，趣味，創作活動などグループ活動の推進と入浴，給食，リハビリテーション，送迎など生活上の援助を行っている。また，在宅の障害者が一時的に施設を利用することにより，家族の身体的，あるいは精神的な負担の軽減ともなり，レスパイト*的な意味合いも含まれている。

*レスパイト：重度の身体障害者を介護している家族が，所用などで一時的に介護することが困難になった場合に，一時的に施設を利用し，家族の身体的，精神的負担を軽減するために，必要な生活上の介護や給食の援助を行うこと。

1. 授産施設とレクリエーション活動

　神奈川県A施設では通所授産施設2棟，身体障害者療護施設1棟，障害者デイサービスセンター，レスパイト，地域交流スペースと施設が充実している。2棟の授産施設ではネジの袋詰め作業からパソコンの編集作業まで，障害のあり方に応じて職員手づくりの作業用の木製自助具がつくられ，自立して作業ができるように工夫されている。労働による成果は給料という金額評価で示されるため，やりがいがあり，一刻を惜しんで働く姿がみえる（図6-2）。

　Aセンターでは定年制があり，定年後何年かは個人の興味の作品をつくりバザーなどで販売をしている人たちがいる。そこでは木彫や七宝焼きなどが行われているが納期や生産数のノルマがなく，楽しみながら作品（製品）がつくられている。七宝焼きの熱入れするごとに変わる色合いを楽しみながらゆっくりと作業する様子は，レクリエーション活動といえるであろう。

　労働後に行われるレクリエーション活動は主にスポーツで気の合った数人が集まりローリングバレーなどを楽しむ。スポーツは，作業中の集中とは違う種類の集中があり，労働の疲れを忘れさせるよい活動である。また，同じ職場で働く者同士のスポーツは，ますます仲間の連帯感を強める効果がある。しかしながら，勤務終了時間の違いや，体力などの理由で人数がそろわず，帰宅後の個人的なレクリエーション活動が多くなっている。

　授産施設近くに，労働で疲れた身体を癒す仕掛けとしてのレクリエーションエリア，ハーブガーデン（図6-3）がある。一見手入れが不行き届きにみえる庭にはワイルド

図6-2　編集作業に従事する　　　　図6-3　ハーブガーデン

ストロベリーやミント，ローズマリー，ラベンダーが生い茂り，視覚障害者のためにベルが備えつけてある。ベルの響きは，視覚障害者ばかりでなく誰にとっても心地のよい響きのものである。

　また，中途障害者の地域活動センターに登録されている通所グループでも，中途障害者が助け合いながら社会復帰のための就労訓練と作業を行っている。ここでもレクリエーション活動は季節の行事にとどまり，日常的なプログラムが用意されていないことのほうが多い。センターで学習したレクリエーション活動が生活の中で位置づけられ（レクリエーションの生活化），生活に豊かな彩りを添えていくことが理想である。

　A施設のように療護施設に併設されている授産施設はレクリエーションのためのホールや体育館を有しているところもあり，レクリエーション環境が整備されているにもかかわらず活用されないことは実に残念なことである。

2．デイサービスセンターとレクリエーション活動

　神奈川県R施設では施設スペースを利用してデイサービスを行っている。現在9人の利用があり，そのうちの4人が措置による通所者，5人がデイサービス利用者で週1回から2回の利用である。R施設では授産は行っていないので，入浴サービス，PT訓練を除いて，純粋にレクリエーション活動が日課となっている（表6-3）。

　療護施設の利用者と合同でスポーツのプログラムを楽しむ時間があり，少人数では味わうことのできない集団でのスポーツ体験や，施設でのレクリエーション活動に合流できる利点ももっている（表6-4）。

　脳梗塞による右片麻痺の50代の女性は，デイサービスを利用することで，同じ50代のくも膜下出血による右片麻痺および失語症の女性と意気投合し，施設プログラムであるクラフト講座でクロスステッチ刺繍に取り組んでいる。昼食後にも寸暇を惜しん

表6-3　週間予定表

	月	火	水	木	金
8:30	送迎	送迎	送迎	送迎	送迎
10:00	健康チェック 午前の取り組み PT訓練 スポーツ	午前の取り組み クラフト講座	午前の取り組み PT訓練 散歩 買い物外出	午前の取り組み 書道等各種 　　　　講座	午前の取り組み PT訓練 スポーツ
11:00	昼食準備 昼食 休憩	昼食準備 昼食 休憩	昼食準備 昼食 休憩	昼食準備 昼食 休憩	昼食準備 昼食 休憩
13:00	午後の取り組み 入浴 作業	午後の取り組み 卓上競技 全体話し合い	午後の取り組み 入浴 作業	午後の取り組み ダーツ等各種 　　　　講座 レクリエー 　　ション 買い物外出	午後の取り組み 入浴 作業
15:00	水分補給	水分補給	水分補給	水分補給	水分補給
15:30	送り	送り	送り	送り	送り
16:45 17:30	記録整理 翌日準備	記録整理 翌日準備	記録整理 翌日準備	記録整理 翌日準備	記録整理 翌日準備

で取り組むほどの熱心さである。ひとりで取り組んでいたなら，これほどの集中力を引き出すことはできなかったかもしれない。共に創り合う仲間との出会いは，生きがいに感じられるレクリエーション活動との出会いであった。

また，ウィルソン氏病の30代の女性は週1回クラフト講座に参加し，水彩画を描いているが，講座の専門スタッフの判断で水彩画を描くための特殊なイーゼルが用意されることで創作環境が整備され，継続の情熱が引き出された。その他，書道，ダーツ，音楽セラピー，フラワーアレンジメント，囲碁などの講座に本人の意思で参加している。デイサービス独特のレクリエーションには職員の趣味である釣りの釣り竿を利用して手づくりされた吹き矢も迫力のある活動として人気がある。

表6-4　地域サービス予定表　　　　　　　　　　　（平成14年11月）

日付	曜日	行事等	午前の取り組み	午後の取り組み
1	金		PT訓練　スポーツ	入浴　作業
2	土	休み		
3	日	休み		
4	月	休み		
5	火		クラフト講座	卓上競技
6	水		PT訓練　スポーツ	入浴　作業
7	木		ミュージックタイム	ダーツ講座
8	金		PT訓練　スポーツ	入浴　作業
9	土	休み		
10	日	休み		
11	月		PT訓練　スポーツ	入浴　作業
12	火		クラフト講座	ローリングバレーボール
13	水		PT訓練　スポーツ	入浴　作業
14	木		書道講座	レクリエーション
15	金		PT訓練　スポーツ	入浴　作業
16	土	休み		
17	日	休み		
18	月		PT訓練　スポーツ	入浴　作業
19	火		クラフト講座	全体話し合い
20	水		PT訓練　スポーツ	入浴　作業
21	木		ダーツ講座	書道講座
22	金		PT訓練　スポーツ	入浴　作業
23	土	休み		
24	日	休み		
25	月		PT訓練　スポーツ	入浴　作業
26	火		クラフト講座	卓上競技
27	水		PT訓練　スポーツ	入浴　作業
28	木		書道講座	フラワーアレンジメント
29	金		PT訓練　スポーツ	入浴　作業
30	土	休み		

木曜日のレクリエーションの時間には，ローリングバレーボールのサーブ・パスの練習があり，全国障害者スポーツ大会（ハマピック）参加に向けて，実践練習やレクリエーション的な要素をもつゴルフ（パターゴルフ）練習，ペットボトルボウリングなどを行っている。昨年はビーンバック投げで1名が全国大会横浜市代表に選ばれた実績がある。

在宅の身体障害者にとって通所することは外出の喜びであり，家の中，あるいは居住地域の限られた人たち以外の人たちとふれあう交流の場である。週に2回から3回の通所であっても日常生活の中に定着すれば喜ばしい忙しさがある。今まで体験しなかったレクリエーション活動との出会いは，活動に参加する際に，家での生活にはない，やんわりとした強制力や少々の緊張，勇気を必要とする。デイサービスでの家族以外の人たちのはげましを受けて，達成感や社会参加への意欲が引き出される。「家とは違う」という非日常のおもしろさを感じさせるものがレクリエーション活動である。

3．新しい制度とレクリエーション

2003年から障害者福祉の新しい仕組みとして支援費制度が導入された。対象となる利用者（身体障害者手帳・愛の手帳をもっている人）は介護保険制度と同じように，利用したいサービスを選び事業者，施設と契約を行い，利用者負担の利用料がある場合は事業者や施設に支払いをする。支援費制度を利用するためには役所で利用の申し込みをする必要がある。身体障害者通所施設も支援費制度の対象となる福祉サービスである。今までは昼食代程度の負担であった利用者にとって，細々としたサービスすべてにかかってくる利用料をどのように受け取るであろうか。サービスの部分であるレクリエーション参加についても負担が生じるとき，人の喜びであるレクリエーション活動が当たり前に提供され，命の輝きが引き出される環境を維持できるか心配である。

身体障害者のレクリエーション活動の幅が広がり，まちづくり施策などハード面でのバリアはなくなってきているものの，バリアフリーマップが観光協会で配布されている現実は，どこに行くのも安心という状況がまだ十分でないことを示している。

4 高齢者入所施設におけるレクリエーション実践

1．特別養護老人ホームAホームにおけるレクリエーション実践

指定介護老人福祉施設は，介護保険法令の趣旨にしたがい，利用者が，その有する能力に応じ可能な限り自立した日常生活を支援することを目的とする。Aホームも指定介護老人福祉施設として，施設サービス計画に基づき可能な限り居宅における生活

への復帰を念頭に置いて，入浴・排泄・食事などの日常生活上の援助および介護相談，機能訓練・健康管理などを行っている。Aホームでは，半数以上の利用者が要介護3以上の認定を受けている。また，今後も要介護度の高い利用者が増加すると予想される中で，利用者の重度化にともない，重度の利用者にも個別化したレクリエーションの提供をモットーにしている。また，要介護度の現状維持ができなければ，レクリエーションがその意味をなさないと考えており，日常生活の何気ないことにもリハビリテーション・レクリエーション的要素を盛り込んでいる。すなわち，レクリエーションは，「体」「心」「知」の活動であり，特別から日常的へ，集団から個別化，そして施設内から地域へと広がりのある援助である。

2．特別養護老人ホームAホームの紹介
（1）施設の概要

ここで紹介する特別養護老人ホームAホームは，B県C市のD地方で初めての特別養護老人ホームとして1981年8月に開設された。ササニシキ，ヒトメボレの発祥地であるC市東南部D平野の田園地帯に位置し，農村のゆったりと落ち着いた雰囲気に包まれている。敷地は，旧中学校の跡地をC市から無償で貸与されており，春には敷地内の桜が満開となるほか，四季折々の風景を楽しむことができる。建物は，鉄筋コンクリート2階建で，延べ1851 m²に14の居室と2室のリビングルームが設けられており，利用者定員は50名である。2人部屋が1つのほかは全部4人部屋であり，そのうちの1室はショートステイとして使用している。集団ケア中心の時代の設計なので，個室は設けていないが，近年のユニットケアの考えも取り入れて，個別サービスの徹底に力を入れている。居室は全室南側に位置し，陽光を取り入れ明るく開放的雰囲気であり，実習生やボランティアをはじめ地域の人々の出入りも多い。また，C市デイサービスセンター・C市在宅介護支援センターを併設しており，ショートステイ，ケアプランニング，デイサービス，住宅介護支援などの業務も行っており，地域福祉向上の専門的拠点となっている。

（2）施設の運営方針

老人福祉法の理念に基づいて，個々のスタイルを重視した『あたりまえの生活』を確保する。

『愛と奉仕の精神に徹する』（介護憲章）ことで，利用者・家族が安心できる施設づくり。

（3） 施設職員・施設利用者の状況

① 職員構成
- 職員数 34 人（男性 4 人・女性 30 人）

施設長　1人	事務長　1人	事務員　3人	相談員　2人
介護員　18人	看護師　3人	栄養士　1人	調理員4人（1）
医師　（2）人	PT　（1）人	介助員　1人	その他

医師：内科医・神経科医　　　　　　　　　　　　（　）嘱託職員

② 利用者の状況
- 要介護度　　　　　　　　　　　　　　平成14年3月31日現在

介護度	要支援	要介護1	要介護2	要介護3	要介護4	要介護5	合計
男(人)	1	1	2	0	1	4	9
女(人)	0	3	10	2	9	17	41
合　計	1	4	12	2	10	21	50

- 年齢別状況　　　　　　　　　　　　　平成14年3月31日現在

年齢別性別	60〜64	65〜69	70〜74	75〜79	80〜84	85〜89	90〜94	95〜99	100以上	計(人)
男	2	1	3	2	1					9
女		1	8	8	14	4	4	2		41
計	3	9	11	16	5	4	2			50

最高年齢者：男86歳・女98歳　　　男性平均：76.7歳　　全体平均：81.1歳
最低年齢者：男68歳・女68歳　　　女性平均：80.9歳

- 利用期間状況

平均入所期間	男/5年1か月	女/6年0か月	全体/5年8か月

- 出身地の状況

　利用者の出身地は，大半がC市内である。

- 健康面の状況

　利用者の疾病状況は，大半が高血圧や脳血管障害後遺症など脳血管および動脈硬化が起因する疾病に罹っている。また，利用者の半数以上には，認知症症状がある。

3. 特別養護老人ホームＡホームにおけるレクリエーションの実際

（1） 個別化されたレクリエーション

① Ｅ氏（84歳・男性）要介護5／脳血管障害・胃ろう造設

モーニングケアで訪室した際に，「おはようございます」と声かけし，Ｅ氏の口腔周辺のマッサージ（Ａホームでは，朝のスキンシップと称している）を行いコミュニケーションを図る。また，ベッドをギャジアップし，窓を開け，外の状況をＥ氏に感じてもらいながら声かけをする。Ｅ氏の開口したままの口は，マッサージとともに閉じ笑みがこぼれるときもある。また，Ｅ氏は胃ろうを造設しているため顔面の筋肉を使うことが少なく表情が乏しくなりがちである。日常でもＥ氏とコミュニケーションを図るときは，口腔周辺のマッサージを行っている。

〈Point〉

朝は1日の始まりであり，誰でも気持ちよく迎えたいものである。「おはようございます」という援助者の声かけに応答するのが困難な利用者でも，スキンシップとともに声かけされたら，利用者の心には響くものである。言語的コミュニケーションが困難であっても，非言語的コミュニケーションが図れる。Ａホームの朝のスキンシップは，寝たきりの利用者に生活のメリハリを与えるだけでなく，利用者の心の活性化にもつながる。また，外出が困難な利用者に，窓を開け外の雰囲気を感じてもらうことは，鳥のさえずり，木々の芽吹く状態，春夏秋冬の空気などを，目で肌で感じてもらうよい機会である。1日1回でも，外の空気にふれることは，心がすがすがしくなるものである。寝たきりなどで要介護度の重い利用者には，五感刺激を活用したレクリエーションが有効である。

② Ｆ氏（78歳・女性）要介護2／認知症

Ｆ氏は，入所して2年目を迎えるが，入所時は徘徊が激しく1日2〜3時間は，ホーム周辺2km圏内の決まったコースを歩き回らないとおちつかない状況であった。ケアカンファレンスの結果，Ｆ氏の徘徊の原因は，家に帰りたいと思っており，家に帰るためには足腰が弱まらないよう歩かなくてはならないといった強迫観念からではないかと考えられた。そこでＦ氏と家族の関係修復を援助し，月に1回程度は，家族と一緒に外食や買い物を楽しんでいただくようにした。今では徘徊もなくなり，Ａホームが自分の居場所と感じられるようになったのか，ユニットのミニキッチンでみそ汁を職員とつくったり，掃除機をかけたりしている。また，ときどき他の利用者の世話をやくような行動までみられるようになった。Ｆ氏の表情は生き生きとして，施設生活での自分の役割もみつけられたようである（図6-4）。

〈Point〉

　利用者が家に帰りたいと思う気持ちと，帰ることが難しいといった現実とのギャップはよく生じることである。しかし，家族の協力が得られればこのギャップを縮小することが可能である。利用者にとって，家族とともに外出できることは，家族との絆を感じられ心和むひとときとなる。また，人には，生活の場でそれぞれの役割があるものである。利用者にとって施設の中で自分の役割があるということは，施設での自分の存在価値を感じられる機会でもある。そのようなことが，利用者にとってこの場所にいてよいのだといった安心感を与えるのではないだろうか。また，援助者は，その利用者の能力を配慮し役割を提供しなければならない。

図6-4　施設生活での役割

③　G氏（75歳・男性）要支援

　B県長寿政策課の地域IT普及事業の一環で，Aホームでパソコンを借りた。高齢者とパソコンはミスマッチのように思われるが，使い方によっては楽しむことができる。はじめは，G氏も「パソコンなんて私には無理だよ」といっていた。G氏は，将棋が好きだったため，将棋のゲームソフトを勧めてみたところ，興味を示された。はじめは，マウスの使い方やカーソルの動かし方に少々とまどっておられたが，慣れてきたら「こういうのも楽しいものだね。将棋の相手がいなくても将棋ができるなんて思ってもいなかったよ」といっていた。

④　H氏（84歳・女性）要介護3

　H氏も，パソコンを楽しみにしているひとりである。H氏は，インターネットを使って生まれ故郷の自治体のホームページへアクセスするのを楽しみにしている。H氏の生まれ故郷には，古くから有名な沼があり渡り鳥の到来もある。自治体では，リアルタイムでこの沼の様子をホームページで紹介している。H氏は，子どもの頃この沼の近くで育ったため，ホームページを見ては職員や他の利用者に子どもの頃の思い出話などをしてくれる（図6-5）。

〈Point〉

　高齢者が，パソコンを楽しむといったことは，一見難しいのではないかと思われがちである。しかし，使い方によってはG氏やH氏のように有効なものとなる。将棋や囲碁のように対戦相手を必要とする趣味は，施設入所すると対戦相手もなく行

図6-5　ホームページ

わなくなってしまう。G氏のように,趣味を楽しむことができるだけでなく,実際に対戦をするといったことは,戦略を練ったり集中力も必要となるので脳の活性化にもつながる。また,マウスを使ってカーソルを動かしたり,キーボード操作を行うことは指先を使う訓練にもなる。将棋,囲碁やトランプなどであったら家庭用テレビゲームを活用することもできる。H氏のケースでは,インターネットからの情報が,H氏の心を刺激し楽しませてくれるものであった。文字による情報ではなく画像での情報のため,高齢者の人でも受け入れやすい。また,場合によっては大きな液晶画面に接続することで,より多くの人が楽しむこともできるし,H氏のケースのように懐かしいと思われる情報などを,回想法などの材料として使うこともできる。

⑤　I氏（75歳・女性）要介護2

I氏は,若い頃から生け花を習っていた。結婚後も,師範の腕前であったがお弟子さんはもたず趣味として継続していた。Aホームでは,1か月に1回希望参加者を募って生け花教室を行っている。I氏も参加しており,生けた花はホームの廊下などさまざまなところに展示されている。Aホームでは,生け花教室の花だけでなくリビングやトイレなどにも一輪差しに花が飾られている。I氏は,よく枯れかけた花や葉をつんだりしている。I氏の花の手入れもあり,Aホームでは生け花教室参加者だけでなく,他の利用者も花のある生活を楽しんでいる。

〈Point〉

　生け花は,花を生けることの楽しみ達成感のみならず,眺めても楽しめるものであり,人の心を癒してくれる。また,ホーム内に展示されていると,他者から賞賛を受ける機会にもなる。「きれいなお花ですね」「見事に生けてありますね」と他者から誉められることは,誰でも嬉しいことである。また,I氏のように,若い頃から続けてきたことを,いくつになっても継続できることは,生きることへの自信につながる。

⑥　J氏（92歳・女性）要介護2／軽度認知症

どこの地方にも方言があるが,特に高齢者の場合,方言での会話が中心となる。J氏は,Aホームが所在する地域の出身者であり,生まれてからAホームに入所するま

でもこの地域で暮らしていたため，この地方の方言を熟知しており，日常の会話も方言によるものだった。しかし，J氏の使う方言の中には，若い世代には通じない言葉がたくさんあった。そこで，若い世代の職員や他県からの実習生などは，J氏から方言を習うことにした。毎週地方テレビ局で『方言川柳』の放送があるため，その時間はテレビを見ながらJ氏の方言教室の時間となる。

〈Point〉

　利用者が育った時代は，テレビなども普及しておらず，標準語を耳にする機会は限られており，日常会話は方言を使うのが一般的であった。しかし，テレビっ子などといわれる若い世代は，標準語で会話することも多く方言は失われつつある。若い職員からは，「利用者が使っている言葉が理解できない」といったことも聞かれる。若い世代の職員と高齢者の間に言葉の壁ができており，援助者と利用者が信頼関係を築く上でも問題となってくる。援助者には，相手がいっている言葉の意味を理解しようとする姿勢が大切である。利用者の人は，人生の大先輩である。利用者の人を師匠とし若い世代が学ぶといったかかわりは，方言だけでなくさまざまな日本の生活文化の伝承となっていく。また，高齢者にとっては，人生の先輩としての役割感や自尊心を満たすことになる。

（2）施設内で集団で行うレクリエーション

① 花祭り

4月8日に花祭りを行っている。レンタルのお釈迦様だが，利用者は，甘茶をかけ無病息災をお祈りする。日本古来の行事は，生活の中にとけ込んでおり，高齢者の人はよくご存じである。花祭りも，特に大正生まれの利用者の人が，楽しみにされている。

② 出前サービス

1か月に1回は地域の飲食店から出前をとっている。地域の出前が可能な飲食店に頼むためメニューは限られてしまうが，お寿司やラーメン，鰻など好きなものを出前してもらって利用者の人に楽しんでもらっている。

③ 正月

鏡餅やしめ飾りなど，お正月を迎えるための準備は，ユニットごとに行い利用者の人にも手伝ってもらう。若い職員は，利用者の人にいろいろ教わりながらお正月の準備を行う。利用者からは「昔は，このようにしたのよ」といった言葉がよく聞かれる。

④ コンサート

Aホームでは，職員バンドを結成しており，誕生会など施設の行事の際にコンサートを行っている。また，施設には，ピアノが置いてあり，利用者の曾孫や職員の子どもなどピアノを習っている子どもたちが来所したときは，ミニコンサートを開催して

いる。また,「音のケア」と称して,施設長がピアノを奏でるときもある。Aホーム全体に響くため,音色は利用者全員の耳元に届き音楽のある生活を楽しむことができる。

⑤　ハートフルマイファミリーフォト

フォトサービスを行っている。利用者の曾孫や遠方からの家族などの訪問者があったときは,玄関ホールにある盛花（生花）の前で写真撮影を行い,訪問者と利用者にあげる。また,利用者全員のベッドサイドには,何枚もの写真を飾ることのできるフォトフレームがあり,ご本人や家族の写真が飾ってある。また,職員や写真好きの利用者が,日常の様子や行事の様子を撮影し,ミニ展覧会を開催する。利用者は,家族や施設行事など楽しかった思い出とともに生活している。

図6-6　車いすダンス

⑥　車いすダンス

Aホームでは,車いすダンスのインストラクターを招いて,車いすダンスパーティーを行った。麻痺のある人も,マンボなどのリズミカルな音楽が流れると,体でリズムをとっていた。麻痺や車いすを使用している利用者の人も,楽しむことができ好評だったので,職員がインストラクターから手ほどきを受け,定期的に車いすダンスを行っている。利用者の人たちのお気に入り曲は,「ソーラン節」である（図6-6）。

（3）　地域資源などを活用するレクリエーション

①　お墓参り

高齢者にとってお墓参りは,大切な日常行事である。お盆やお彼岸以外でも本人の希望があれば,家族と連絡を取りお墓参りを行っている。家族の協力を必要とするが,車いすを使用している利用者の人など,家族だけの付き添いでは難しい場合は,職員も付き添いお墓参りを行っている。

②　外泊

Aホームでは,利用者や家族からの希望があればいつでも外泊できる体制をとっている。法事など親戚の集まりや曾孫の節句のお祝い会などで,2～3日外泊をする利用者が多い。また,年末年始など10日間ぐらい外泊をする利用者もいる。外泊をし家族とともに楽しいひとときを過ごすことは,利用者にとってリフレッシュとなる。

③　ショッピング

Aホームでは,1か月に2～3回の割合で近くの大型ショッピングセンターで買い

物ツアーを行っている。参加希望者を募って行っているが，毎回3〜5人の参加者がいる。利用者は，それぞれが自分の好きなものや曾孫へのプレゼントを買ったりしている。また，衣類なども買い物ツアーで購入する人が多い。自分の好きなものを選べて購入できることは，満足感にもつながる。

④ 地域のお祭り見学

昔から行われているさまざまなお祭りは，その地域で過ごしてきた高齢者にとって季節の節目を感じる行事である。C市でも夏には七夕祭りが行われており，七夕祭りの後はすぐお盆となる。Aホームの利用者も，この七夕祭りを見学に行く。きれいな七夕の飾りや出店などでの買い物を楽しむ。

⑤ 文化施設の見学

C市内の文化施設で，展覧会などが開催されているときは，希望者を募り見学に出かける。比較的要介護度も低く認知症症状のない利用者の参加が中心となる。このような利用者には，文化的刺激となるようなレクリエーションの企画を心がけている。

⑥ M町コスモス公園散策

M町コスモス公園は，D平野を一望できる高台にあり，秋には10種類を超すコスモスが咲き乱れる。Aホームの利用者も，9月にはこのコスモス公園を訪れ，満開になったコスモスと稲穂が黄金色になりはじめたD平野の景色を楽しみ秋を満喫する。

（4） 地域住民も参加するレクリエーション

① 四大行事：桜まつり

Aホームでは，四大行事として，4月桜まつり，8月ふれあい夏まつり，9月敬老会，12月クリスマス会を，家族や地域の方々とともに行っている。ここでは，その四大行事の1つである桜まつりを紹介する。

Aホーム敷地内にある桜は，旧中学校時代からのもので地域住民にとってもなじみのある桜である。その桜が満開になると，Aホームの桜まつりが開催される。この桜まつりは，利用者とその家族だけでなく，地域の高齢単身世帯や高齢夫婦世帯の高齢者も招待する。地域の民生委員の方に，声かけをしてもらう。地域住民の参加により，利用者が幼なじみと再会したり，子ども同士が同級生だったりと話は盛り上がる。また，Aホームでは，敬老の日も，地域の高齢者を招待し，敬老祝膳で長寿のお祝いをする。

4．レクリエーション援助者への期待

高齢者入所施設での，利用者の要介護度が重度化し寝たきりや認知症高齢者が増加する傾向にあるが，要介護度の状況だけに対応するレクリエーションを考えるのではなく，個々の利用者のニーズに合ったレクリエーションを考える必要がある。また，

レクリエーション・プログラムのヒントとなる利用者の生活歴などは，利用者本人でしか知り得ない部分も多く，重度認知症の方などからは情報を得ることが困難な側面がある。しかし，日常のかかわりのなかからレクリエーションのヒントを得ることは可能であり，援助者が常に意識をし利用者とかかわることが大切である。また，入所施設での集団生活によるさまざまな制約や利用者の要介護度の状況などから，援助者が利用者の生活そのものをコントロールしてしまいがちになるが，レクリエーションの主体は，利用者であることを念頭に置き，その人らしい快適な生活を送るよう，援助者がレクリエーション活動を通してサポートしていくことが大切である。1人ひとりの利用者が各自の楽しみ方などを選択できる環境づくりができてこそ，有効なレクリエーション援助となるのである。

5 障害者入所施設におけるレクリエーション実践

　レクリエーションを考える場合，参加する人たちが楽しみ，そして好きになって，これを継続することが一番大切であると思う。

　ここでは，障害をもつ人々のレクリエーションを考えるのであるから，その楽しみ方や，好きか嫌いか，続けられるか，すぐやめてしまうかなどは，彼らがもつハンディキャップとの関係で質的に異なる。また，過去の生活経験によってそのジャンルが得意かその逆か，さらには生活環境によっても受け入れ方が相違するものと考えられる。

　したがって，レクリエーションに対する欲求は極論すれば，百人百様のニーズに基づくといえよう。

　一般的にレクリエーションは，休養や娯楽と解され，このことによって精神的気分転換や，肉体的疲労回復を図るとされている。

　そこで，この章はレクリエーションの障害者施設での実践事例であるから，結果としての実践効果がレクリエーションの意義に合致するものや，ややこれに反すると考えられるものも含めて記述することとする。

1. 施設内レクリエーションの推移とその特徴

　昭和55年施設開設以来，大きく分けると次のように施設目的や，その性格に変化がみられる。

(1) 社会復帰リハビリテーション機能全盛期時代（昭和55〜60年）

　重度身体障害者更生援護施設*（50人）とその付属する通所事業（30人）によって，社会復帰に全力投球した時代である。

> ***重度身体障害者更生援護施設**：（目的）重度身体障害者更生援護施設は，重度身体障害者を収容し，その更生に必要な治療及び訓練を行うものである。（身体障害者福祉法第29条）

　この時期のレクリエーションは，リハビリテーション即レクリエーションの考え方*で，利用者がリハビリテーションに取り組む姿勢は非常に積極的であった。したがって，施設内行事やクラブ活動は，自主参加が旺盛であり，余暇時間をもて余すような人々は多くは存在しない状況であった。

> ***リハビリテーション即レクリエーションの考え方**：障害のある者にとってのレクリエーションは，ただ単に楽しむだけのものでなくリハビリテーションの目的をもつことも必要である。（垣内芳子『介護福祉士養成講座　レクリエーション指導法第2章』中央法規出版，1988）

　その活況を呈した施設内行事やクラブ活動は，次の通りである。

ア．施設内行事の主なもの
① 年忘れ餅つき大会→地域住民やボランティアの参加が多く，餅つきの技が披露されるとともに，つきたての「もち」が配られるので地域の子どもたちの参加も多く，結果としてもたらされた地域との交流はとても効果的であった。
② 四季に合わせた行事
　観桜会・お祭りのサーカス・プロ野球観戦・花火大会観覧・盆踊り大会
③ 文化，芸術等への参加
　外出バス・小旅行等の中で美術・演劇鑑賞など
④ 各種行事の状況

イ．クラブ活動の主なもの
　手芸・木工・書道・オセロ・囲碁・カラオケ・無線・菜園・文芸・ビデオ・料理クラブが参加者も多く活発であった。
　また，クラブ活動の中での作品は施設内行事のときなどに展示することによって，継続性や活性化に効果的であった。

（2） 生活施設との併合型処遇期（昭和61～平成6年）

　身体障害者療護施設*が昭和61年に併設されたことと，一般医療機関でのリハビリテーション機能が充実したため，次第に施設利用者の固定化と重度化が進むにしたがって，その処遇は，リハビリテーション全盛期から施設生活のより充実を目指した生活施設との併合型となるに至った。

> ***身体障害者療護施設**：（目的）身体障害者療護施設は身体障害者であって，常時介護を必要とするものを入所させて，治療及び養護を行う施設とする。（身体障害者福祉法第30条）

　施設利用者の変化は，即，処遇方針の変化につながり，社会復帰への機能訓練であるリハビリテーションは，機能維持または疾病再発の予防のためのリハビリテーションと，その意義を変えるところとなった。

このことは，次のような軽作業中心のメニューが人気をよぶところとなった。

ア．軽作業導入による変化

　「割り箸の袋詰め」「ラーメンスープのセット作り」「におい袋セット」などの作業導入は少額であるが収入がともなうこともあって，その参加率は非常に高いものとなった。

　これを単に作業（ワーク）とみるのではなく，機能維持訓練とレクリエーション的意識を併せもつものとして大きな効果を上げることができた。

　その主な理由を挙げれば次の通りである。

① 従来までクラブ活動などで，趣味的なものとしての創作活動（手芸・木工・革細工その他）が行われ，この作品がバザーなどで売られ若干の収入を上げていたが，その参加者は限定されていた。

② 軽作業導入は，特に経験や技術的熟練を必要としない単純作業の積み重ねの共同作業であることから，多数の仲間との交流が深まり，若干の収入も得られることが参加者を多くした。

イ．軽作業導入の効果

　この作業が即レクリエーションとはなじまない面もあるが，作業に従事することが楽しく，単純作業ではあるが次第に作業の過程に工夫が施されるに至った*。加えて熟練することで消化量が大きくなり，それが収入に反映されることもあって，結果として軽作業の参加率は従来とは比べものにならないほど高くなった。その結果，全体の施設生活に活況を呈し，参加者の顔つきや，目の輝きまで変化するという，転機を生み出すに至った。この転機は集団生活の中における慢性，惰性化に陥りやすい弊害を一挙に除去した画期的な処遇転換であったことを是認する快挙であった。

　***軽作業の過程におけるレクリエーションの意義**：軽作業の実施は出来高が相互の競い合いで行われると同時に，グループ分けで工程ごとに楽しい雰囲気がつくれるよう配慮した。

（3） 純生活型処遇期（平成7年以降～現在）

施設利用者層の重度化にともない，その処遇の重点は純生活型処遇へと変化するところとなり，処遇上におけるリハビリテーションはよりレクリエーション的機能をもつところとなった。したがって，軽作業も，経済状況は低成長からマイナス成長に推移するところとなり，受託事業も減少するに至り限定された種類となった。さらに，重度化による労働力の低下は，その能率もマイナスに推移し，当然ながら工賃も低く抑えられるに至った。

ア．軽作業の減少

　軽作業は受注量が減少し，その参加人数も重度化もともなって，次のように変

化するに至った。
① 割り箸の袋詰め……………………30人→13人
② ラーメンスープのセット作り……20人→11人
③ コーヒーセット作り……………… 9人→ 3人
④ 封筒作り…………………………… 5人→ 2人

イ．クラブ活動の衰退

　自主的な運営が基本であるクラブ活動は，次第に解散の憂き目にあい趣味的なもの，遊戯的スポーツ的なものに偏り，文芸，芸術的なものは減少をたどるという状況に，次第に追いやられたのが実状であった。

　前述したクラブの中で細々活動して残っているクラブは次の通りである。

① 将棋クラブ8人　　　（週1回金曜日）
② 書道クラブ5人　　　（週1回木曜日）
③ オセロクラブ11人　　（週1回木曜日）
④ 菜園クラブ5人　　　（月1回）

　解散または自然消滅したクラブを挙げれば次の通りである。

　手芸・料理・囲碁・カラオケ・無線・文芸・ビデオ（このうち，カラオケ・ビデオ・囲碁・五目並べはレクリエーションとして取り込まれている）。

2．レクリエーション実践上の反省点をさぐるアンケートの実施結果

　この時期に至り，レクリエーションが中心的な処遇メニューとなった。

　とにかく利用者に人気があるメニューを考え，試行錯誤的に実践し，参加者が多いものをリハビリテーション的効果をも考慮しながら実践していった。

　そこで，より即効性のあるメニューの編成や従来までの実施状況を検証し，今後に生かす総括として，レクリエーションへの利用者の取り組み，人気，不人気など，はたしてどんな状況であるかを把握するため，次のようなアンケートを実施した。

ア．調査対象は，116名の利用者のうち，質問の趣旨を理解できる者77名に限定し，聴き取りにより実施した。

イ．集計で区分した「A群」と「B群」の定義は次の通りである。

　　A群は，脳血管障害・難治性疾患が多い。
　　B群は，脳性麻痺・脳血管障害（高次脳機能障害）が多い。

ウ．年齢構成（平均年齢）は次の通りである。

　　A群　男性→57.1歳　女性→51.7歳
　　B群　男性→50.5歳　女性→49.8歳

その結果を次の通り紹介する。

「調査結果」

レクリエーションにはいろいろな種類がある。「重度の障害者」が興味をもつものとそうでないものを整理すると次の通りである。

ア．興味のあるレクリエーション

「重度の障害者」が興味をもつレクリエーションは次表の通りで、その特徴を挙げると次のことがいえる。

① 遊戯的、スポーツ的なレクリエーションでは、A・B群に行事などで比較的多く実施されることもあって、ビンゴゲームのような、賭けごとに人気がある。半数以上の人々が1位に挙げている。

また、「B群」の人々は「A群」よりは、ダーツ・ボウリング・卓球などに多く興味を示すことがわかる。

A群		回答率
1	ビンゴゲーム	50.9
2	ダーツ	28.3
3	ボウリング	24.5
4	風船バレー	22.6
5	ゲートボール	18.8
〃	卓 球	18.8

B群		回答率
1	ビンゴゲーム	58.3
2	ダーツ	41.6
〃	ボウリング	41.6
3	卓 球	33.3
4	風船バレー	29.1
5	スポーツ吹き矢	25.0

② 趣味的レクリエーションでは、「B群」の人々は、圧倒的にテレビに興味を示し、映画・旅行・音楽なども興味をもつ割合が高い。

「A群」の人々は、テレビの1位を除けば、比較的少ない割合でビデオ・食べ歩き・映画などの順となる。

A群		回答率
1	テレビ観賞	50.9
2	ビデオ映画	28.3
3	食べ歩き	24.5
4	映画・舞台鑑賞	22.6
5	スポーツ観戦	18.8

B群		回答率
1	テレビ観賞	75.0
2	映画・舞台鑑賞	66.6
〃	旅 行	66.6
3	音楽鑑賞	62.5
4	囲 碁	58.3
5	ジグソーパズル	54.1

③ 文芸・芸術的レクリエーションでは,両者は相当異なる興味の状況がわかる。A群は行動的な写真が第1位を占めるが,片方B群ではまったく興味を示さない。この分野では相当の知識,技能が要求されることもあって,圧倒的に他から抜きん出る科目がなくやや平均的であることが特徴である。

A群		回答率
1	写真撮影	24.5
2	貼り絵・ちぎり絵	20.7
3	ペン習字	18.8
〃	書　道	18.8
〃	革・籐・和紙細工	18.8
4	絵手紙	16.9
5	茶　道	15.0

B群		回答率
1	彫　刻	37.5
〃	書　道	37.5
〃	貼り絵・ちぎり絵	37.5
2	エッセイ・詩	25.0
3	絵　画	20.8
4	陶　芸	16.6
〃	茶　道	16.6
〃	ペン習字	16.6
〃	俳　句	16.6
〃	粘土細工	16.6
5	手　芸	12.5
〃	革・籐・和紙細工	12.5

④ 軽作業的なレクリエーションでは,近年一般化しつつあるワープロ,パソコンなどが両者とも興味を示す割合が高く,若干の収入がともなう「割り箸の袋詰め」などの人気は依然衰えてはいない。むしろパソコン・インターネットには,高い興味を示しながらも『工賃』がともなう作業には根強い人気をうかがい知る状況にある。

A群		回答率
1	ワープロ	33.9
2	パソコン/インターネット	26.4
3	割り箸の袋詰め	20.7
4	ラーメンスープのセット作り	18.8
5	袋の紐通し	15.0

B群		回答率
1	ワープロ	75.0
2	パソコン/ワード	54.1
3	パソコン/インターネット	45.8
4	箱作り（各種）	33.3
〃	ゴミ袋セット	33.3
5	割り箸の袋詰め	25.0
〃	におい袋セット	25.0
〃	おしぼりたたみ	25.0
〃	木工ヤスリかけ	25.0

イ．興味のないレクリエーション

　次に興味を示さないのは，どんなものかにふれてみたい。

　表に示すようにA群では運動性が要求される踊りやペタンク（輪をめがけて玉を転がし得点を競う），バスケットなどを嫌い，B群に至っては当然のように水泳・ダンス・ゲートボールなどに興味をもてないことがわかる。

A群		回答率
1	よさこいソーラン	81.1
2	ペタンク	79.2
3	バスケットボール	77.3
〃	ベンチサッカー	77.3
〃	缶たてゲーム	77.3
4	卓球	75.4
〃	パットゴルフ	75.4
5	ダンス	73.5

B群		回答率
1	水泳	79.1
〃	ダンス	79.1
2	ゲートボール	75.0
〃	よさこいソーラン	75.0
3	玉ころがし	70.8
4	卓球	66.6
〃	フライングディスク	66.6
5	風船バレー	62.5
〃	吹き矢	62.5
〃	パットゴルフ	62.5

　また，趣味的なものは両群ともにあまり差がなく，特殊な民謡・詩吟・英会話等にA群は興味をもつ人は少なく，B群では，障害のゆえに園芸には興味がもてない。

　文芸や，芸術的なものに至ってもこの傾向は変わらず，彫刻・絵画・俳句など

専門的な知識や感性が要求されるような，いわば，「難しいもの」へは興味を示さないし，この種のものは，レクリエーションの範疇から除外されるものと解釈される。

さらに，人気の高い軽作業についても，障害のゆえに微細な手の動きを必要とするものには人気がないこともわかる。

趣味的なレク（下位5種目）

A群		回答率
1	合唱，民謡，詩吟	84.9
2	英会話	83.0
3	手　品	77.3
4	園　芸	67.9
〃	テレビゲーム	67.9
〃	塗り絵	67.9
5	麻　雀	60.3

B群		回答率
1	園　芸	70.8
2	麻　雀	66.6
3	英会話	62.5
〃	合唱，民謡，詩吟	62.5
4	パチンコ	58.3
5	写真撮影	54.1
〃	楽器演奏	54.1
〃	手　品	54.1

文芸・芸術的レク（下位5種目）

A群		回答率
1	彫　刻	94.3
2	華　道	83.0
3	絵　画	81.1
4	茶　道	79.2
〃	エッセイ	79.2
5	ペン習字	77.3

B群		回答率
1	絵手紙	75.0
2	俳句，川柳，短歌	66.6
〃	書　道	66.6
〃	茶　道	66.6
〃	ペン習字	66.6
〃	陶　芸	66.6
〃	革籐和紙細工	66.6
3	粘土細工	62.5
4	エッセイ，詩	58.3
〃	絵　画	58.3
5	写真撮影	50.0

軽作業的レク（下位5種目）

A群		回答率
1	におい袋たたみ	86.7
2	箸の選別	84.9
〃	袋の紐通し	84.9
3	ゴミ袋セット	83.0
〃	アイロンかけ	83.0
4	おしぼりたたみ	81.1
5	シール貼り	79.2

B群		回答率
1	アイロンかけ	75.0
〃	飴の瓶詰め	75.0
2	箸の選別	70.8
〃	おみやげセット	70.8
〃	縫い物	70.8
〃	袋の紐通し	70.8
3	おしぼりたたみ	66.6
〃	タオル袋入れ	66.6
〃	箱作り	66.6
4	パソコン/インターネット	62.5
〃	シール貼り	62.5
〃	割り箸の袋詰め	62.5
〃	ラーメンスープ詰	62.5
〃	におい袋セット	62.5
〃	ゴミ袋セット	62.5
5	パソコン/ワード	37.5

ウ．レクリエーションに参加した感想

　　レクリエーションが試行錯誤の中で，どんなものに興味を示し，逆にどんなものが嫌いかをみてきた。それでは次にレクリエーションが「楽しく感じること」の内容や，参加したいか，その妨げになることなどについて検証してみたい。

① レクリエーションに参加して楽しく感じること

　　　特徴を挙げると，A群，B群ともにレクリエーションに参加して感じることの第1位は「気分転換が図れる」である。

　　　このことは，十分にレクリエーションの目的が達成されていると考えることができる。また「共通の話題がもてる」や，「友達ができる」「体力アップや身体機能の維持になる」なども，得点が高く効果的であることがわかる。

A群		回答率
1	気分転換が図れる	62.2
2	有意義な時間がもてる	43.3
3	気分が爽快になる	39.6
4	身体機能の維持になる	30.1
〃	共通の話題がもてる	30.1
〃	交友関係が広がる	30.1
5	視野が広がった	26.4

B群		回答率
1	気分転換が図れる	58.3
2	共通の話題がもてる	37.5
3	体力アップにつながる	33.3
4	視野が広がった	25.0
〃	気分が爽快になる	25.0
〃	友達ができる	25.0
5	実力があがった	12.5
〃	自分のしたい科目があった	12.5

② レクリエーションの参加の妨げになること

　A群,B群ともに障害者集団であることから,参加の上での妨げは,身体機能のハンディキャップを挙げるのは,当然であると判断するべきである。

　問題なのは「子どもじみていてや」「好きなようにできない」「嫌いな人がいる」など,少数派ではあるが,実践上の配慮を要求されているように思う。さらに少数派ではあるが,集団の中で,なかなか解決のできない人間関係が妨げになる人たちがいることへの配慮を怠ってはいけないことがわかった。

A群		回答率
1	手が自由に使えない	56.6
2	体力がない	37.7
3	足が自由に使えない	32.0
4	子どもじみていてや	28.3
5	好きなようにできない	22.6

B群		回答率
1	足が自由に使えない	41.6
2	手が自由に使えない	37.5
3	まとまりがない	29.1
4	他人に迷惑をかける	20.8
〃	嫌いな人がいる	20.8

　また,次の表でみるようにA群では「疲れる」の割合が高いのは若干夢中になりすぎてか,欲に駆られてか,反省すべきことのように思う。

　疲れ方にもいろいろあるのでなんともいえないが,心地よい疲れであってほしい。A・B群ともに「自分に合わない」種目があったり,結果として「ストレスがたまる」人たちが,割合多いのも気になる。

　成果にこだわって「悔しさ」や「仲間はずれ」を問題にする人たちもいることに留意することが大切である。

〔レクに参加していやなこと〕

A群		回答率
1	疲れる	62.2
2	自分に合わない種目である	43.3
3	ストレスがたまる	39.6
4	悔しさが残る	30.1
〃	皆についていけない	30.1

B群		回答率
1	疲れる	29.1
2	自分に合わない	20.8
3	ストレスがたまる	16.6
〃	ひとりよがりが増幅される	16.6
〃	仲間はずれにされる	16.6
〃	皆についていけない	16.6
4	悔しさが残る	8.3
〃	友達がつくれない	8.3

3. 総　　　括

　レクリエーションとリハビリテーションが混在のかたちでやや大まかに障害者の質的（機能）変化に合わせて，実践してきた。「レクリエーション」的施設内行事や各種クラブ活動軽作業の導入，買い物バス・外出バス運行，小旅行の実施などを経て「リハビリテーションがレクリエーション的」になるにつれ，本格的レクリエーションとの取り組みが実践されるに至った。

　またその検証とでもいうべきアンケート調査結果からは，概略「的はずれでない」効果を認めることができた。

　しかし反省として，施設側の処遇メニューの中で，日課として他動的にその参加を励ますかたちにとどまり，参加利用者自らの努力でレクリエーション・メニューを創出するまでに至っていない。

　用意されたメニューがそれぞれの身体機能に合わせて，適性を考えながら変化したり，進歩したりに引きずられてきたのが実状である。

　施設内処遇としては，これはむしろ当然なのかもしれない。しかし，積極的な参加とともに，自分たちから（参加者の側から）よりよき改善や，新しい工夫が生まれることが理想的である。

　障害者処遇でいつも感じるのは，利用者は障害がそうさせるのかもしれないが，与えられるものに乗ることが一番楽なのではないか，ということである。自分で欲することを，自分たちの手で，よりその拡大や進歩を図ることができるように誘導することが，なかなか難しいのが現実ともいえよう。

　最後に，障害をもち施設を利用する人々が，本当は一番望んでいる余暇時間の過ご

し方は，何であろうか。この疑問の答えは，次表のとおりきわめてありふれた，「ごろ寝でテレビ」であったことが皮肉である。

〔余暇時間の過ごし方で一番好きなもの〕

区　分	A群	B群
ごろ寝	81.4％	14.7％
テレビ観賞	75.0％	70.8％
ビデオ観賞	46.3％	45.9％

表6-5　1980〜2001年度までの行事実施状況

	行事名	回	行事名	回	行事名	回
施設外行事	旅行会（道内）	48	旅行会（道外）	45	旅行会（海外）	2
	外出バス	455	買物バス	690	屋外歩行訓練	17
	ハイキング	18	炊事遠足	6	ドライブ	28
	身障スポーツ大会	22	運動会	3	海水浴	1
	雪祭り見学	4	クリスマスパーティー	4	美術館鑑賞	3
	演劇観賞	4	プロ野球観戦	6	ときめきランド	7
	西区ふれあい祭り	1	豊平川花火大会	4	大通ビアガーデン	1
	市民仮装盆踊り	1	藤観会	1	花と緑の博覧会	1
	施設外行事の合計					1,372
施設内行事	ふれあいフェスティバル	17	餅つき大会	4	新年会	8
	観桜会	8	盆踊り・花火大会	6	カラオケ大会	8
	食事会	26	秋の味覚祭り	8	夏祭り	6
	納涼ビアガーデン	3	誕生会	48	新春ゲーム大会	13
	麻雀大会	2	更生のための集い	9	体験学習会	14
	施設内行事の合計					180

＊旅行会と外出バスは，利用者2人以上の希望があれば，その希望コースを実施。
　これは，団体行動ではなく，個々の希望に沿った普通の旅行やレジャーを楽しんでもらおうとの発想で開始した行事。1泊2日の温泉旅行から，九州や沖縄などの4〜5日の旅行も行っている。外出バスは日帰り行程で，近郊の観光や動物園や美術館，プロ野球・サッカー観戦，居酒屋やレストランでの食事など，多種多様なメニューが実施されている。

索　引

欧文

- ADL……114
- coaching……112
- DDT……177
- ILO……39
- MT……45, 63, 161
- OT……45, 63, 161
- PSW……161
- PT……45, 63, 161
- Q.O.L.……174
- Re-Creation……6
- RO……168
- SOAP……74
- ST……45, 63, 161
- unity……132
- Well-being……47
- YMCA……4

ア

- 愛……23
- 相づち……104, 107
- アカウンタビリティ……72
- アクティビティ……128
- アクティビティ活動……160
- アクティビティ・サービス……9, 48, 157
- アクティブ・リスニング……100
- アセスメント……67, 70, 80, 171
- 遊びリテーション……13
- アンフェア……22

イ

- 家制度……54
- 生きがい……189
- 医者……63
- 一体性……132
- 癒し……12, 23
- 癒し効果……13
- 医療関係者……63
- インターネット……207
- インフォーマル・グループ……132
- インフォームド・コンセント……55, 56

ウ

- 飢え……41
- ウェルビーイング……47, 65
- うなずき……104, 107

エ

- 援助……10
- 援助計画……11, 59, 68, 82, 153, 161, 163, 167
- 援助者満足度……77

オ

- お洒落……176
- お祭り……16
- 音楽療法士……45, 161

カ

- 快……2, 12, 23, 30
- 介護……1
- 介護支援専門員……185
- 介護の質の向上……151
- 介護福祉士……43, 45, 63, 76, 78, 85, 161, 174
- 介護福祉士法……152
- 介護福祉士養成校……154
- 介護保険制度……43, 151
- 介護レクリエーション……10
- 外出活動……197
- 快適性……35
- カウンセラー……63
- 賀川豊彦……38
- 学習空間……35, 75
- 家族……16
- 家族関係……122
- 価値……20
- 価値観……77
- 価値原理……14
- 活性化……158, 173
- 活動……58
- 活動単位の変化……25
- 環境整備……84
- 看護師……63

キ

- 機会……25
- 聴く……100
- 聞く……100
- 貴族階級……15
- 貴族階級の余暇……5
- 基礎生活……79
- 基本原理……14
- 教育運動……37
- 教育基本法……38
- 教育・治療……11
- 教育的レクリエーション……11
- 共感……103, 106, 108
- 行事文化活動……11
- 共同生活……32
- 共有……92, 104
- 儀礼……16
- 記録……72
- 勤勉……15

ク

- 具体的援助行動……73
- クライエント……10
- 繰り返し……105, 107
- グループ・ダイナミックス……132
- グループワーカー……45, 46, 63
- グループ・ワーク……46, 131
- グローバリゼーション……55

ケ

- ケアサービス……189
- ケアマネージャー……185
- ケアワーカー……161
- 敬語……95
- 経済的保障……9, 157
- 軽作業……214
- 芸術空間……35
- ケの日……5
- 言語……97
- 言語療法士……45
- 見当識……168

コ

- 構音障害 …………………………… 92
- 厚生 ………………………………… 4
- 幸福追求の権利 …………………… 41
- 幸福の追求 ………………………… 9
- 高齢者施設 ………………………… 33
- 高齢者通所施設 ………………… 188
- 高齢者入所施設 ………………… 203
- 高齢者の食文化 ………………… 177
- 声かけ …………………………… 170
- コーチング ………………… 112, 116
- コーディネイター ………………… 64
- コーディネイト ……………… 31, 144
- コーディネイト・アドミニストレーション ……………………… 60
- 国際レクリエーション協会 ……… 40
- 国際労働機関 ……………………… 39
- 国連 ………………………………… 39
- 心 ………………………… 158, 164
- こころよさ ………………………… 2
- 個人的ニーズ ……………………… 28
- 個人の尊重 ………………………… 34
- 個性 ………………………………… 15
- 子どもの権利 ……………………… 38
- 子どもの権利条約 ………………… 38
- 個別援助簡易アセスメントシート ……………………………… 81
- 個別援助計画・評価シート ……… 83
- 個別的レクリエーション ………… 26
- コミュニケーション ……………… 91
- コミュニケーション・エイド …………………………… 179
- コミュニケーション技法 ……… 104
- コミュニケーション効果 ………… 93
- コミュニケーション・トレーニング ……………………………… 92
- コミュニケーション・ワーク …………………………… 170
- コミュニティ …………………… 141
- 娯楽 ………………………………… 15
- コンピューター ………………… 181

サ

- サービスの質 ……………………… 76
- 再創造 …………………………… 6, 13
- 在宅生活 …………………………… 18
- 在宅福祉活動 ………………… 29, 30
- 最低限度の生活 …………………… 41
- 作業療法士 ……………………… 45, 161
- サポラ・ミッチェル ……………… 3
- 参加者 ……………………………… 14
- 産業革命 ……………………… 23, 37
- 3大介護 …………………………… 78

シ

- 支援 ………………………………… 10
- 支援費制度 ……………………… 203
- 資格制度 …………………………… 12
- 資格認定 …………………………… 49
- 自己覚知 …………………………… 51
- 自己決定 ………………………… 112
- 自己実現 …………… 7, 15, 19, 23, 26, 58
- 自己表現 …………………………… 3
- 指示 ……………………………… 111
- 施設内小集団 …………………… 142
- 実行過程 …………………………… 69
- 指定介護老人施設 ……………… 203
- 私的な資源 ……………………… 145
- 児童権利宣言 ……………………… 38
- 児童福祉法 ………………………… 38
- 私物的人間関係 …………………… 53
- 社会生活 …………………………… 79
- 社会的自己開発 …………………… 21
- 社会的承認 ………………………… 50
- 社会の側面 ……………………… 166
- 社会の存在意義 …………………… 59
- 社会的な関係調整 ………………… 9
- 社会的ニーズ ……………………… 23
- 社会的人間関係 ……………… 53, 55
- 社会の問題 ……………………… 159
- 社会的欲求 ………………………… 7
- 社会福祉関係者 …………………… 63
- 社会福祉士 ……………………… 45, 161
- 社会福祉士及び介護福祉士法 …………………………… 42, 78
- 社会復帰リハビリテーション機能全盛期 …………………… 212
- 社会連帯 …………………………… 14
- 社交空間 ……………………… 35, 75
- 宗教的祭祀 ………………………… 16
- 自由権 ……………………………… 41
- 集団的レクリエーション ……… 159
- 重度身体障害者更生援護施設 …………………………… 212
- 自由の尊重 ………………………… 21
- 収容施設 …………………………… 32
- 授産施設 ………………………… 199
- ジュネーブ宣言 …………………… 38
- 種目スペシャリスト ……………… 62
- 受容 …………………………… 101, 102
- 受容と評価 ……………………… 156
- 準言語 ……………………………… 97
- 準言語コミュニケーション …… 97
- 純生活型処遇期 ………………… 214
- 障害者 …………………………… 9, 11
- 障害者通所施設 ………………… 198
- 障害者入所施設 ………………… 212
- 状況把握 …………………………… 36
- 常勤者 ……………………………… 61
- 小集団 …………… 27, 59, 131, 146
- 小集団援助 ……………………… 129
- 小集団活動 ……………………… 130
- 情報 ………………………………… 58
- 情報提供 ……………………… 32, 63
- 情報提供機能 ……………………… 14
- 職業生活 ………………………… 123
- 食事 ………………………………… 78
- 助言 ……………………………… 111
- 所属欲求 …………………………… 19
- 自立促進サービス ………………… 58
- 自立度 …………………………… 109
- 自立判定 ………………………… 187
- 人権 ………………………………… 40
- 神事 ………………………………… 16
- 身体障害者療護施設 …………… 213
- 身体的心理的サポート …………… 9
- 身体的ニーズ ……………………… 23
- 身体的欲求 ………………………… 7
- 心理関係者 ………………………… 63
- 心理的効果 ………………………… 13
- 心理的側面 ……………………… 164
- 心理的ニーズ ……………………… 23
- 心理的欲求 ………………………… 7

ス

- スーパービジョン ………………… 50
- 頭脳労働 …………………………… 25
- スモール・グループ ……………… 27

セ

- 生活環境の整備 ………………… 166

生活施設 …… 18, 19, 32	対人交流 …… 85	日本国憲法 …… 37, 38, 41
生活施設との併合型処遇期 213	タスク・ワーク …… 137	日本レジャー・レクリエーション学会 …… 49
生活指導員 …… 45	旅 …… 16	入所型施設 …… 84
生活の快 …… 17, 34, 51, 56, 125	**チ**	ニューディール政策 …… 5
生活の快論 …… 37, 154	地域貢献活動 …… 31	入浴 …… 78
生活の質 …… 174	地域資源 …… 210	人間関係観 …… 53, 54, 56
生活の歴史 …… 124	地域社会 …… 141	人間疎外 …… 7
生活役割 …… 85	地域社会の資源 …… 144	人間的社会的環境整備 …… 75
精神的満足感 …… 77	地域の伝統 …… 123	人間の基本的欲求 …… 7
精神保健福祉士 …… 161	チームケア …… 61, 161	人間の社会化 …… 130
整備 …… 60, 75	チェックリスト …… 37	人間の尊厳 …… 164
生理的側面 …… 165	知的欲求 …… 7	認知 …… 165
生理的欲求 …… 7	中心的ワーカー …… 61	認知症 …… 124, 171, 196
世界人権宣言 …… 40	聴覚療法士 …… 161	**ネ**
絶対的強者 …… 54	長時間労働 …… 39	ネイチャーゲーム …… 148
絶対的弱者 …… 54	治療過程 …… 12	寝たきり …… 42, 124, 206
セツルメント …… 4	**ツ**	**ノ**
セラピスト …… 161	通所介護 …… 185	農業労働 …… 22
セラピューティック・レクリエーション …… 12, 137, 174	通所施設 …… 32	脳血管障害 …… 174
全米プレイグラウンド協会 …… 5	通所リハビリテーション …… 185	農事 …… 16
専門職 …… 63, 161	**テ**	能力 …… 25
専門職制度 …… 49	デイケア …… 185	ノーマライゼーション …… 9, 14, 16, 90, 141
専門の援助関係 …… 52	抵抗 …… 24	**ハ**
専門の援助関係観 …… 56	デイサービス …… 84, 185	排泄 …… 78
専門の権威 …… 50	デイサービスセンター …… 199	バイタル・チェック …… 198
専門の資格 …… 46	**ト**	廃用症候群 …… 173
専門の文化 …… 50	動機づけ …… 24, 25, 84, 103	配慮事項 …… 70
ソ	統合 …… 37, 65, 68, 74	パソコン …… 207
相互関係 …… 57	特別養護老人ホーム …… 204	パターナリズム …… 96
相互作用 …… 73, 137	**ナ**	8時間労働運動 …… 39
創作空間 …… 35	内的欲求 …… 155	罰ゲーム …… 164
創作（芸術）空間 …… 75	**ニ**	バリアフリー …… 179
ソーシャルワーカー …… 45, 46, 63, 161	ニーズ …… 24, 50, 58, 67, 85, 157	ハレの日 …… 5
ソーシャル・ワーク …… 46	肉体的疲労感 …… 77	反射行動 …… 89
ソシオメトリー …… 141	肉体労働 …… 25	ハンディキャップ …… 11, 122
組織的レクリエーション …… 26	二次障害者 …… 181	反応行動 …… 89
尊厳 …… 19	日常生活 …… 16, 123	**ヒ**
タ	日常生活行動 …… 35	ピア・スーパービジョン …… 50
大規模集団 …… 28	日常のレクリエーション …… 157, 162	非言語 …… 97
大教授学 …… 5	日本家屋 …… 178	非言語コミュニケーション …… 98
体系的理論 …… 50		
対人援助 …… 21, 51, 128		
対人援助ワーカー …… 56		

非言語的コミュニケーション
　　‥‥‥‥‥‥‥‥‥‥‥‥206
非常勤者‥‥‥‥‥‥‥‥‥‥61
ひとり暮らし‥‥‥‥‥29, 30
非日常のレクリエーション
　　‥‥‥‥‥‥‥‥‥‥157, 162
評価‥‥‥‥60, 71, 75, 140, 165
評価過程‥‥‥‥‥‥‥‥‥‥69
表現欲求‥‥‥‥‥‥‥‥‥‥20

フ
フィールドワーク‥‥‥‥182
フェイス・ツー・フェイス‥‥96
福祉‥‥‥‥‥‥‥‥‥‥‥‥1
福祉援助‥‥‥‥‥‥‥‥‥‥9
福祉サービス‥‥‥‥‥‥9, 76
福祉等施設‥‥‥‥‥‥‥‥31
福祉用具‥‥‥‥‥‥‥175, 180
福祉レクリエーション
　　‥‥‥‥‥‥‥‥1, 9, 13, 152
福祉レクリエーション・ワーカー‥‥‥‥‥‥‥‥‥‥‥48
福祉レクリエーション・ワーカー資格‥‥‥‥‥‥‥‥‥48
福祉レクリエーション・ワーク
　　‥‥‥‥‥‥‥‥‥‥‥‥17
不正‥‥‥‥‥‥‥‥‥‥‥‥22
扶養‥‥‥‥‥‥‥‥‥‥‥‥54
プライバシーの保護‥‥‥178
ふれあい‥‥‥‥‥‥‥‥‥11
プログラム‥‥‥67, 125, 126, 128
プログラム開発‥‥‥‥‥‥11
プログラム計画‥‥‥‥‥126
プロセス・ワーク‥‥‥‥137
文化的最低生活‥‥‥‥‥‥41
文化的欲求‥‥‥‥‥‥‥‥‥8

ヘ
ヘルパー‥‥‥‥‥‥‥‥186

ホ
包括‥‥‥‥‥‥‥‥‥‥‥37
訪問入浴‥‥‥‥‥‥‥‥186
ホームヘルパー‥‥‥‥‥‥29
保健センター‥‥‥‥‥‥187
ホスピタリティ‥‥‥‥‥175
ホビールーム‥‥‥‥‥‥146

ボランティア‥‥‥‥‥‥‥61
ボランティア活動‥‥‥3, 143

マ
マズロー‥‥‥‥‥‥‥7, 19
祭り‥‥‥‥‥‥‥‥‥‥‥12

ミ
民主的社会創造‥‥‥‥‥‥22

メ
メーデー‥‥‥‥‥‥‥‥‥39
メニュー‥‥‥‥‥‥‥‥‥32

モ
問題解決意欲‥‥‥‥‥‥‥25

ヤ
薬剤師‥‥‥‥‥‥‥‥‥‥63
やすらぎ‥‥‥‥‥11, 35, 157

ユ
ゆとり‥‥‥‥‥‥‥‥‥‥23

ヨ
要介護度‥‥‥‥‥159, 176, 211
要介護認定‥‥‥‥‥‥‥185
養成制度‥‥‥‥‥‥‥‥‥12
要約‥‥‥‥‥‥‥‥106, 108
余暇‥‥‥‥‥‥‥‥‥‥‥‥3
余暇活動‥‥‥‥‥‥‥3, 4, 5
余暇時間‥‥‥‥‥‥‥‥222
余暇生活‥‥‥‥‥‥‥‥‥79
余暇生活開発士‥‥‥‥‥‥46
欲求の5段階説‥‥‥‥‥‥20

リ
リーダーシップ‥‥‥‥59, 135
理学療法士‥‥‥‥‥‥45, 161
リズム‥‥‥‥‥‥‥‥‥173
立案過程‥‥‥‥‥‥‥‥‥69
リフレッシュ‥‥‥‥‥‥‥25
領域スペシャリスト‥‥‥‥62
利用者‥‥‥‥‥‥‥‥14, 84
利用者本位‥‥‥‥‥‥‥‥94
利用者満足‥‥‥‥‥‥‥‥96
利用者満足度‥‥‥‥‥‥‥77

利用者理解‥‥‥‥‥‥‥122
倫理観‥‥‥‥‥‥‥‥‥‥77
倫理綱領‥‥‥‥‥‥‥‥‥50

レ
レクリエーション‥‥‥‥‥1
レクリエーション援助‥62, 121
レクリエーション援助計画‥‥69
レクリエーション援助の理念
　　‥‥‥‥‥‥‥‥‥‥‥155
レクリエーション活動援助法
　　‥‥‥‥‥‥‥‥‥‥42, 152
レクリエーション・カレンダー
　　‥‥‥‥‥‥‥‥‥‥‥167
レクリエーション財‥‥‥126
レクリエーション指導法42, 152
レクリエーション・セラピー
　　‥‥‥‥‥‥‥‥‥‥‥174
レクリエーション素材‥‥126
レクリエーション・ニーズ
　　‥‥‥‥‥‥‥‥‥19, 22, 27
レクリエーションの生活化‥‥35
レクリエーションの定義‥‥2
レクリエーションの労働化‥‥8
レクリエーションの枠組み 157
レクリエーション・プログラム
　　‥‥‥‥‥‥‥‥35, 59, 66, 190
レクリエーション・ルーム 146
レクリエーション論‥‥‥37
レクリエーション・ワーカー
　　‥‥‥‥‥‥‥‥‥31, 45, 46
レクリエーション・ワーク
　　‥‥‥‥‥‥‥‥1, 13, 27, 46
レジャー憲章‥‥‥‥‥‥40
レスパイト‥‥‥‥‥‥‥199
連携‥‥‥‥‥‥‥‥61, 63, 75

ロ
老化‥‥‥‥‥‥‥‥‥‥124
労働‥‥‥‥‥‥‥‥‥‥‥‥2
労働運動‥‥‥‥‥‥‥‥‥37
労働のレクリエーション化‥‥8
ロバート・オーエン‥‥‥‥38

ワ
ワーカビリティ‥‥‥‥‥25

執筆者・執筆担当

〔編著者〕

川廷 宗之（かわてい もとゆき）	大妻女子大学人間関係学部教授	第1章1〜5，第2章1〜5，第4章
廣池 利邦（ひろいけ としくに）	日本福祉教育専門学校学生部長	第5章
大場 敏治（おおば としはる）	群馬社会福祉大学 群馬社会福祉大学短期大学部教授	第1章6

〔著者〕（執筆順）

滝口 真（たきぐち まこと）	西九州大学健康福祉学部教授	第2章6
諏訪 茂樹（すわ しげき）	東京女子医科大学看護学部准教授	第3章
村松 郁恵（むらまつ いくえ）	デイホームちゃのま	第6章1・2
兼松 ムツミ（かねまつ むつみ）	横浜レク・クラフト研究所所長	第6章3
遠藤 清江（えんどう すみえ）	京都女子大学家政学部講師	第6章4
岩嶋 由美子（いわしま ゆみこ）	札幌山の手リハビリセンター	第6章5
武石 宣子（たけいし のりこ）	和泉短期大学教授	トピックス

介護福祉士選書・6
新版　レクリエーション援助法

1990年(平成2年) 6月15日	初　版　発　行
2003年(平成15年) 5月20日	新　版　発　行
2007年(平成19年)11月15日	新版第5刷発行

編著者	川　廷　宗　之
	廣　池　利　邦
	大　場　敏　治

発 行 者　　筑　紫　恒　男

発 行 所　　株式会社 建帛社
　　　　　　　　　　KENPAKUSHA

〒112-0011　東京都文京区千石4丁目2番15号
　　　　　　TEL (03) 3944－2611
　　　　　　FAX (03) 3946－4377
　　　　　　http://www.kenpakusha.co.jp/

ISBN 978-4-7679-3572-0　C3036　　　　あづま堂印刷／ブロケード
Ⓒ川廷宗之ほか，1990, 2003.　　　　　　　Printed in Japan
（定価はカバーに表示してあります）

本書の複製権・翻訳権・上映権・公衆送信権等は株式会社建帛社が保有します。
JCLS ＜㈱日本著作出版権管理システム委託出版物＞
本書の無断複写は著作権法上での例外を除き禁じられています。複写される
場合は，㈱日本著作出版権管理システム(03-3817-5670)の許諾を得てください。